KB189087

不可思議ふ可思議

地藏大聖威神力

人了掌中弄寶珠

為慶讚地藏經刊行 戊午仲春 金杏沙門 苦珠

불가사의 하여라 불가사의 하여라
지장보살 마하살의 위신력이여
사람마다 두 손에 여의주를 희롱하네

무비 스님

지장경 강의

불광출판사

머 리 말

지장경 사구게(四句偈)에,

"내가 이제 지장보살의 위신력을 살펴보니
항하 강의 모래 수와 같은 세월을 말하여도 다할 수 없네.
한순간만 보고 듣고 우러러 예배하여도
한량없는 이익이 인천(人天)에 넘치리라."

고 하였습니다.

부처님께서 중생들을 교화하시는 수많은 방법들을 흔히 팔만
사천 방편문(方便門)이라고 합니다. 그 많은 방편문을 따라서
사람들은 근기와 인연에 맞는 대로 저마다 지혜의 눈을 뜨고 고
통에서 벗어나고 문제들을 해결합니다. 지장경도 역시 부처님
의 수많은 방편설법 가운데 한 가지입니다.

요즘 우리 나라 불교계에 지장신앙이 매우 번성합니다. 지장
보살님의 높고 큰 서원(誓願)이 어느 때보다도 절실히 요구되기

때문이라고 생각합니다.

　지장보살님은 과거 인행(因行)을 닦을 때 수많은 서원을 세웠으며 그 서원이 매우 크고 강하기 때문에 대원본존(大願本尊)이라고 합니다.

　지장보살님의 서원은 대략, "중생들을 모두 다 제도하고 나서 비로소 깨달음을 이루겠다. 지옥이 텅 비기 전에는 맹세코 성불하지 않겠다. 내가 지옥에 들어가서 중생들을 제도하지 않으면 누가 지옥에 들어가겠는가?"라는 것입니다.

　세상은 하루가 다르게 발전을 거듭하고 있으나 사람들의 삶은 그리 행복하지만은 않습니다. 수많은 고난과 불행들이 우리들 앞에 첩첩이 쌓여 있습니다. 해결해야 할 문제들이 너무도 많습니다. 참으로 지장보살님의 서원과 가피력(加被力)이 아니면 헤쳐나가기가 결코 쉽지 않은 시대에 살고 있습니다. 지장보살님의 강인한 원력을 우리들의 삶으로 승화시켜서 주위의 모든 어둠을 걷어내고 밝고 힘찬 삶이 요구되는 때입니다.

수차에 걸쳐서 지장경을 강의하다가 이번에는 그것을 글로 정리해 보았습니다. 여러 가지 미숙하고 부족한 점이 많으나 이렇게라도 시작을 함으로써 다음에는 보다 나은 강의가 되리라는 믿음과 앞으로 보다 높은 안목과 명쾌한 해석을 기대하면서 지장사상의 기초를 마련하였습니다.

　이 인연 이 공덕으로 뜻깊은 불사에 함께한 모든 분들이 지장보살님의 강인한 원력과 지혜의 힘으로 여의치 못한 모든 일들을 원만히 해결하고 마음에 바라는 바가 다 성취되어 평화와 행복이 충만한 나날이 되시기를 기원합니다.

　나무 대원본존지장보살마하살.

불기 2545년 동안거 해제를 맞으며
金井山人 如天無比 識

목차

해제(解題)

　　인류의 위대한 스승이신 부처님께서는 일생 동안 수많은 말씀을 남기셨습니다. 부처님께서 남기신 말씀을 경전(經典)이라 하며, 흔히 팔만대장경으로 불리어지고 있습니다.

　　인류의 소중한 유산인 이 모든 경전은 삶과 죽음의 실상을 깨닫기 위하여 태자의 지위마저 버리고 육 년 간의 피나는 고행을 거치고 나서 큰 깨달음을 이루신 부처님께서 그 깨달음의 내용을 모든 인류에게 전하기 위해 설하신 것을 말합니다. 그러므로 경전마다 부처님께서 깨달으신 그 깨달음의 내용과 사람들에 대한 큰 바람(원력)이 담겨 있습니다.

　　깨달음의 내용과 원력을 우리는 부처님의 마음이라고 하며, 경전의 말씀은 곧 부처님의 마음으로부터 비롯되었다고 합니다. 그래서 불자들은 경전을 통해 부처님의 마음을 읽고 그 마음을 따라 자신도 부처님처럼 되고자 수행하는 것입니다.

　　우리가 경전 공부를 하는 것은 결국 부처님의 생각을 더듬어 보는 기회를 갖는 것입니다. 그리고 그것을 통해 바람직한 불자, 즉 사람다운 사람이 되는 지름길을 찾아가자는 데 그 의미가 있습니다. 경전 공부를 함으로써 위대한 성자인 부처님의 생각을 좇아 우리도 부처님과 같이 성공한 인생, 의미 있고 값진 인생을 살 수 있기 때문입니다. 달리 말하면 경전 공부는 바로 부처님을 닮아가려는 수행의 한 과정입니다. 세상살이에서 얻어지는 그 어떤 것보다도 부처님과 인연을 맺고 부처님께서 깨달으신 온갖 유익하고 참된 세계를 나의 것으로 만드는 일은 가장 큰 이익이요, 보람입니다.

작은 벌레는 혼자의 힘으로는 멀리 갈 수 없습니다. 그러나 잘 달리는 말의 꼬리에 붙어 있으면 하루에 천만리를 갈 수도 있습니다. 이처럼 비록 보잘것없고 능력이 부족한 인생일지라도 인간으로서 이를 수 있는 궁극의 경지에 이르신 부처님의 지혜를 빌린다면 진정 유익하고 값진 삶을 살 수 있는 것입니다.

우리는 그 수많은 생명 중에서 사람으로 태어난 것을, 그리고 부처님의 제자가 된 인연을 소중하게 생각해야 합니다. 게다가 깨달음의 내용인 경전을 공부한다는 것은 더욱 큰 행복이라는 사실을 명심해야 합니다. 부처님과 함께하는 인생은 늘 새롭고 상쾌한 아침을 맞는 것과 같습니다. 결코 물러서지 않는 신심으로 경전 공부에 임하면 우리 곁에 늘 부처님께서 함께하고 계심을 깨달을 것입니다.

지장경의 정신

인간이 이르러 갈 수 있는 최상의 경지, 즉 깨달음에 이르고자 하는 궁극적인 목적은 같지만 시대의 변화에 따라 신앙의 형태가 달라지고 있음을 볼 수 있습니다. 근래에 들어와 지장신앙 (地藏信仰)이 보편화되고 많은 사람들이 지장보살을 통해서 삶의 제반 문제들을 해결하려는 경향이 높아지고 있는데 다 그만한 까닭이 있습니다.

잘 알고 있듯이 지장보살은 불교의 사대보살(四大菩薩) 중의 한 분입니다. 여기서 지장보살의 정신을 좀 더 잘 이해하기 위해서는 불교의 수많은 보살들 중에서 대표격인 사대보살에 대해 살펴볼 필요가 있습니다.

사대보살이란 문수(文殊)보살과 보현(普賢)보살, 관음(觀音)보살과 지장보살을 말합니다. 이들 사대보살은 부처님의 깨달음과 그 원력에 의하여 각각 상징적으로 의미하는 내용이 있습니다. 일반적으로 문수보살은 지혜(智慧)를, 보현보살은 지혜의 실천을, 관음보살은 자비(慈悲)를, 지장보살은 원력(願力)을 상징합니다.

먼저 문수보살과 보현보살의 관계를 살펴보겠습니다. 문수보살과 보현보살은 상대성에 의하여 건립되고 존재하는 이 세상의 모든 것을 다 포함하고 있습니다. 이를테면 문수보살이 정신적인 면을 의미한다면 보현보살은 육체적인 면을 의미하고 있습니다. 또 문수보살은 아내의 입장이라면 보현보살은 남편의 입장에 서 있습니다. 문수가 왼쪽이라면 보현은 오른쪽, 문수가 밤이라면 보현은 낮이 됩니다. 이 모든 상대적인 관계를 형성하고 있기에 궁극에는 그것들의 조화를 목표로 하고 있습니다. 그래서 경전에서도 문수보살을 설명할 때는 집 안의 일을 다스린다고 하여 가리사(家裏事)를 맡았다 하고, 보현보살을 표현할 때는 집 밖의 일을 다스린다고 하여 도중사(途中事)를 맡았다고 합니다. 이렇게 볼 때 문수보살은 체(體)가 되고, 보현보살은 용(用)이 됩니다.

이처럼 문수보살과 보현보살의 관계는 사람, 물건, 가정, 사회 나아가 전 세계로 범위를 넓혀가면서 그 어떤 경우라도 모두 적용시킬 수 있습니다. 문수보살과 보현보살이 각각 제 역할을 다하는 것을 우리의 입장에서 보면 육체와 정신이 모두 건강한 가장 바람직한 인간이라 할 수 있습니다. 또한 한 가정으로 보면 집 안에서 아내의 역할을 다하고 집 밖에서 남편의 역할을 다하여 조화롭고 충실한 가정이 되며 개인으로는 바람직한 삶이 되는 것입니다.

불교에서는 문수보살의 지혜와 보현보살의 실천이 가장 조화롭게 된 상태를 바로 비로자나불(毘盧遮那佛)이라고 하는데 그것은 곧 부처님의 삶, 진리의 삶, 우리가 바라는 가장 이상적인 삶입니다.

다음으로 관음보살과 지장보살의 관계를 살펴보겠습니다.

우선 관음보살은 보이는 세계와 현실적인 삶의 문제 등 현세적인 모든 문제를 담당하고, 지장보살은 보이지 않는 세계, 죽음의 문제, 저승의 문제 등 내세적인 모든 문제를 담당한 것으로 대별할 수 있습니다.

그래서 일상적인 현실의 문제들은 관세음보살에게 기도 드리는 반면 돌아가신 분을 천도(薦度)한다든지 또는 영혼과 관련된 일들로 고통받고 있을 때는 지장기도를 드리는 것이 관례입니

13

다. 다시 말해 관음보살은 낮의 문제를 담당하고, 지장보살은 밤의 문제를 담당하며, 곧 밝음과 어둠의 세계로 구분 지어서 말할 수도 있습니다. 낮에 해당하는 현실의 문제는 관음보살의 자비로 해결하고, 밤에 해당하는 유명(幽冥)세계의 문제는 지장보살의 큰 원력으로 해결합니다.

지금까지 살펴본 사대보살을 다시 공간적으로는 문수보살과 보현보살, 시간적으로는 관음보살과 지장보살을 말할 수도 있습니다. 이 두 가지가 서로 날줄과 씨줄로 조화를 이루어 잘 엮어질 때 이상적인 세상과 바람직한 삶이 영위된다고 할 수 있습니다.

이와 같은 사대보살에 대한 이해를 바탕으로 해서 지장보살에 대해 좀더 자세히 이야기해 보도록 하겠습니다.

지장보살의 정신은 지장기도를 드리고 나서 마지막으로 외우는 염불 즉 멸정업진언(滅定業眞言)이라는 말 속에 단적으로 잘 나타나 있습니다. 관음기도를 마친 후에는 그냥 업장을 소멸시킨다는 뜻으로 멸업장진언(滅業障眞言)이라고 하는 반면 지장기도 후에는 멸정업진언이라고 하는 것은 세상을 살아감에 있어서 지장보살의 위신력, 다시 말해서 원력(願力)이란 참으로 크고 위대하다는 것을 뜻합니다.

'멸정업(滅定業)'이란 말 그대로 이미 정해져 있는 업까지 다 소멸시킨다는 뜻입니다. 정업(定業), 즉 결정된 업이란 우리가 언젠가 받지 않으면 안 되는 업을 뜻합니다. 부처님께서도 정업난면(定業難免)이라 해서 한 번 결정된 업은 면할 수 없다고 하셨습니다. 그런데 지장보살은 정업도 소멸시키는 위신력을 가

14

진 분이니 지장보살의 원력이야말로 모든 존재의 생존의 원동력이 되므로 참으로 소중한 것입니다.

지장보살의 정신과 원력을 말할 때 아래의 세 가지를 듭니다.

첫째, 중생들을 모두 제도하고 난 후 깨달음을 이루겠다[衆生度盡 方證菩提]는 원력입니다.

둘째, 지옥이 텅 비지 않으면 결코 성불하지 않겠다[地獄未空 誓不成佛]는 원력입니다.

셋째, 자신이 지옥에 들어가지 않으면 누가 지옥에 들어가겠는가[我不入地獄 誰入地獄]라고 하여 스스로 지옥에 들어가서 지옥의 중생들을 모두 제도하겠다는 원력입니다.

이 세 가지 원력에서 지장보살의 위대한 정신을 엿볼 수 있습니다. 우리가 지장보살의 이름 앞에 '대원본존(大願本尊)'이란 말을 붙여 대원본존 지장보살이라고 하는 것은 바로 지장보살의 원력이 깊고 넓으며 원력, 즉 지장보살의 꿈과 희망과 기대감이야말로 부처님의 깨달음의 꽃을 가장 힘차게 피운 예라고 하겠습니다.

앞에서도 이야기했듯이 지장보살이 부처님도 면하지 못하는 결정된 업을 소멸시킬 수 있는 것은 바로 이 원력 때문입니다. 지장보살은 궁극적으로 강인한 원력, 하늘을 찌르는 원력의 힘으로 중생을 제도하는 것입니다. 그러므로 지장보살은 곧 원력 그 자체입니다. 원력은 곧 생명력이며 모든 생명들의 생명의 근본입니다. 모든 생명들의 생명의 근본은 꿈과 희망이며 원력입니다.

우리가 지장보살과 같은 강한 원력을 갖고 살아간다면 그 어떤 업장(業障)도 다 극복할 수 있습니다. 왜냐하면 우리가 가진 업장보다 더욱 강력한 원력을 가진다면 업장은 쉽게 극복될 수 있기 때문입니다.

강인한 원력으로 모든 고난을 이겨내고 바람직한 삶을 살아가라는 것이 바로 지장경의 가르침이며 지장보살의 정신입니다. 다시 말해 지장보살이 말하는 원력의 정신을 자신의 삶을 이끌어 가는 원동력으로 삼을 때 우리가 살아가는 과정에서 겪는 사소한 고난과 어려움들은 곧바로 극복될 수 있습니다.

아무리 세상이 험하고 인생살이가 고달프다 하더라도 지장보살이 갖고 있는 강인한 원력과 그러한 인생관을 가슴속에 간직한다면 어려운 난관도 충분히 극복하고 힘차게 살아갈 수 있는 길이 열린다는 확신을 지장경은 가르치고 있습니다.

결국 지장보살의 근본 정신은 모든 중생을 자식처럼 생각하고 그들로 하여금 고(苦)와 낙(樂)이 진정 무엇인지 알게 하여 강인한 원력으로 모든 고난들을 벗어나게 하려는 것입니다.

지장경의 의미와 공덕

지장보살의 서원과 사상을 담고 있는 지장경의 본래 이름은 지장보살본원경(地藏菩薩本願經)이라고 합니다.

지장경을 번역한 사람은 실차난타(實叉難陀)라고 알려져 있는데 명나라 이후에 만들어진 대장경 목록에만 지장경이 들어있고 그 이전의 대장경 목록에는 없으므로 현재 불자들 사이에서 독송되고 있는 지장경은 현장 법사가 번역한 지장십륜경(地藏十輪經)을 토대로 하여 결집(結集)된 것이 아닌가 하는 생각들을 하는 이가 많습니다.

지장경(地藏經)은 범어로 크쉬티가르바 프라니다나 - 수트라(kṣitigarbha pranidhāna-sūtra)라고 하는데 여기서 지장이라는 말은 지지(持地), 묘동(妙幢), 무변심(無邊心)이라고 번역할 수 있습니다. 이 말들은 곧 지장보살로 통칭할 수 있습니다.

지장보살은 도리천에서 부처님의 부촉을 받고 매일 새벽 수많은 세월 동안 선정(禪定)에 들어 중생들의 갖가지 근기와 성품들을 관찰하고 이미 지나간 부처님과 앞으로 오실 부처님의 중간인 무불세계(無佛世界)에서 육도중생을 교화하는 대비보살의 역할을 합니다. 지장보살은 안인부동(安忍不動)하여 대지와 같으며 정려심밀(靜慮深密)하여 비장(祕藏)과 같아서 지장이라 불리었다고 합니다.

지장이라고 할 때 '지(地)'의 의미는 대지처럼 흔들림이 없음을 나타내고, '장(藏)'의 의미는 비밀스럽게 감추고 있다는 뜻입니다. 그래서 지장은 대지의 저 깊은 곳에 아주 심오하고 비밀스럽게 감추어진 보배를 뜻합니다. 흔히 지장보살은 천관(天冠)을 쓰고 왼쪽에 연화(蓮華)를, 오른쪽에 보주(寶珠)를 들고 있는 형상을 하고 있습니다. 또한 머리를 깎고 주장자를 짚고 서있는 사문의 모습을 하고 있는 경우도 많습니다.

개인적인 작은 원이 성취되려면 먼저 우주적인 큰 원이 있어야 합니다. 또 큰 원이 있으려면 소아적(小我的)인 전생의 업을 녹여야 합니다. 그런데 업이 녹으려면 다겁의 인연들을 귀히 여기고 그 인연들이 다같이 천도(薦度)되도록 기도해야 합니다.

　지장보살은 저승세계의 교주라고 할 수 있습니다. 우리가 저승세계에 대한 문제를 해결하기 위해서는 다른 불보살님에게 의지하는 것보다 지옥 중생이 한 사람이라도 남아 있는 한 성불하지 않겠다고 원을 세운 지장보살. 영혼 천도를 전문으로 담당한 지장보살에게 의지해서 기도하는 것이 당연합니다. 지장보살에게 의지한다는 것은 지장경을 읽고, 지장보살의 명호를 부르고, 지장보살에게 예배하고 공양하며 나아가 지장보살의 원력을 배우고 찬탄하며 그 원력을 자신이 직접 실천으로 옮기는 것을 의미합니다.

　예로부터 내려오는 지장보살의 모습과 그 마음을 그린 글을 하나 소개합니다.

　　지심정례공양
　　해어진 옷 입으시고
　　비취색 고운 머릿발마저 자르시었네
　　부신 섬광 육환장(六環杖) 드시고
　　사문(沙門)의 모습을 하신 이여
　　가을달 얼굴이여
　　서리같이 흰 치아여
　　버들가지 저 눈썹은
　　곱고 빼어났도다
　　삼계(三界)를 여의실 날 없네
　　자비 깊으신 까닭일까

18

육도(六道)를 집 삼으시니
서원(誓願) 끝이 없음이라.

항하사 가없는 중생
이름조차 없는 그 날
이 법계 마지막으로
보리 성취하실 이여
고통 심한 저 지옥이
티끌마저 없는 그날
이 세상 마지막으로
성불(成佛)하올 님이시여
지장보살, 지장보살
그 원 크고 거룩하신 이여
원하옵나니 큰 자비시여
이 도량에도 밝아 오사
저희들의 작은 공양을 받아주소서.

방일과 게으름은
가장 경계하신 말씀
중생들 들뜬 마음은
감당하기 어려워라
축복의 밤 당신 앞에
구름 일 듯 모인 중생
깨달음 복된 언덕 향해

앞장서서 가시는 이여
지장보살, 지장보살
지장보살 멸정업진언
"옴 바라 마니다니 사바하."
"옴 바라 마니다니 사바하."
"옴 바라 마니다니 사바하."

갖가지 모습과 방법으로써
법계를 떠돌던 지나간 생들
몸과 말과 뜻으로 지은 저 업장
허공같이 큰 죄장(罪障) 멸해지이다
나 이제 엎드려 참회하옵고
금강의 마음으로 원하옵나니
갖가지 지은 죄장 청정해져서
세세생생 보살의 길 걷게 하소서.

　　지장경은 총 13품(品)으로 구성되어 있는데 품이란 장(章)과 같은 말입니다. 지장경은 갖가지 지옥의 이름과 중생들이 지은 업보에 따라 과보를 받게 되는 내용과 지장경 독송의 공덕을 담고 있습니다.
　　지장경의 자세한 내용은 본문에서 살펴보기로 하고 여기서 지장보살에 대한 신앙의 결과로 얻을 수 있는 열 가지 공덕을 소개하고자 합니다. 지장보살을 믿고 공경 공양하며 나아가 그 원력을 실천하면,

첫째, 넓고 풍요로운 땅을 가질 수 있다고 합니다.

둘째, 평안하고 안락한 마음이 유지된다고 합니다.

셋째, 먼저 돌아가신 영가들이 모두 천도된다고 합니다.

넷째, 건강하고 수명이 길어진다고 합니다.

다섯째, 구하는 것을 마침내 얻을 수 있게 된다고 합니다.

여섯째, 물이나 불과 관계되는 재앙을 피할 수 있다고 합니다.

일곱째, 헛된 낭비가 없어진다고 합니다.

여덟째, 악몽과 잡귀가 끊어진다고 합니다.

아홉째, 다니는 곳마다 신장님이 보호하게 된다고 합니다.

열째, 훌륭한 스승을 만날 수 있다고 합니다.

이밖에도 지장경에는 여러 가지 이익이 있다고 쓰여 있습니다.

그럼 본문의 내용을 살펴보면서 지장보살의 정신세계를 공부하도록 하겠습니다.

[第 一]

도리천에서 신통을 보이다
(忉利天宮神通品)

제1장 도리천에서 신통을 보이다(忉利天宮神通品)

이 품의 해설

도리천궁신통품은 석가모니 부처님께서 도리천궁에 계실 때 어머니를 위해 법을 설했는데 이 때 설법한 장소에 갖가지 신통 변화가 일어난 이야기를 담고 있습니다.

도리천궁에서 일어난 갖가지 신통 변화의 내용은 대강 다음 과 같습니다.

첫째, 무량세계의 불보살이 도리천의 법회에 모여 석가모니 부처님의 중생교화를 찬탄합니다.

둘째, 부처님께서 원만 · 자비 · 지혜 · 반야 · 삼매 · 길상 · 복 덕 · 귀의 · 찬탄의 광명 구름을 일으킵니다.

셋째, 부처님께서 육바라밀의 음성과 희사 · 해탈 · 무루 · 사 자후 · 운뢰 등의 미묘한 음성을 냅니다.

넷째, 사바세계와 다른 세계에 있는 무수한 천왕 · 용왕 · 귀 신 · 귀왕 등이 몰려옵니다.

도리천궁신통품에서 석가모니 부처님께서는 지장보살이 오 랜 세월을 지내 오면서 중생들을 제도했으며, 또한 지금 제도하 고 있으며, 앞으로도 제도하게 될 것이라고 말씀하십니다.

도리천궁신통품의 전체적인 줄거리를 간단히 요약하면 다음과 같습니다.

부처님께서 법을 설할 때 무수한 세계의 불보살이 몰려와 부처님을 찬탄하고 부처님께서 한량없는 미묘한 광명과 음성을 놓고 시방 세계의 무수한 천신과 귀왕들이 운집(雲集)합니다.

부처님께서 문수보살에게 이들은 지장보살이 아주 오랜 시간 전에 다 제도한 이들이라고 말하고 지장보살에 대한 여러 가지 형태의 믿음이 있으면 악도에 떨어지지 않고 천상(天上)에만 태어난다고 말합니다.

이어서 지장보살의 첫 번째 본생담(本生譚), 즉 지장보살의 전생의 생활에 대해 묘사한 이야기가 설해집니다.

사자분신구족만행여래(獅子奮迅具足萬行如來)라는 부처님이 계시던 때에 한 장자의 아들이 있었는데 갖가지 방편을 베풀어서 고통받는 육도 중생들을 제도한 후에 불도(佛道)를 이루겠다는 다짐을 했는데 그 장자가 바로 지장보살이 되었다는 것입니다. 지장보살은 그 같은 원을 세우고 실천해온 이래 무량백천만억겁의 세월이 흘렀다고 합니다.

다시 두 번째 지장보살의 본생담이 설해집니다.

각화정자재왕여래(覺華定自在王如來)라는 부처님이 계시던 때에 한 바라문의 딸이 있었는데 숙세에 많은 복을 지어 주위의 흠모와 옹호를 받았다고 합니다. 그러나 그녀의 어머니는 인과(因果)를 믿지 않고 많은 악업을 지어 지옥에 떨어졌다고 합니다. 딸이 부처님께 예배 공양한 공덕으로 삼매(三昧) 속에서 부처님의 위신력으로 지옥에 도착하고, 지옥을 지키는 무독귀왕(無毒鬼王)으로부터 딸의 지극한 정성 덕분에 어머니가 천상에 태어났다는 말을 듣습니다. 부처님은 그 때의 그 바라문의 딸이 지금의 지장보살이라고 말합니다.

1. 고와 낙의 도리

如是我聞하사오니 一時에 佛이 在忉利天하사 爲母說法이러니 爾時에 十方
無量世界不可說不可說一切諸佛과 及大菩薩摩訶薩이 皆來集會하사
讚歎하시되 釋迦牟尼佛이 能於五濁惡世에 現不可思議大智慧神通之力
하사 調伏剛强衆生하여 知苦樂法이라하시고 各遣侍者하사 問訊世尊하니라

저는 이와 같은 내용들을 보고 들었습니다.

어느 날 부처님께서 도리천에서 어머님을 위해 법을 설하시었는데, 이 때에 사방에서 말로는 다 표현할 수 없이 많은 부처님과 훌륭하신 보살님들이 모두 이 곳에 모여 와서 찬탄하기를 "석가모니 부처님께서는 오탁악세(五濁惡世)에서 불가사의한 큰 지혜와 신통한 힘을 나타내시어 억세고 거친〔剛强〕 중생들을 능히 조복하여 즐거움과 괴로움의 도리를 알게 하신다."고 하시면서 모두 시자(侍者)들을 보내와서 세존께 문안을 드리게 하였다.

강의 모든 경전은 부처님의 제자인 아난 존자가 부처님께 들은 설법의 내용을 부처님이 열반하신 뒤 결집하고 편찬한 것으로 정해져 있기 때문에 여기서의 '저'란 아난 존자입니다. 어느 시대 어느 장소에서 편찬된 경전이라 하더라도 모두가 부처님께

서 설하신 것으로 간주해야 하며 아난 존자가 듣고 결집한 것으로 생각하고 읽는 것이 불교를 신앙하는 사람으로서 경전을 대하는 바람직한 태도입니다.

경전을 설하신 부처님의 마음이 무엇인지, 경전을 편찬한 성인의 뜻이 어디에 있는지를 잘 아는 일이 무엇보다 우선하는 일임을 명심하고 읽어야 합니다. 그래야 소득이 있고 깨달음이 있습니다. 경전을 펼치면서 아래와 같은 게송을 먼저 외우는 것도 경전을 설하시게 된 본의를 바르게 아는 데 목적을 두기 때문입니다.

"무상심심미묘법(無上甚深微妙法)
백천만겁난조우(百千萬劫難遭遇)
아금문견득수지(我今聞見得受持)
원해여래진실의(願解如來眞實義)
이 세상에서 가장 높고 가장 깊고 아름다운 가르침,
백천만 겁 세월에도 만나기 어려워라.
내 이제 그 가르침을 받아 읽게 되었으니,
여래의 진실한 뜻 부디 알아지이다."

도리천은 불교의 이상 세계를 가리키는 말로 흔히 33천(天)이라고 하고, 욕계(欲界) 육천(六天)의 제 2천을 말합니다. 남섬부주(南瞻部洲) 위에 8만 유순(由旬)이나 되는 수미산 꼭대기에 있습니다.(유순이란 인도에서 쓰는 거리의 단위로서 1유순은 14.4㎞라고 합니다.) 도리천의 중앙에는 선견성(善見城)이 있는데 4면

이 8만 유순이나 되는 큰 성입니다. 여기에 제석천왕(帝釋天王)이 살고 있고 사방에 각각 여덟 개의 성이 있어서 하늘 사람들이 살고 있다고 합니다. 사방 8성이므로 모두 32성인데 제석천의 선견성을 더하여 33천이라고 합니다.

도리천에서는 삼재일(三齋日)마다 성 밖에 있는 선견당에 모여 법(法)답고[도리에 맞고] 법답지 못한 일을 평가한다고 합니다. 또한 도리천의 하루 밤과 낮은 인간의 백년과 같으며, 이 하늘 사람의 키는 일 유순, 옷의 무게는 육수(六銖)가 된다고 합니다. 이 하늘 사람이 처음 태어나면 인간의 여섯 살 먹은 사람과 같습니다. 얼굴 빛은 원만하고 자연히 옷이 입혀져 있다고 하며 보통 수명은 일천 세(歲)에 이른다고 합니다.

경전에서 자주 등장하는 천상세계의 이야기, 다시 말해서 불교의 우주관은 이미 3천년 전에 부처님께서 깨달음의 안목으로 설파하신 내용으로서 오늘날의 천문학을 훨씬 앞서가고 있습니다.

불교에서 이 우주를 말할 때 흔히 삼천대천세계(三千大千世界)라고 하는데 삼천대천세계란 일 천 개의 일월(日月;일 천 개의 태양계)을 1소천세계(小千世界)라 하고, 소천세계의 천 개를 1중천세계(中千世界)라 하고, 중천세계의 1천 개를 대천세계(大千世界)라 합니다. 그리고 그 대천세계 3천 개를 삼천대천세계라 합니다. 흔히 백억 일월(百億日月)이라고도 합니다. 그러나 실은 화엄경에서 말하는 연화장(蓮華藏)세계는 그것보다도 훨씬 큰 세계입니다.

빛의 속도는 일 초에 30만㎞를 갑니다. 지구를 일곱 바퀴 반을 돌 수 있는 시간입니다. 태양에서 지구까지 오는 시간은 8분도 안 걸립니다. 그 빠른 빛이 일 년간 달려간 거리를 광년(光年)이라고 합니다.

　오늘날에는 지름이 10미터가 넘는 천체망원경으로 1억 5천만 광년의 거리에 있는 별들의 세계를 봅니다. 우리에게 가장 친숙하게 알려져 있는, 즉 물바가지처럼 생긴 북두칠성의 일곱 개의 별들 중에 손잡이 맨 끝에 있는 별의 거리가 2백 광년입니다. 바가지 앞부분의 별은 1백 광년입니다. 보통 사람들의 육안으로 볼 수 있는 별들의 거리가 1백에서 1천 광년의 거리에 있습니다. 지구에서 해까지의 빛의 시간이 8분도 못 되는 거리인데도 말입니다.

　오늘날의 발달한 천문학으로서 이 정도의 천체를 관측합니다. 그러나 부처님은 3천년 전에 이미 이것보다도 훨씬 많은 천체들을 혜안(慧眼)으로 보셨습니다. 부처님이 보신 것을 경전에서 그대로 말씀하고 계십니다. 경전들마다 천상의 세계에 관한 이야기들이 자주 등장하는데 불교를 공부하는 분들은 이러한 관점에서 이해해야 하리라 믿습니다.

　도리천에 관한 이야기로는 부처님께서 일찍이 이 하늘 나라에 올라가서 어머니 마야 부인을 위해 석 달 동안 설법한 것으로 유명합니다. 이 지장경은 아마 그 때 설하신 경전과 관련시켜서, 아니면 그 사건에 초점을 맞추어서 결집(結集)한 것으로 볼 수 있습니다.

　이 단락은 부처님께서 도리천궁에 계실 때 어머니를 위해 설법하는 자리에 많은 부처님과 보살들이 모여 부처님의 지혜와 신통한 힘을 찬탄하며 문안 드리는 장면입니다. 많은 부처님과

보살들은 "부처님께서는 오탁악세에서 불가사의한 큰 지혜와 신통한 힘을 나타내시어 거칠고 억센[剛强] 중생들을 조복하여 고와 낙의 법을 알게 하신다."고 말합니다.

여기서 오탁악세란 다섯 가지 부정한 것이 가득 찬 악한 세상을 말하는데 오탁은 겁탁(劫濁), 견탁(見濁), 번뇌탁(煩惱濁), 중생탁(衆生濁), 명탁(命濁)을 말합니다.

겁탁이란 시간의 흐름에 따라 어쩔 수 없이 탁해지는 것을 의미하는데 이 시대에 생기는 기아, 질병 등의 천재지변이나 전쟁 등으로 인한 재해가 많아진다는 것을 뜻합니다.

다음으로 견탁이란 인생에 대한 여러 가지 삿되고 악하고 바르지 못한 사상이나 견해와 주의 주장들이 무성하여지는 것을 말합니다.

셋째로 번뇌탁이란 욕심 내고 성 내는 등의 여러 가지 정신적인 악덕이 널리 퍼져있는 것을 말합니다.

넷째로 중생탁은 중생의 몸과 마음이 다 함께 자질이 떨어지는 현상을 말하는데 유정탁(有情濁)이라고도 합니다.

마지막으로 명탁은 수탁(壽濁)이라고도 하는데 인간의 수명이 짧아지는 것을 말합니다. 근래에 인간의 수명이 다소 길어졌으나 장구한 시간으로 보면 어느 한순간 잠깐 길어진 것이지 차츰 차츰 짧아지고 있다는 뜻입니다.

오탁의 현상이 일어나는 시기를 말세라고 하는데 인간의 수명이 가장 긴 팔만 사천 세로부터 점차로 감소해서 이만 세에 이르면 점차로 오탁의 증상이 증가한다고 경전에서 말하고 있습니다.

부처님께서는 이러한 오탁악의 세계에서도 중생을 제도하시는 것입니다.

또 '거칠고 억센 중생'이란 고집 세고 말을 안 들으며 억세기 때문에 다루기 힘든 중생이라는 뜻인데 이러한 중생까지도 부처님께서는 잘 가르치고 다독거려 참다운 인간으로 교화한다는 것입니다.

다시 한번 이 대목을 정리해서 설명하면 부처님께서는 중생들을 사랑하여 그들에게 괴로움과 즐거움의 근본 의미를 알게 하고 그들을 제도하고 계신다는 것을 많은 부처님과 보살들이 찬탄하여 시자들을 보내어 부처님께 문안을 드리게 하는 내용입니다.

2. 광명을 놓다

是時에 如來含笑하시고 放百千萬億大光明雲하시니 所謂大圓滿光明雲과 大慈悲光明雲과 大智慧光明雲과 大般若光明雲과 大三昧光明雲과 大吉祥光明雲과 大福德光明雲과 大功德光明雲과 大歸依光明雲과 大讚歎光明雲이니라

이 때에 여래께서는 웃음을 머금으시고 백천만 억의 큰 광명을 놓으시었다. 이른바 크고 원만한 광명과 큰 자비의 광명과 큰 지혜의 광명과 큰 반야의 광명과 큰 삼매의 광명과 큰 길상의 광명과 큰 복덕의 광명과 큰 공덕의 광명과 크게 귀의하는

광명과 크게 찬탄하는 광명이었다.

강의 앞에 부처님께서 도리천에서 법문을 하려고 하는데 많은 부처님과 보살들이 문안을 드리는 장면이 있었습니다. 그래서 여기서는 부처님께서 웃음을 머금으시고 백천만 억의 큰 광명을 나타내는 대목입니다.

여기서 열 가지 광명을 놓았다는 것은 지장경에서 특별히 부처님의 위대함을 광명으로써 나타내고자 한 것입니다. 광명은 부처님의 지혜며, 깨달음의 내용이며, 중생들에 대한 꿈과 원력입니다. 부처님으로서 가장 부처님다운 면이라고 할 수 있습니다.

예를 들어 우리가 절에 가면 맨 처음 불자임을 나타내는 표현으로 법당에 들어가서 부처님께 절을 합니다. 그와 마찬가지로 부처님께서는 맨 먼저 광명을 놓았다고 하였습니다. 그러므로 광명의 의미를 이해하면 부처님을 가장 정확하게 알 수 있는 좋은 열쇠가 됩니다.

본문에서 '광명운(光明雲)'이라 할 때 구름운자의 뜻은 많고 풍성하다는 의미로 다른 경전에도 자주 등장하는 예입니다. 그리고 특히 대원만 광명, 대자비 광명, 대지혜 광명, 대반야 광명, 대삼매 광명, 대길상 광명, 대복덕 광명, 대공덕 광명, 대귀의 광명, 대찬탄 광명의 열 가지 광명을 통해서 부처님의 무량한 덕(德)을 나타내는 것입니다. 즉 원만, 지혜, 반야, 삼매, 길상, 복덕, 공덕 등이 부처님만이 가지고 있는 덕입니다.

'열[十]'이라는 숫자는 가득 차서 원만하며 어떤 결손도 없이 완전무결하다는 뜻으로 부처님의 수많은 덕의 광명은 원만하고 완전무결하다는 것을 상징합니다. 그리고 덕은 곧 그 사람의 빛입니다. 사람에게 덕이 있을 때 빛이 나고 또 많은 사람들이 따릅니다.

불교에서 말하는 광명에 대하여 다시 좀 더 살펴보겠습니다.

광명은 빛입니다. 빛은 바로 부처님입니다. 부처님은 광명으로써 그 모습과 덕을 나타냅니다. 광명은 바로 진리의 몸, 그 자체를 가리킵니다. 또한 빛은 마음의 지혜입니다. 예를 들어 일상 생활에서 만약 광명이 없다면 아무 것도 볼 수 없고 아무 일도 할 수 없을 것입니다.

진리는 우리의 삶 속에서 빛의 역할을 하기 때문에 불법을 믿는 사람은 이 세상에서 빛의 역할, 즉 정신적인 지도자가 되어야 하는 것입니다. 우리 불자들은 가정에서나 사회에서 바른 이치〔진리〕의 깃발을 높이 들고 미혹한 사람을 이끌어가야 할 의무와 책임이 있습니다. 천수경에서 "수지신시광명당(受持身是光明幢)이라"고 했듯이 불법을 믿고 살아가는 사람들은 한 가정의 또는 한 단체, 한 사회의 광명의 깃발이 되어야 한다는 뜻입니다.

광명은 또한 부처님이 가지신 모든 재산을 상징한다고도 할 수 있습니다. 그래서 광명은 곧 깨달음입니다. 깨달음을 통해서 지혜가 생기는 것입니다. 부처님께서는 광명으로 인해 중생을 제도하는 길을 열었고 경전을 설하게 된 것입니다. 그래서 부처님은 깨달음의 지혜를 상징하는 뜻에서 광명을 나투신 것입니다.

우리의 인생이 수많은 역경을 겪으면서도 살아갈 수 있는 것은 바로 이 광명 때문입니다. 인생의 길을 가는데 마음으로부터 어떤 지혜의 빛이 없다면 매순간 우리는 상처투성이로 얼룩질 것입니다. 돌이켜 보건대 수많은 과거의 삶을 사는 동안 상처받았던 일들은 모두 지혜가 없고 어리석었기 때문임을 깨달을 때가 많습니다. 그래서 부처님의 제일 가는 재산은 바로 깨달음의 지혜입니다.

여기서 특별히 열 가지 광명을 소개하고 있는 것은 앞으로 이야기하고자 하는 지옥의 개념과 반대되기 때문입니다. 광명만이 지옥문을 활짝 열 수 있고, 광명만이 지옥에서 벗어날 수 있기 때문입니다. 지옥이라고 해서 어느 고정된 장소가 있는 것이 아니고 지혜의 빛이 없으면, 어리석음의 어둠으로 사는 것, 그것이 바로 지옥의 삶입니다. 그래서 지옥을 해의 빛도 달의 빛도 없는 어두운 곳에 있다고 경에서는 말하고 있습니다.

3. 음성을 내다

放如是等不可說光明雲已하시고 又出種種微妙之音하시니 所謂檀波羅蜜音이며 尸羅波羅蜜音이며 羼提波羅蜜音이며 毗離耶波羅蜜音이며 禪波羅蜜音이며 般若波羅蜜音이며 慈悲音이며 喜捨音이며 解脫音이며 無漏音이며 智慧音이며 大智慧音이며 師子吼音이며 大師子吼音이며 雲雷音이며 大雲雷音이니라

이처럼 말로는 다 나타낼 수 없는 많은 광명을 놓으신 뒤에 또한 갖가지의 미묘한 음성을 내시었다. 이른바 단나바라밀의 음성과 시라바라밀의 음성과 찬제바라밀의 음성과 비리야바라

밀의 음성과 선나바라밀의 음성과 반야바라밀의 음성과 자비의
음성과 희사의 음성과 해탈의 음성과 무루의 음성과 지혜의 음
성과 대지혜의 음성과 사자후의 음성과 대사자후의 음성과 우
뢰의 음성과 큰 우뢰의 음성이었다.

강의 부처님에 대한 지혜와 자비와 원력의 표현으로서 처음은
지혜를 상징하는 광명으로써 하였고, 다음은 음성으로써 주로
자비와 원력을 표현하였습니다. 부처님이 자비로써 중생들을
건지는 데는 여섯 가지 덕목과 네 가지 한량없는 마음을 가지고
합니다.

단나바라밀은 보시를 나타내는 것으로서 재물을 베풀거나 두
려움을 없애주고 가르침을 펴는 일을 통해서 탐심을 끊게 하고
집착을 떠나게 하며 이웃의 가난함을 구제해주는 윤리적 실천
강령을 뜻합니다.

시라바라밀은 지계를 나타내는 말로 불자로서 계(戒)와 율
(律)을 견고히 지켜 악업을 멸하고 몸과 마음의 청정을 얻는 것
을 뜻합니다.

찬제바라밀은 인욕을 나타내는 것으로 타인으로부터 받는 모
든 박해나 고통을 잘 참고 도리어 그것을 받아들임으로써 원한
과 노여움을 없애고 제법(諸法)을 밝게 관찰하여 마음이 안주
(安住)하는 것을 뜻합니다.

비리야바라밀은 정진을 나타내는 것으로 신심을 가다듬고 힘
써 선행, 특히 여러 바라밀을 꾸준히 실천하여 게으른 마음을
버리고 선법(善法)을 점점 더 발전시키는 것을 뜻합니다.

선나바라밀은 선정을 나타내는 것으로 마음이 산란하여지는 것을 멈추고 삼매를 행하여 마음의 평정을 유지하는 것을 뜻합니다.

반야바라밀은 지혜를 나타내는 것으로 어리석음을 고치어 모든 진리를 밝게 아는 예지와 여실(如實)한 진리를 체득하는 것을 뜻합니다.

다음으로 자비와 희사는 자 · 비 · 희 · 사의 네 가지 한량없는 마음[四無量心]을 나타냅니다. 이 가운데 다른 사람에게 즐거움을 주는 것을 자무량심(慈無量心)이라 하고, 다른 사람의 괴로움을 없애주는 것을 비무량심(悲無量心)이라 하고, 다른 사람이 즐거워하는 것을 보고 함께 즐거워하는 것을 희무량심(喜無量心)이라 하고, 다른 사람에 대해 애증친원(愛憎親怨)의 마음이 없이 평등한 것을 사무량심(捨無量心)이라 합니다. 불교에서는 이 사무량심을 닦음으로써 대범천(大梵天)에 태어날 수 있다고 말합니다.

그밖에 해탈, 무루, 지혜, 대지혜, 사자후, 대사자후, 운뢰, 대운뢰를 말하고 있는데 모두 소리라는 음(音)을 붙인 것은 부처님의 설법을 뜻합니다. 즉 부처님의 설법이란 요약하면 여섯 가지 바라밀과 사무량심과 해탈과 무루와 지혜 등으로 표현할 수 있습니다.

해탈음은 깨달음의 소리를, 무루음은 모든 번뇌에서 벗어나 열반의 경지에 이른 소리를, 또 지혜음과 대지혜음은 올바른 분별과 판단을 할 수 있는 명석한 지혜의 소리를 뜻합니다. 사자후음과 대사자후음은 부처님의 설법을 사자의 부르짖음에 비유한 말로 부처님의 바른 가르침은 그 어떤 삿된 것이라도 능히 굴복시킬 수 있는 소리임을 뜻합니다.

끝으로 운뢰음과 대운뢰음은 부처님의 바른 말씀, 옳은 말씀, 진리의 말씀, 깨달음의 말씀은 마치 하늘의 번개와 천둥소리와 같음을 비유한 말로 결국 부처님의 말씀은 사람들의 정신이 번쩍 들게 하는 천둥소리와 같음을 뜻합니다. 여기서 운뢰음은 소리가 크다는 뜻이라기보다 부처님의 가르침은 가슴을 울리며 감동을 주는 말씀이라는 뜻이 담겨 있습니다.

지금까지 부처님께서 광명을 펼쳐 보이고 난 후 이어서 소리로 중생 제도를 표현하고 있음을 볼 수 있습니다. 여기서 광명은 곧 깨달음의 지혜이고, 소리는 곧 설법을 의미합니다. 이 두 가지는 달리 말하면 지혜와 자비원력으로서 부처님의 가장 부처님다움입니다.

우리가 부처님을 존경하고 흠모하는 까닭은 바로 부처님께서 이 깨달음의 지혜를 가졌기 때문이며 또한 깨달음으로 인해 중생의 근기에 맞는 법을 설하는 자비가 있기 때문입니다. 그리고 부처님의 설법을 편찬한 경전이 있기 때문에 우리는 불교적인 삶, 즉 깨달음의 삶을 살 수 있고 깨달음의 실천을 행할 수 있는 것입니다.

불교에 있어서 깨달음의 지혜와 설법, 이 두 가지보다 더 위대한 것은 없습니다. 부처님의 깨달음의 지혜와 부처님께서 중생을 향해 가르침을 펼친 교화 설법이야말로 불교의 전부라고 해도 과언이 아닙니다. 그래서 여기서도 먼저 부처님의 지혜광명을 소개하고 부처님의 온갖 설법의 소리를 나열해 놓은 것입니다.

4. 대중들이 법회에 모이다

出如是等不可說不可說音已하시고 娑婆世界와 及他方國土에 有無量億
天龍鬼神이 亦集到忉利天宮하니 所謂四天王天과 忉利天과 須焰摩天과
兜率陀天과 化樂天과 他化自在天과 梵衆天과 梵輔天과 大梵天과 少光
天과 無量光天과 光音天과 少淨天과 無量淨天과 遍淨天과 福生天과 福
愛天과 廣果天과 嚴飾天과 無量嚴飾天과 嚴飾果實天과 無想天과 無煩
天과 無熱天과 善見天과 善現天과 色究竟天과 摩醯首羅天과 乃至非想
非非想處天과 一切天衆과 龍衆과 鬼神等衆이 悉來集會하니라

이처럼 말로는 다할 수 없는 소리를 내시니 사바세계와 다른
곳의 국토에 있는 무량억의 천신과 용과 귀신들도 또한 도리천
궁에 모여 들었다. 이른바 사천왕천 · 도리천 · 수염마천 · 도솔
타천 · 화락천 · 타화자재천 · 범중천 · 범보천 · 대범천 · 소광
천 · 무량광천 · 광음천 · 소정천 · 무량정천 · 변정천 · 복생천 ·
복애천 · 광과천 · 엄식천 · 무량엄식천 · 엄식과실천 · 무상천 ·
무번천 · 무열천 · 선견천 · 선현천 · 색구경천 · 마혜수라천 내
지 비상비비상처천의 일체 천신 대중들과 용의 대중들과 귀신
의 대중들까지 모두 와서 모였다.

강의 여기서는 부처님의 설법을 듣기 위해 많은 천신이 모여 주

위를 장엄하는 장면입니다. 사바세계와 다른 곳의 국토에 있는 무량 억의 천신들과 용들과 귀신들이 도리천궁에 모여들었다고 표현하고 있습니다.

여기에 열거된 온갖 하늘은 곧 불교의 우주관의 일부로서 앞서 삼천대천세계를 설명하면서 조금 언급하였습니다. 불교에서는 이처럼 그냥 천상이나 우주라 하지 않고 천상 세계에 낱낱이 이름을 붙여 나타내고 있습니다. 마치 하늘의 별들에게 갖가지 이름을 붙이듯이 하늘 세계를 구체적으로 표현하고 있음을 볼 수 있습니다.

사실 여부는 알 수 없으나 더 넓은 우주공간의 모든 존재들은 진리를 떠나서, 도(道)를 떠나서는 무엇도 존재하지 않는다는 뜻을 암시하고 있습니다. 진리란 모든 것의 모든 것이며, 모든 것 그 자체입니다. 그래서 우리는 좋든 싫든 이미 동참하고 있습니다. 그러므로 경에서는 천상의 온갖 나라에서 와서 부처님의 설법 자리를 장엄하고 또 설법을 듣기 위해 모였다고 이야기합니다.

復有他方國土와 及娑婆世界의 海神江神과 河神樹神과 山神地神과 川澤神苗稼神과 晝神夜神과 空神天神과 飮食神草木神과 如是等神이 皆來集會하니라 復有他方國土와 及娑婆世界諸大鬼王하니 所謂惡目鬼王과 噉血鬼王과 噉精氣鬼王과 噉胎卵鬼王과 行病鬼王과 攝毒鬼王과 慈心鬼王과 福利鬼王과 大愛敬鬼王인 如是等鬼王이 皆來集會하니라

또 다시 다른 곳의 국토와 사바세계에 있는 바다의 신과 강의

신과 하천의 신과 나무의 신과 산의 신과 땅의 신과 천택의 신과
곡식의 신과 낮의 신과 밤의 신과 허공의 신과 천신과 음식신과
초목신과 같은 이러한 신들도 모두 와서 법회에 모였다.

　또 다시 다른 곳의 국토와 사바세계의 모든 큰 귀신의 왕들이
있었다. 이른바 무서운 눈을 한 귀왕과 피를 먹는 귀왕과 정기
를 먹는 귀왕과 태와 알을 먹는 귀왕과 병을 뿌리고 다니는 귀
왕과 독기를 거두어들이는 귀왕과 자비한 마음을 가진 귀왕과
복과 이익을 주는 귀왕과 매우 사랑스럽고 공경할 만한 귀왕 등
이러한 귀왕들이 모두 와서 법회에 모였다.

강의　여기서는 온갖 신들과 왕들을 나열하여 모두 부처님의 설
법 자리에 동참하고 있음을 볼 수 있습니다. 실로 선신 악신 할
것 없이 모든 존재들이 다 모였습니다. 부처님의 넓은 가슴과
그 넉넉한 마음에 무엇을, 누구를 배제한단 말입니까? 당연히
모두 다 동참할 수밖에 없습니다. 선한 것이든 악한 것이든 삼
라만상 그 무엇도 진리 그 자체며, 도 그 자체며, 위대한 신적
존재임에 충분합니다. 아니 보살이요, 부처님입니다. 아마 그런
뜻에서 지장경은 서두에서 모든 존재들을 열거하고 있을 것입
니다.

　또 이런 의미도 있습니다. 다른 곳의 국토와 사바 세계에 있
는 온갖 신들과 왕들이 법회에 모였다는 것은 곧 각계 각층의
사람들, 각양 각색의 사람들이 다 모인 것으로 이해할 수 있습
니다. 다시 말해 하늘을 믿는 종족은 물론 그 어떤 이교도들도
전부 부처님의 설법 자리에 다 모여들었다는 것입니다. 왜냐하

면 부처님께서는 그 어디에도 견줄 수 없는 성자이시며 진리의
체현자이기 때문입니다.

인도에서는 훌륭한 성자가 나타나면 자기의 종교와는 상관없
이 성자의 훌륭한 가르침을 배우기 위해 몰려든다고 합니다. 말
하자면 인도는 다양한 종교를 인정하고 있으며 실지로 수많은
종교 행위가 공존하고 있는 나라입니다. 그래서 지금 지장경을
설하는 데 필요한 대중이 전부 모여들었다는 것입니다.

5. 지장보살이 제도한 사람들

爾時에 釋迦牟尼佛이 告文殊師利法王子菩薩摩訶薩하시되 汝觀是一切
諸佛菩薩과 及天龍鬼神과 此世界他世界와 此國土他國土에 如是今來
集會到忉利天者를 汝知數否아 文殊師利白佛言하시되 世尊하 若以我
神力으로 千劫測度하야도 不能得知로소이다.

그 때에 석가모니 부처님께서는 문수사리 법왕자 보살마하살
에게 이르시기를 "그대는 이러한 여러 부처님과 보살과 천룡과
귀신과 이 세계와 저 세계, 이 국토와 다른 국토에서 이처럼 지
금 도리천에 와서 법회에 모인 것을 보고 그대는 그 수를 알 수
있겠느냐?" 문수사리가 부처님께 사뢰어 말씀드리되 "세존이시
여, 저의 신력으로서는 천겁을 두고 헤아린다 하더라도 그 수를
알 수가 없습니다."
강의 수많은 대중이 모여있는 가운데 부처님께서 문수보살에게

여러 가지 상황에 대한 이치를 묻고 있습니다. 많은 보살 중에서 문수보살에게 묻는 것은 특별한 이유가 있기 때문입니다. 문수보살은 지혜가 제일인 보살이기 때문에 이런 내용을 다 알 것이라고 생각하기 때문입니다. 그래서 부처님께서는 일체의 모든 불보살과 천룡과 귀신, 이 세계와 저 세계, 이 국토와 저 국토에서 지금 이 도리천에 와서 법회를 하려고 모인 대중을 보고 문수보살에게 그 숫자를 알 수 있겠느냐고 물어봅니다. 그랬더니 지혜가 제일인 문수보살도 자신의 힘으로는 천겁을 두고 헤아린다고 해도 그 수를 알 수 없다고 말합니다.

여기서 우리는 지장보살의 위대함을 읽을 수 있습니다. 얼마나 많은 수의 대중이 모였기에 문수보살도 그 수를 알 수 없을까요? 그것은 곧 앞으로 전개될 지장보살의 원력이 정말 크고 위대하다는 것을 암시하며, 원력이야말로 중생들을 교화하는 일에 있어서 가장 중요하며, 사람들이 삶을 살아가는 데 있어서 무엇보다 값지고 유익한 점이라는 사실을 은근히 보여주고 있습니다.

佛告文殊師利하시되 吾以佛眼觀하여도 猶不盡數니 此는 皆是地藏菩薩이 久遠劫來에 已度當度未度하며 已成就當成就未成就니라 文殊師利白佛言하시되 世尊하 我已過去에 久修善根하여 證無碍智일새 聞佛所言하고 卽當信受어니와 小果聲聞과 天龍八部와 及未來世諸衆生等은 雖聞如來誠實之語하야도 必懷疑惑하며 設使頂受하야도 未免興謗하리니 唯願世尊은 廣說地藏菩薩摩訶薩의 因地에 作何行하며 立何願하여 而能成就不思議事하소서

부처님께서 문수사리에게 이르시되 "내가 부처의 눈으로 보

더라도 오히려 다 헤아리지 못한다. 이것은 모두 지장보살이 오랜 세월 동안 이미 제도했거나 지금 제도 중이거나 앞으로 제도할 이들이며, 이미 성취시켰거나 지금 성취 중이거나 앞으로 성취시킬 이들이다."

문수사리가 부처님께 사뢰어 말씀드리되 "세존이시여, 저는 과거로부터 오랫동안 선근을 닦아서 걸림이 없는 지혜를 증득하였으므로 부처님께서 하시는 말씀을 듣고 곧 당연히 그대로 믿겠습니다만 수행이 작은 성문과 천룡 팔부와 미래세의 모든 중생들은 비록 여래의 진실한 말씀을 듣더라도 반드시 의혹을 품을 것이며, 설사 받들어 가지더라도 비방받는 것을 면하지 못할 것입니다. 바라건대 세존께서는 지장보살마하살이 처음 수행할 때[因地]에 어떠한 수행을 하였으며 어떠한 서원(誓願)을 세워서 이처럼 불가사의한 일을 성취하였는지 자세히 말씀하여 주십시오."

강의 문수보살은 계속해서 부처님께 질문을 합니다만, 부처님께서는 자신의 눈으로 보더라도 그 숫자를 헤아릴 수 없다고 말씀하십니다. 다시 말해 문수보살만 모르는 게 아니라 부처님 자신도 대중이 너무 많아서 헤아리지 못하겠다고 말합니다. 이 역시 지장보살의 원력이 위대함을 나타내고 있습니다.

많은 대중이 모인 것은 지장보살이 오랜 세월 전부터 제도했거나, 아니면 제도하는 중이거나, 앞으로 제도할 사람이라고 말합니다. 또 많은 대중들은 이미 성취시킨 사람도 있고 지금 성취 중인 사람도 있고 앞으로 성취할 사람이라고 덧붙여 말합니다.

문수보살은 많은 대중이 지장보살의 위신력으로 모였다고 하니 다시 묻습니다. 문수보살은 자신은 과거부터 선근을 닦아서 걸림 없는 지혜를 얻었으므로 부처님께서 말씀하신 지장보살에 대한 이야기를 마땅히 믿고 받아들이겠지만, 수행이 부족한 성문과 천룡 팔부와 미래세의 많은 중생들은 부처님의 성실하신 말씀을 듣더라도 반드시 의혹을 품을 것이고 설사 받아들인다 해도 비방이 일어날 수 있으니 지장보살이 처음 수행하던 일에 대하여 설명해 달라고 청합니다.

여기서 지장보살의 인지(因地) 즉 지장보살이 처음 수행하던 일이란 바로 지장보살이 될 수 있었던 어떤 씨앗, 혹은 원인을 말하는 것입니다. 다시 말해 지장보살이 될 수 있었던 최초의 인연을 말합니다.

문수보살의 물음은 지장보살이 과거세에 어떤 수행을 했고, 어떤 원력을 세웠기에 그와 같은 훌륭한 원력을 성취시킬 수가 있는지 알고 싶다는 것입니다.

여기서부터 서서히 지장보살이 등장하게 됩니다. 문수보살이 알고 싶은 것은 바로 지장보살의 원력에 관한 것입니다. 지장보살의 서원이 얼마나 컸으면 문수보살과 부처님까지도 헤아릴 수 없는 그 많은 숫자의 대중이 모였는지 독자들도 한번쯤 의문을 가져보는 것도 공부에 도움이 될 것입니다.

이 대목에서 가장 중요하게 생각해야 할 점은 이 모든 것이 지장보살의 서원에 의하여 대중들이 모였다는 사실입니다. 이 문제를 이해하면 지장보살에 관한 다소의 의문들이 저절로 풀리게 될 것입니다. 이를테면 지장보살이 어떻게 하여 받지 않으면 안 될 결정된 업(定業)까지도 소멸시킬 수 있는지, 또 살아가면서 겪는 온갖 어려움과 고난을 어떻게 거뜬히 극복할 수 있는지 알게 될 것입니다.

원력이란 바로 생명력입니다. 생명력은 살아있는 모든 존재의 가장 근본되는 힘이라고 할 수 있습니다. 그것은 곧 꿈이요, 희망이요, 기대감이라고도 표현할 수 있습니다. 사람이 살아가는 데 있어서 제일 중요한 것은 바로 꿈이며 희망입니다. 사람은 누구나 꿈을 먹고 산다고 해도 과언이 아닙니다. 그 어떤 기대감이 없다면 살아가는 맛이 없어지고 말 것입니다. 꿈이 없는 삶은 살아있다고 해도 죽은 것이나 마찬가지입니다. 꿈은 삶을 지탱시켜주는 원동력이라 할 수 있습니다. 그래서 꿈과 희망을 원력이라고 하며 원력은 곧 생명력이라 할 수 있습니다.

지장보살의 원력에서 우리가 배울 수 있는 것은 너무나 많습니다. 한 개인에 있어서도 그 원력의 정도에 따라 어떤 문제도 해결이 가능합니다. 우리의 서원이 강하면 아무리 큰 업장(定業)이라도 소멸시킬 수 있습니다. 한 가지 예를 들면 아무리 작은 돌이라도 그냥 물 속에 던지면 가라앉고 말지만 아무리 큰 바위라도 배에 실어두면 가라앉지 않습니다. 배는 돌의 무게를 받쳐 주는 역할을 하는 것으로서 바로 우리의 원력에 비유될 수 있습니다.

흔히 우리는 일이 잘 풀리지 않을 때 전생(前生)의 업 때문이라고 핑계를 대는 수가 있는데 이 업 타령을 원력으로 전환시켜야 합니다. 업을 전환시킬 수 있는 것은 바로 원력이기 때문입니다. 업의 굴레에서 헤어나지 못하고 소극적인 삶을 살아가기

46

보다 강한 원력으로 업을 뛰어넘고 극복할 수 있어야 합니다. 원력은 바로 그런 힘차고 적극적인 삶을 말합니다.

부처님께서는 열반에 드시면서 제자들에게 대승적인 바람직한 가르침에만 의지하고 그 외의 소승적인 가르침은 따르지 말라고 말씀하셨습니다. 방편으로 설해 놓은 바람직하지 못한 가르침에는 의지해서는 안 된다고 유언으로 말씀하셨습니다. 이 문제는 부처님께서 유언으로 남기실 만큼 소중하게 생각하셨습니다. 불교에서 업도 중요하고 인연도 소중하지만 업 타령만 계속하고 있으면 바람직한 불교적 삶이 되지 못합니다. 강인한 원력을 갖고 살아가는 삶이야말로 바른 불교를 배울 수 있고, 부처님의 마음에 맞는 불교를 수행하고 실천에 옮길 수 있는 것입니다.

불교는 전생에 지은 업대로만 살아가는 소극적인 가르침이 아닙니다. 강인한 원력으로 업을 극복할 수 있는 능력을 갖게 하는 가르침입니다. 아무리 무거운 바위와 같은 업이라도 배라고 하는 원력이 있다면 능히 극복할 수 있기 때문입니다. 업장의 무게가 무겁더라도 원력의 힘이 크면 인생이 결코 잘못될 리 없습니다. 그러한 이치가 바로 지장경의 가르침이며 원력의 힘입니다. 큰 원력의 상징인 지장보살이 결정된 업까지도 소멸시키는 원리가 바로 거기에 있습니다.

중생들을 모두 제도하고 난 후 깨달음을 얻을 것이며, 지옥이 텅 비지 않으면 결코 성불하지 않겠으며, 자신이 지옥에 가지 않으면 누가 지옥에 가서 중생들을 제도하겠는가? 라는 지장보살의 원력은 원력 중에서도 최고 최상의 원력이며, 가장 강력한 원력이라 할 수 있습니다.

그래서 이 대목에서 문수보살은 지장보살이 도대체 어떤 원력을 세웠는지 물어보는 것입니다. 그러면서 이제 지장보살의 그 강인한 원력을 열거해 보이고 있습니다. 다시 말해 지장보살의 정신이 담긴 세 가지 표현 속에는 지장보살의 강인한 원력, 곧 하늘을 뒤덮는 원력을 상징적으로 말하고 있습니다. 그 세 가지란 바로 앞에서도 강조했듯이 중생들을 모두 제도하고 나서 깨달음을 이루겠고, 지옥이 텅 비지 않으면 맹세코 성불하지 않겠고, 자신이 지옥에 들어가지 않으면 누가 지옥에 들어가겠는가 하는 대원력입니다. 이 세 가지가 바로 지장경의 사상이며 지장보살의 정신입니다.

우리는 지장경 공부를 하면서 지장보살의 정신을 배워서 적극적이고 당당한 삶을 살아야 하며, 우리가 지장경을 공부하는 의미도 바로 여기에 있습니다. 원력은 바로 지장보살 그 자체입니다. 우리는 지장보살이라는 이름만 들어도 곧바로 원력을 떠올릴 수 있어야 합니다. 그리고 그 원력으로 인해 힘이 솟아나야 하는 것입니다. 그것이 바로 지장경 공부이며 지장기도입니다.

우리가 지장경을 공부하면서 새삼스럽게 떠올려야 하는 것은 살아가는 모든 과정이 비록 고난과 문제의 연속이지만 그 고난과 문제들을 극복하고 대처하는 한 방법으로서 강인한 원력을 가져야 함을 명심해야 합니다.

그러면 지장보살과 같은 강인한 원력은 어디에서 나오는 것일까요? 그것은 바로 부처님의 지혜의 가르침에 의해서 얻을 수 있습니다. 또한 우리들 마음에 본래부터 가지고 있는 근본

성품인 지혜에서 비롯된다고 할 수 있습니다. 이미 다 갖추고 있는 우리들 마음의 근본적인 지혜를 잘 다스림으로써 크나큰 원력을 얻을 수 있습니다. 또 그런 원력은 모든 어려움을 극복할 수 있습니다.

어떻게 보면 지장경은 설화에 가까운 이야기를 담고 있습니다. 또한 내용도 어렵지 않습니다. 그렇지만 그것을 우리의 사상과 삶으로 승화시키기까지는 상당한 시간과 노력이 필요합니다.

6. 지장보살의 인행과 공덕

佛告文殊師利하시되 譬如三千大千世界에 所有草木叢林과 稻麻竹葦와
山石微塵에 一物一數로 作一恒河하고 一恒河沙一沙로 一界하고 一界之
內에 一塵으로 一劫이요 一劫之內에 所積塵數를 盡充爲劫하여도 地藏菩薩
이 證十地果位以來컨대 千倍多於上喩어든 何況地藏菩薩이 在聲聞辟支
佛地이리요

부처님께서 문수사리 보살에게 말씀하시되 "비유하자면 삼천대천세계에 있는 풀과 나무와 숲과 벼와 삼과 대나무와 갈대와 산과 돌과 미진의 이 많은 것 중에, 한 가지 물건을 하나로 계산하고 그 하나를 한 개의 항하로 여겨서 한 항하의 모래 하나하나를 한 세계라고 하고, 그 한 세계 안에 있는 한 개의 먼지를 일 겁으로 삼고 그 겁 안에 쌓여있는 먼지의 수를 모두 겁이라고 한다 하더라도, 지장보살이 보살의 가장 높은 지위인 십지

과위(十地果位)를 증득한 시간은 위에서 비유한 수보다 천 배도 더 오래거늘 하물며 지장보살이 성문과 벽지불지에서 행한 일을 어찌 다 비유할 수 있겠는가."

강의 여기서는 부처님께서 지장보살의 인지(因地), 즉 서원을 처음 세울 때의 내용에 대해 설명을 시작하고 있습니다. 본문에서 삼천대천세계에 있는 풀과 나무와 총림과 도마와 죽위와 산과 돌과 미진 등 갖가지 물건이 많이 있다는 것을 자세히 나타내기 위해 예를 들어 설명하고 있습니다. 우리가 아무리 지장보살의 원력을 헤아려 보려고 해도 지장보살이 십지과위를 증득한 시간은 위에서 비유한 수보다 천 배나 더 많다고 합니다.

여기에 나오는 십지과위는 불교에서 수행의 과정에 따라 나누는 단계를 나타낸 말입니다. 다시 말해 중생에서부터 최고의 인격자인 부처에 이르기까지의 단계를 열 가지로 나눈 것입니다. 대승불교로 넘어 오면서 화엄경(華嚴經) 같은 경에서는 십신(十信), 십주(十住), 십행(十行), 십회향(十廻向), 십지(十地), 그리고 등각(等覺)과 묘각(妙覺)을 합쳐서 오십이위(五十二位), 혹은 오십오위(五十五位)로 나누기도 합니다.

중생에서부터 부처의 경지를 좀더 세분화한 것은 부처님은 너무나 훌륭하고 위대하기 때문에 그 단계를 높여 놓은 것으로 이해할 수 있습니다. 우리는 늘 같은 신행생활을 하고 있지만 그 내면의 차원은 각각 다른 것이며, 불교를 안다고 하는 것도 개개인의 공부 내용에 따라 천차만별인 것입니다. 불교에 대한 깊이와 넓이는 그 사람의 위치와 성격, 그 동안의 불교에 대한 상식과 받아들이는 정도에 따라 다를 수 있으므로 자세히 세분시켜 나누는 것입니다.

어쨌든 여기서는 지장보살이 그 동안 보살행을 실천한 세월이 한없이 길었음을 표현하고 있습니다. 지장보살의 원력은 무한한 세월 이전부터 원력이 심어져 있었으며 그 원력은 조건만 갖추어지면 언제든지 발휘할 수 있는 것입니다.

> 文殊師利여 此菩薩의 威神誓願은 不可思議니 若未來世에 有善男子善女人이 聞是菩薩名字하고 或讚歎커나 或瞻禮커나 或稱名커나 或供養커나 乃至彩畵刻鏤塑漆形像하면 是人은 當得百返生於三十三天하여 永不墮惡道하리라

"문수사리여! 이 지장보살의 위신력과 서원은 생각으로 헤아릴 수가 없다. 만약 미래세에 선남자와 선여인이 있어서 이 보살의 이름을 듣고 혹 찬탄하든지, 혹 우러러 예배하든지, 혹 이름을 일컫든지, 혹 공양하든지, 아니면 그림으로 형상을 그리거나 조각하여 만들거나 옻칠을 올리게 되면 이 사람은 마땅히 백번이라도 삼십삼천에 태어나서 영원히 악도에 떨어지지 아니할 것이다."

강의 부처님께서는 문수보살에게 지장보살의 위신력과 서원은 엄청나게 커서 생각으로는 표현할 길이 없다고 대답합니다. 그래서 지장보살의 수행역정이 너무나 훌륭하니까 지장보살에게 찬탄하고 예배를 하면 그 공덕이 많다고 설명하고 있습니다.

본문에서 미래세의 많은 대중이 지장보살의 이름을 듣고 우러러보고 예배하거나 이름을 한번 부르거나 어떤 종류의 공양을 하든지 간에 그 사람은 도리천에 태어나고 영원히 지옥에 떨어지지 않을 것이라고 말합니다.

여기에 나오는 찬탄, 첨례, 칭명, 공양, 그림, 조각, 옻칠하는 일은 지장보살에 대한 존경과 원력을 닮으려는 실천 방법입니다. 지장보살을 섬기는 일이 우러러 보고 예배하는 행위에서부터 조각하고 옻칠하는 행위까지 그 공덕은 쌓이고 쌓인다는 것입니다.

이웃 나라 일본에서는 중국이나 한국보다 지장신앙이 훨씬 성행하고 있습니다. 지장보살상에 불자들이 작은 천 조각 같은 것을 걸쳐 놓았는데 그것이 모두 공양물에 해당한다는 것입니다. 이는 작은 공양물 하나라도 바치면 큰 공덕을 얻을 수 있다는 믿음에서 비롯된 것입니다.

이처럼 지장보살과 같은 훌륭한 공덕을 가진 분에게 매달리는 것은 하루에 천리를 달린다는 천리마 꼬리에 붙은 작은 파리처럼 마침내 좋은 결과를 가져올 수 있습니다.

불교에서는 죄가 매우 많은 사람과 인연을 맺어 놓으면 같이 지옥에 떨어진다는 뜻으로 '동타지옥(同墮地獄)'이라는 표현을 씁니다. 반대로 자신의 공덕은 비록 적지만 공덕이 아주 수승한 사람과 인연을 맺어 놓으면 함께 극락에 갈 수도 있습니다. 우리의 세상살이는 그렇게 서로에게 영향을 줄 수도 있고 영향을 받을 수도 있는 것입니다. 자신의 원력이 상대방보다 수승하면 자신의 자리를 지킬 수 있지만 그렇지 못한 경우에는 쉽게 나쁜 길로 빠져들 수도 있는 것입니다.

　여기서 우리는 지장보살과 같은 훌륭한 성인에게 공덕을 짓고 올바른 법을 배운다면 바람직한 길로 나아갈 수 있는 것입니다. 우리의 노력이 헛고생이 되지 않기 위해서는 진정 바람직한 길이 무엇인지 살펴볼 필요가 있습니다. 또한 자신이 바른 길을 택했다고 하는 확신이 섰을 때는 공덕을 쌓는 수행을 게을리 해서는 안 될 것입니다. 수행이 없는 원력은 별 의미가 없기 때문입니다.

　앞으로는 지장보살의 몇 가지 본생담(本生譚)에 해당되는 이야기가 나옵니다. 다시 말해 지장보살의 과거의 생애에 관한 내용입니다. 현재의 지장보살은 전생에 수많은 공덕을 쌓아서 나투셨다는 것입니다.

7. 본생담(本生譚) 1 - 장자의 아들이 되다

文殊師利여 是地藏菩薩摩訶薩은 於過去久遠不可說不可說劫前에 身爲大長者子러니 時世有佛하시되 號曰獅子奮迅具足萬行如來시라 時에 長者子見佛相好千福으로 莊嚴하고 因問彼佛하시되 作何行願하여서 而得此相이니까 時에 獅子奮迅具足萬行如來告長者子하시되 欲證此身인데 當須久遠에 度脫一切受苦衆生이라하시거늘

　"문수사리여! 이 지장보살하마살은 과거 오랜 세월 말로는 다할 수 없는 겁 전에 장자의 아들이 되었었다. 그 때에 부처님

53

이 계셨으니 이름을 '사자분신구족만행여래'라고 하였다. 그때 장자의 아들이 부처님의 상호가 온갖 복으로 장엄하였음을 보고 그 부처님에게 묻기를 '어떠한 행원(行願)을 지어서 이러한 상호를 얻으셨습니까?' 하고 물었더니, 그 때에 사자분신구족만행여래께서 장자의 아들에게 말씀하시기를 '이러한 몸을 증득하고자 한다면 마땅히 오랜 세월 동안 일체의 고통을 받는 중생들을 제도하여 해탈시켜야 된다.'고 하시었다."

강의 지장보살의 과거 전생에 관한 이야기입니다. 부처님께서 다시 문수보살에게 지장보살에 대해 이야기를 나누는 대목입니다. 지장보살은 과거 아주 오랜 세월 동안 말로는 다할 수 없는 세월 이전에 장자의 아들로 태어났는데, 그 때 부처님의 얼굴이 한없이 거룩한 것을 보고 어떻게 해서 그렇게 상호가 훌륭하냐고 묻습니다. 부처님의 얼굴은 원만 구족하기 때문에 상호(相好)라고 표현하는데 상이란 서른 두 가지를 가리키고, 호는 여든 가지를 가리킵니다.

본문에서는 부처님의 상호가 천 가지 복으로 장엄된 것을 보고 감동했다는 것입니다. 그래서 지장보살의 본생(本生) 인연이었던 장자의 아들이 부처님께 어떤 행원을 지어 그렇게 됐는지 묻고 있습니다. 여기서 행원이라 하는 것은 말로만 하는 게 아니고 구체적으로 몸으로 직접 실천하는 것을 의미합니다.

장자의 아들의 질문에 부처님께서는 오랜 세월 동안 괴로움을 받는 일체 중생들을 모두 제도하여 해탈시켜야 한다고 말씀하셨습니다. 이 대목에서 우리는 많은 사실을 이해할 수 있습니다. 부처님의 잘난 모습은 결국 중생들을 제도시킨 원력 때문에 나타난 것이지 달리 다른 방법이 있었던 것이 아니라는 것입니다. 장자의 아들은 부처님의 상호를 보고 감동했던 것입니다. 우리도 마찬가지로 상견중생(相見衆生)이라 해서 모양을 보고 마음을 일으키는 경우가 많습니다.

부처님의 상호 이야기가 나왔으니 우리들도 자신의 얼굴에 대해 한번쯤 생각해 볼 필요가 있습니다. 자신의 얼굴이 못생겼다고 조상을 원망하거나 부모를 탓할 게 아니라 지금 이 순간부터 공덕을 닦으면 얼굴이 바뀌어집니다. 얼굴이 바뀐다고 해서 진열장 속의 인형처럼 달라지는 게 아니라 얼굴에서 풍겨 나오는 분위기가 달라진다는 것입니다.

선행과 공덕이 쌓인 얼굴을 가진 사람에게는 자꾸 그 옆에 가고 싶고 무언가 주고 싶은 생각이 들게 되는 것입니다. 이렇게 자신의 얼굴을 바꿀 수 있는 방법이 바로 보살행을 열심히 닦는 것입니다.

여기서 말하는 부처님의 상호가 원만 구족한 이유가 다름 아닌 중생을 제도하여 해탈케 했다는 것입니다. 불교에서 해탈이라는 말은 매우 중요한 의미를 지니고 있습니다. 불교의 개인적 목적은 결국 해탈에 있다고 할 수 있습니다. 개인적 고통이나 문제로부터 해탈하고, 나아가서 다른 사람까지도 해탈시켜 주는 것이 불교의 목적입니다.

우리가 예불을 할 때 계향(戒香), 정향(定香), 혜향(慧香), 해탈향(解脫香), 해탈지견향(解脫知見香)이라고 말합니다. 계 · 정 · 혜 삼학의 결과로 얻어지는 것이 바로 해탈입니다. 그런 다음에 해탈지견입니다. 해탈지견은 해탈에 대한 소견을 말합니다. 해탈에 대한 소견은 다른 사람도 해탈시키겠다는 그런 마음을 뜻합니다.

해탈이란 바로 벗어난다는 뜻입니다. 벗어난다는 것은 바로 고정관념에서 벗어남을 의미합니다. 작은 것에서부터 우리의 관념이 벗어날 때 마침내 삶과 죽음의 문제까지도 벗어날 수 있습니다. 이처럼 해탈이란 고정관념을 깨어 벗어버리는 것을 뜻합니다.

해탈과 관련된 재미있는 일화 한 가지를 말씀드리겠습니다. 지금부터 오래 전에 먹을 게 귀하던 시절, 오대산 상원사에서 겨울 결제를 마치고 해제 때 다섯 명이 남아서 산 적이 있습니다. 식구가 적어서 소임을 돌아가면서 맡아 했는데 어느 스님이 공양주와 채공 소임을 맡았습니다. 반찬이라곤 짜디짠 무김치 한 가지로 겨울을 나야 했습니다.

그런데 그 스님은 무김치 한 가지로 갖가지 모양을 만들어 늘 새로운 맛을 느끼게 했습니다. 이미 정해져 있는 한 가지 재료이지만 온갖 조화를 다 부려 늘 다른 물건으로 바꾸어 놓았던 것입니다. 그 스님은 무김치라는 고정관념을 깨고 늘 새롭게 변화시키려는 마음을 가졌던 것입니다.

해탈이라고 하는 것은 바로 이와 같습니다. 우리는 작은 것에서부터 해탈의 개념을 적용시킬 필요가 있습니다. 그래서 끝내는 삶과 죽음에서까지 해탈할 수가 있습니다. 우리의 마음은 불가사의하고 오묘해서 마음만 먹으면 어떤 일이든 가능합니다.

文殊師利야 時에 長者子因發誓言하되 我今盡未來際不可計劫에 爲是
罪苦六道衆生하여 廣設方便하여 盡令解脫코서 而我自身이 方成佛道하리
라하여 以是於彼佛前에 立斯大願于今百千萬億那由他不可說劫에 尙爲
菩薩이니라

"문수사리여! 그 때 장자의 아들은 그 말씀으로 인하여 맹서를 발하여 말하기를 '나는 지금부터 미래세의 헤아리지 못할 겁이 다할 때까지 이러한 죄로 고생하는 육도의 중생을 위하여 널리 방편을 베풀어 그들로 하여금 모두 해탈하게 하고 나 자신도 꼭 불도를 성취할 것이다.' 라고 하였다. 그 부처님 앞에서 이러한 큰 서원을 세웠기 때문에 지금까지 백천만억 나유타인 말로는 표현할 수 없는 많은 겁을 지내도 오히려 보살이 되어 있다."

강의 장자의 아들은 미래세의 헤아리지도 못할 세월이 흐르더라도 죄악으로 지옥에 떨어진 중생을 모두 제도하고 나서 자신은 불도를 이루겠다는 서원을 세웠다는 것입니다. 그런 큰 서원을 세웠기 때문에 오랜 세월이 지나고도 그대로 보살의 몸으로 있습니다. 다시 말해 지장보살은 중생을 제도하기 위해 그냥 보살의 삶을 살고 있는 것입니다. 결국 지장보살은 우리 중생 때문에 성불을 못하고 있는 것입니다. 이것이 지장보살의 첫 번째 전생 이야기입니다.

8. 본생담 2 - 바라문의 딸이 되다

1) 지옥에 떨어진 어머니

又於過去不可思議阿僧祇劫에 時世有佛하시되 號曰覺華定自在王如來
러시니 彼佛壽命은 四百千萬億阿僧祇劫이라 像法之中에 有一婆羅門女하
니 宿福이 深厚하여 衆所欽敬이며 行住坐臥에 諸天이 衛護하더니 其母信邪
하여 常輕三寶어늘 是時聖女廣設方便하여 勸喻其母하여 令生正見하되 而
此女母는 未全生信이러니 不久命終하여 魂神이 墮在無間地獄하니라

"또 과거의 생각할 수 없는 아승지겁 때에 부처님이 계셨는
데 이름을 각화정자재왕여래이고, 그 부처님의 수명은 사백천
만억 아승지겁이나 된다. 상법(像法) 가운데 한 바라문의 딸이
있어 숙세의 복이 심후하여 뭇 사람들이 공경하는 바이며 행주
좌와(行住坐臥)에 제천이 호위하였다. 그런데 그의 어머니는 사
도(邪道)를 믿어 항상 삼보를 가볍게 여기었다. 이 때에 그의 딸
성녀(聖女)가 널리 방편을 베풀어서 그 어머니를 권유하여 그로
하여금 바른 소견이 생기게 하였지만 이 여자의 어머니는 전혀
믿음이 생기지 않더니 오래지 아니하여 목숨을 마친 뒤에 영혼
이 무간지옥으로 떨어져 버렸다."

강의 여기서부터 지장보살의 두 번째 전생 이야기가 시작됩니다.
　　우리가 생각할 수도 없는 오랜 과거에 부처님이 계셨는데 그
때 부처님을 각화정자재왕여래라고 불렀고 수명은 사백천만억

아승지겁이나 되었습니다. 상법 가운데 한 바라문의 딸이 있었 다고 합니다.

여기서 상법이라 하는 것은 부처님이 돌아가신 후의 시대를 말합니다. 흔히 시대를 구분 지을 때 정법(正法), 상법(像法), 말 법(末法) 시대로 나눕니다. 정법시대는 부처님께서 살아 계시는 동안을 일컫는 말이고, 상법시대는 부처님께서 돌아가신 후 얼 마 동안의 기간을 말하고, 말법시대는 부처님이 열반하신 후 많 은 세월이 지난 동안을 가리킵니다.

그러한 상법 시대에 한 바라문의 딸이 있었는데 그녀는 공덕 을 많이 닦아 뭇 사람들에게 공경을 받았습니다. 그래서 걸어다 닐 때나 가만히 있을 때나 앉아 있을 때나 누워있을 때 모든 하 늘의 신들이 그를 지켜 주었습니다.

그런데 그 어머니는 삿된 것을 믿어 삼보를 비방하였습니다. 우리는 살아가면서 삿된 길에 빠지지 않도록 주의를 해야 합니 다. 한번 그릇된 길로 접어들면 헤어 나오기가 어려울 뿐만 아 니라 인생을 망치는 경우도 많이 있습니다.

어머니가 잘못된 길로 빠져든 것을 보고 바라문의 딸은 널리 방편을 베풀어서 바른 소견을 갖게 했습니다. 여기서 방편이란 말을 잘 이해해야 합니다. 지장경에서는 방편을 통하여 무엇인 가를 얻고 배워야 함을 강조하고 있습니다. 바른 소견은 바로 바르게 보는 것입니다. 아무리 많은 재산을 가지고 아무리 훌륭 한 명예를 가졌다고 해도 인생에 대한 바른 소견을 갖지 못했다 면 아무 소용이 없습니다. 인생에 대한 바른 안목이야말로 그 어떤 재산보다 값진 것입니다. 바라문의 딸이 어머니에게 바른 소견을 갖게 했지만 어머니는 전혀 믿음을 얻지 못하고 죽어서 마침내 무간지옥에 떨어지고 말았다고 합니다. 잘못된 믿음의 삶은 그 자체가 곧 지옥의 삶입니다. 오늘날의 현실에도 구체적으로 들지 않더라도 삿된 가르침을 따르다가 자신도 망하고 가정마저 망하게 하는 경우가 적지 않습니다.

2) 지극한 정성에 감동한 부처님

時에 婆羅門女知母在世에 不信因果라 計當隨業하여 必生惡趣라하고 遂賣家宅하여 廣求香華와 及諸供具하여 於先佛塔寺에 大興供養이다가 見覺華定自在王如來하니 其形像이 在一寺中하되 塑畵威容이 端嚴畢備어늘 時에 婆羅門女瞻禮尊容하고 倍生敬仰하여 私自念言하되 佛名大覺이라 具一切智시니 若在世時런들 我母死後에 當來問佛이면 必知處所라하고

"그 때 바라문의 딸은 자신의 어머니가 세상에 계실 적에 인과를 믿지 아니했으니 마땅히 업에 따라 악취에 날 것을 짐작하여 드디어 가택을 팔아서 향과 꽃과 여러 가지 공양 거리들을 널리 구하여서 과거 부처님의 탑에 크게 공양을 올렸다. 그러다가 각화정자재왕여래를 뵈니 그 형상이 절에 계시되 불상과 탱화의 위엄스러운 얼굴이 단정하고 엄숙함을 구비하셨다.

그 때 바라문의 딸이 높으신 얼굴에 우러러 예배하고 존경하는 마음이 갑절이나 생겨서 가만히 스스로 생각하기를 '부처님의 이름은 대각(大覺)이라, 모든 지혜를 갖추었으니 만약 세상에 그대로 계셨더라면 내 어머니가 돌아가신 뒤에 만일 부처님

께 물었더라면 반드시 가신 곳을 알았을 것이다.' 라고 하였다."

강의 그 때 바라문의 딸은 자신의 어머니가 세상에 계실 때에 인과를 믿지 않아 업에 따라 악취에 떨어질 것을 미리 짐작했습니다. 여기서 악취라고 하는 것은 악한 갈래 즉, 악한 길을 뜻합니다. 말하자면 지옥, 아귀, 축생 등 여러 가지 인간의 삶보다 저급한 생명들의 삶의 모습들을 말합니다.

자녀를 키우면서 공부를 잘하느냐, 못하느냐를 걱정할 것이 아니라 나쁜 친구들과 어울려 나쁜 곳에 떨어지지 않을까를 걱정해야 합니다. 악취라고 하는 것은 좋지 아니한 나쁜 길들을 말합니다.

바라문의 딸은 어머니가 악취에 떨어질 것을 미리 알고 집을 팔아서 향과 꽃과 모든 공양구를 구하여 부처님의 탑과 절에 공양을 올렸습니다. 여기서의 부처님은 앞에서 나온 각화정자재 왕여래입니다. 그런데 부처님의 형상이 절에 계셨는데 불상과 탱화의 얼굴이 단정하고 엄숙하여 훌륭한 모습을 하고 있었습니다. 그 때 바라문의 딸이 부처님을 우러러보고 존경하는 마음이 생겨 마음속으로 생각했습니다. 부처님께서는 큰 깨달음을 얻어 지혜를 갖추셨으니 만약 세상에 계셨더라면 어머니가 어느 곳에 나신 지를 알 것이라고 생각했습니다.

우리도 가끔씩 살다가 답답하고 앞길이 캄캄해서 내일이 어떻게 될지 모를 때 부처님께 물어보고 싶을 때가 있습니다. 그와 마찬가지로 바라문의 딸도 부처님께 어머니가 죽어서 어디에서 다시 태어났는지 물어보고 싶은 간절한 마음으로 부처님의 형상을 올려다보고 있었던 것입니다.

時에 婆羅門女垂泣良久하며 瞻戀如來하시더니 忽聞空中聲曰泣者聖女여 勿至悲哀하라 我今示汝母之去處하리라 婆羅門女合掌向空하며 而白空曰是何神德이건대 寬我憂慮이니까 我自失母已來로 晝夜憶戀하되 無處可問知母生界하이다 時에 空中有聲하여 再報女曰我是汝所瞻禮者의 過去覺華定自在王如來러니 見汝憶母倍於常情衆生之分일새 故來告示하노라

"이 때 바라문의 딸이 오래도록 슬피 울며 여래를 쳐다보면서 그리워하였더니 홀연히 공중에서 소리가 들려오기를 '울고 있는 자 성녀야, 너무 슬퍼하지 말아라. 내가 지금 너의 어머니의 간 곳을 보여 주마.' 하였다.

바라문의 딸이 합장하고 공중을 향하여 하늘에 아뢰기를 '이 어떠한 신의 덕으로 제 걱정을 풀어 주시려 합니까? 저는 어머니가 돌아가신 뒤로 밤낮 생각하였으나 어머니의 태어나신 곳을 물을 곳이 없었습니다.'

그 때 공중에서 소리가 들려와 두 번째 알려주기를 '나는 바로 네가 예배하던 과거의 각화정자재왕여래다. 네가 어머니를 생각하는 정이 보통 중생의 정보다 갑절이나 됨을 보았으므로 너에게 알리는 것이다.' 고 하였다."

강의 바라문의 딸은 공중에서 너무 슬퍼하지 말라고 위로하며 어머니가 계신 곳을 보여 주겠다는 말을 듣게 됩니다. 그래서 바라문의 딸은 하늘을 향해 어떠한 은덕으로 자신의 걱정을 들

62

어주려는 것인지 묻습니다. 그리고 어머니가 돌아가신 뒤로 밤
낮 생각하였으나 어머니의 태어나신 세계를 물어볼 곳이 없었
다고 말합니다. 그래서 공중에서는 바라문의 딸에게 음성을 들
려주는 사람은 과거에 바라문의 딸이 예배를 올렸던 각화정자
재왕여래라고 밝히고 바라문의 딸이 어머니를 생각하는 정이
남다름을 알았다고 말합니다. 지성이면 감천이라는 말이 있습
니다. 사람이 지극한 정성으로 기도를 드리면 설사 그 기도의
대상이 고목이나 바위라 하더라도 그들을 움직일 수가 있거늘
하물며 부처님이겠습니까? 삼라만상 일체가 사람의 마음으로
이루어졌기 때문에 모두가 마음의 파장으로 가능한 일입니다.

婆羅門女聞此聲已하고 擧身自撲하여 支節皆損커늘 左右扶侍하니 良久方
穌하여 而白空曰願佛慈愍하사 速說我母生界하소서 我今에 身心이 將死不
久로소이다 時에 覺華定自在王如來告聖女曰汝供養畢하고 但早返舍하여
端坐思惟吾之名號하면 卽當知母所生去處하리라

"바라문의 딸은 이 소리를 듣자마자 너무 감동한 나머지 몸
을 들어 스스로 부딪혀서 팔과 다리가 모두 상하였으므로 좌우
에서 붙들어 일으키니 오랜만에 깨어나서는 공중을 향하여 아
뢰기를 '원컨대 부처님께서는 자비로써 불쌍하게 여기시어 빨
리 저의 어머니가 태어난 세계를 말씀하여 주십시오. 제 지금의
심신은 오래지 않아서 죽을 것 같습니다.'

그 때 각화정자재왕여래께서 성녀에게 이르시기를 '너는 공
양을 마치거든 다만 일찍이 집으로 돌아가서 단정하게 앉아 나

의 명호를 생각하면 곧 너의 어머니가 태어나서 간 곳을 알게
될 것이다.'라고 하였다."

강의 여기서 명호를 생각한다고 하는 것은 일념으로 기도를 드
린다는 말입니다. 이 대목에서 우리는 많은 것은 생각할 수 있
습니다. 바라문의 딸은 염불하는 힘 때문에 지옥세계에서도 전
혀 두려움이 없었던 것입니다. 불교공부를 하는 목적을 이런 데
서 찾을 수 있습니다. 험난한 세파 속에서 이리저리 흔들리면서
살 수 밖에 없는 우리가 의지해야 할 것은 바로 불교의 바른 가
르침입니다. 부처님의 가르침에 의지한다면 세상이 아무리 혼
탁하고 어지럽더라도 절대 흔들리거나 두려움이 없을 것입니
다. 바라문의 딸이 지옥에 가서도 두려움이 없는 것은 결국 불
교의 바른 가르침에 의지했기 때문입니다. 바라문의 딸은 부처
님의 이 말씀을 듣고 한없이 기쁜 마음을 가집니다.

3) 지옥을 돌아보다

時에 婆羅門女尋禮佛已하고 卽歸其舍하여 以憶母故로 端坐念覺華定自
在王如來하더니 經一日一夜러니 忽見自身이 到一海邊하니 其水湧沸하고 多
諸惡獸하되 盡復鐵身으로 飛走海上하여 東西馳逐커든 見諸男子女人百千
萬數出沒海中타가 被諸惡獸의 爭取食噉하며 又見夜叉其形이 各異하되
或多手多眼이며 多足多頭라 口牙外出하되 利刃如劍하여 驅諸罪人하야 使
近惡獸하며 復自搏攫하여 頭足相就커든 其形이 萬類라 不敢久視일러라 時
에 婆羅門女는 以念佛力故로 自然無懼러니

64

"이 때 바라문의 딸은 부처님께 예배하기를 마치고 곧 그의 집으로 돌아와서 어머니를 생각하여 단정히 앉아 각화정자재왕여래를 생각하면서 하룻밤 하루 낮을 지냈는데, 문득 자기 몸이 한 바닷가에 이르렀다.

그 바닷물이 끓어오르고 많은 악한 짐승들이 모두 쇠로 된 몸을 하고 해상을 날아다니면서 동서로 쫓아다니고 남자와 여인 백천만 명이 바다 가운데로 들어갔다가 나왔다가 하다가 온갖 악한 짐승들에게 잡아 먹히는 것이 보이며, 또한 야차가 있는데 그 모양이 각각 달라서 손이 많은 것과 눈이 많은 것과 발이 많은 것과 머리가 많은 것과 어금니가 밖으로 튀어 나와서 날카롭기가 칼날 같은 것들이 죄인들을 몰아서 악한 짐승들에게 가깝게 대어주며, 다시 스스로 치고 받아서 머리와 다리가 서로 엉키는 등 그 모양이 만 가지나 되어 감히 오래 볼 수가 없었다. 그러나 이 때 바라문의 딸은 염불하는 힘 때문에 자연 두려움이 없었다."

강의 바라문의 딸은 집으로 돌아와 일념으로 부처님 명호를 외우며 하룻밤을 보냈습니다. 여기서 하룻밤 하루 낮을 기도삼매에서 오로지 부처님을 생각하는 일념으로 시간이 지나갔습니다.

첫번째 지옥으로 야차의 모습을 그려 놓았습니다. 야차의 세상은 물이 끓어오르고 많은 악한 짐승들이 쇠로 된 몸을 하고 바다 위를 날아다니면서 동서로 쫓아다니고 모든 남자와 여인들이 바다 가운데 들어갔다 나왔다가 하다가 그 악한 짐승들에게 다투어 가며 잡아먹히는 형상을 하고 있습니다.

또한 손과 눈과 발과 머리가 보통 사람보다 훨씬 많고 어금니가 밖으로 튀어나와서 칼날같이 날카로우며 주인들을 몰아서 악한 짐승들에게 잡아먹히도록 하고 있습니다.

여기서의 지옥의 모습은 우리의 현실세계에서도 흔히 볼 수 있습니다. 지금 우리가 사는 사회는 경쟁사회입니다. 어떤 수단과 방법을 다 동원해서라도 자신의 이익에만 눈이 어두워 서로 모함하고 시기 질투하며 상대가 망하기만을 바라는 현상들은 그대로 야차의 세상입니다. 이것은 바로 야차와 나찰의 지옥 세계와 다르지 않습니다. 공금 횡령은 물론이고 개인적 이익을 위해서 남의 생명까지 앗아가는 지옥의 세계가 현실에서 그대로 펼쳐지고 있습니다.

경전에서 이야기하고 있는 아수라나 아귀들이 이리 날뛰고 저리 날뛰며, 또 이렇게 헐뜯고 저렇게 헐뜯으며, 이리로 붙었다 저리로 붙었다 하는 모습이 지금 우리 현실의 모습 그대로입니다. 경전에 있는 이야기는 현실을 그대로 은유적으로 표현한 것입니다.

우리의 현실을 가장 생생하게 표현해 놓은 것으로 알려진 법화경의 화택(火宅)의 비유는 너무나 유명합니다. 한쪽에서는 불이 나고 있는데 그 불난 집 속에는 온갖 독충이 들끓고 수많은 짐승들이 서로 물어뜯으며 아우성치고 있는 모습을 아주 사실적으로 그려 놓았습니다. 그런 엉망진창이 된 모습들은 우리의 현실 그대로라 하여도 과언이 아닙니다.

그러나 우리의 현실이 아무리 지옥처럼 험악하고 혼란스럽다 해도 우리가 슬기로써 극복하고 헤쳐나갈 수 있는 것은 바로 부처님의 올바른 가르침이 있기 때문입니다. 자신이 하는 불교 공부의 자세가 바로 서 있다면 어떤 두려움도 없을 것입니다.

우리의 삶에 어떤 구심점을 놓쳐 버리면 우리는 어떤 곳으로 곤두박질할지 모릅니다. 사회적으로 상당한 명예와 재산을 가졌다 하더라도 자기의 어떤 구심점이 없고 인생의 중심을 나 아닌 다른 곳에 싣고 살아간다면 한꺼번에 모든 것이 무너질 수 있습니다. 그런 경우는 신문지상에서 쉽게 접할 수 있습니다. 불자는 명예나 재산을 가졌다 하더라도 그것이 한낱 먼지나 아침이슬, 또는 저녁연기와 같은 것이라고 생각할 줄도 알아야 합니다.

지금은 비록 돈벌이를 잘하고 있다고 하더라도 어느 때가 되면 그것은 다 무상하다는 것을 알아야 합니다. 우리가 어렸을 때의 기억을 회상해보면, 기둥을 잡고 아무리 뺑뺑이를 돌아도 기둥만 놓치지 아니하면 나가떨어지지 않습니다. 그렇지만 그 기둥을 놓쳐 버리면 어딘가로 곤두박질 치게 되어 있습니다. 인생살이도 그와 같습니다.

본문에서 바라문의 딸이 염불하는 힘 때문에 두려움이 없어졌다는 사실은 매우 중요한 의미를 갖고 있습니다. 지옥에 가서 정말 험한 모습을 봤지만 마음에 두려움이 없고 평화를 얻을 수 있었던 것은 바로 기도의 힘 때문입니다.

우리가 많고 많은 가르침과 종교 중에서 부처님의 가르침인 불교를 만날 수 있었다고 하는 사실은 정말 다행한 일입니다. 아무리 좋은 가문에 태어나서 좋은 사람 만나고 좋은 학교에 가고 명예를 얻고 지위를 누리고 영광을 누렸다 하더라도 불법을 만나는 것보다 더 다행일 수는 없습니다.

불교와 인연을 맺은 것, 다시 말해 부처님과 인연을 맺은 것은 크나큰 영광입니다. 왜냐하면 부처님의 가르침은 자신의 인생을 세세생생 지켜주고 붙들어 줄 수 있기 때문입니다. 부처님과의 인연은 다른 세속적인 인연과는 전혀 다르다는 것을 깨달아야 합니다.

有一鬼王하되 名曰無毒이라 稽首來迎하며 白聖女曰善哉라 菩薩은 何緣으로 來此이니까 時에 婆羅門女問鬼王曰此是何處이니까 無毒이 答曰此是大鐵圍山西面第一重海니라 聖女問曰我聞鐵圍之內에 地獄在中이라더니 是事實不이니까 無毒이 答曰實有地獄이니라 聖女問曰我今云何로 得到獄所이니까 無毒이 答曰若非威神이면 卽須業力이리니 非此二事면 終不能到니다

"한 귀왕이 있어 이름을 무독이라 불렀는데 머리를 조아리며 와서 성녀를 영접하면서 하는 말이 '착하신 보살이시여, 어떠한 연유로 이 곳에 오셨습니까?'

이 때 바라문의 딸이 귀왕에게 묻기를 '이 곳은 어디입니까?'

무독이 대답하기를 '이 곳은 대철위산의 서쪽에 있는 첫째 바다입니다.'

성녀가 묻기를 '내가 들으니 철위산 안에 지옥이 있다고 하는데 이것이 사실입니까?'

무독이 대답하기를 '실제로 지옥이 있습니다.'

성녀가 묻기를 '내가 지금 어찌하여 지옥이 있는 곳에 오게

되었습니까?'

　무독이 대답하기를 '만약 위신력이 아니면 곧 업력일 것입니다. 이 두 가지가 아니면 끝내 이곳에는 오지 못할 것입니다.' 라고 하였다."

강의　여기서 한 귀왕이 있는데 이름을 무독이라고 불렀다고 했습니다. 무독귀왕은 지장전에 예불을 드릴 때 나오는 귀신왕의 이름입니다. 무독귀왕이 머리를 조아리며 지옥을 찾은 바라문의 딸을 영접했습니다. 그리고 나서 무독귀왕이 자세히 살펴보니 죄를 지어 끌려 온 사람 같지 않아 어떤 연유로 이 곳에 왔는지 정중히 묻고 대답하는 부분입니다.

　무독귀왕이 말한 지옥에 오는 경우의 두 가지 예를 생각해 봅시다. 예를 들어 우리가 형무소에 가는 것도 두 가지 경우가 있습니다. 첫째는 죄를 지어서 가는 경우입니다. 이것은 자신의 업보 때문에 지옥에 가는 것입니다. 그러나 죄수를 위안하기 위해서 면회를 가거나 교화하러 갈 수도 있습니다. 이것은 바로 위신력에 의해서 지옥을 보러 가는 경우입니다. 무독대왕은 위의 두 가지 경우가 아니면 지옥에 오지 못할 것이라고 말합니다. 지장보살이 말한 내가 지옥에 가지 않으면 누가 지옥에 가서 중생들을 제도하겠는가라고 하신 정신이 여기서 나타납니다.

　지장기도를 하는 사람의 마음은 기꺼이 지옥에도 들어갈 수 있어야 합니다. 지옥의 고통도 달게 받을 수 있는 강한 원력의 소유자, 그가 바로 지장보살에게 제대로 기도하는 사람이며 지장보살의 정신을 아는 사람입니다.

4) 업(業)에 의하여 느끼는 지옥

聖女又問하되 此水는 何緣으로 而乃湧沸하며 多諸罪人과 及以惡獸이니까 無毒이 答曰此是閻浮提造惡衆生의 新死之者로 經四十九日하되 無人 繼嗣爲作功德하여 救拔苦難하며 生時에 又無善因일새 當據本業所感地 獄하여 自然先度此海하며 海東十萬由旬에 又有一海하되 其苦倍此하고 彼 海之東에 又有一海하되 其苦復倍라 三業惡因之所招感일새 共號業海니 其處是也니다

"성녀가 또 묻기를 '이 물은 무슨 연유로 끓어오르며 어찌하여 죄인들과 악한 짐승들이 많습니까?'

무독이 대답하기를 '이것들은 염부제에서 악을 지은 중생들로서 죽은 뒤 사십 구일이 지나도록 그 자식이 망자를 위해 공덕을 지어서 고난으로부터 구제해 줄 사람이 없으며, 살았을 때 또한 선한 인연이 없으므로 마땅히 본래의 업을 감수함에 따라 지옥으로 가는데 자연히 이 바다를 건너야 됩니다.

바다 동쪽으로 십만 유순을 지나면 또 하나의 바다가 있는데 그 곳의 고통은 이 곳보다 갑절이나 되며, 그 바다의 동쪽에 또 하나의 바다가 있는데 그 곳의 고통은 다시 곱절이 됩니다. 삼업으로 지은 악한 업이 불러와서 감수하는 것이므로 모두 '업의 바다' 라고 하는데 여기가 바로 그 곳입니다.'"

강의 여기에 나오는 바다는 지옥으로 들어가는 입구에 해당됩니다. 흔히 사찰에서 사람이 죽으면 사십구재(四十九齋)를 지내

70

는데 그 사십구재의 어원이 바로 이 지장경에서 나왔습니다. 지장경 공부를 하면 자신의 업보에 관한 것과 사십구재에 관한 사실들을 정확하게 알 수 있는 기회가 됩니다.

사십 구일이라고 하는 것은 칠 일을 일곱 번 지내서 칠 곱하기 칠을 해서 사십 구가 됩니다. 그 기간은 말하자면 업보를 심사하는 기간에 해당됩니다. 과거의 업보에 대해 검증하고 확인하는 기간입니다. 세속의 법에서 현행범도 현장검증을 하고 판결이 내려질 때까지 시간이 걸리는 것과 같습니다.

이처럼 우리가 죽은 뒤에는 우리의 죄업에 대한 검증 기간으로는 대체로 사십 구일이 걸립니다. 그러나 예외인 경우는 극악극선(極惡極善), 즉 선행이 많고 확실하거나 악행이 많고 확실한 사람은 바로 결과가 나타나기도 합니다. 말하자면 지극히 악한 죄를 지은 사람에게는 바로 사형이 확정됩니다. 재판은 일종의 요식 행위에 불과합니다. 그 점도 역시 현실세계와 지옥세계가 똑같습니다.

대부분의 경우는 사십 구일 동안 영혼이 머뭇거리게 됩니다. 그것은 업보의 결과가 쉽게 판결 내려지지 못하기 때문이기도 하거니와 이생의 여러 가지에 대한 미련과 아쉬움 때문입니다.

우리가 수십 년 간 이생에 애착을 가지고 온갖 인연으로 얼기설기 얽혀서 살다가 몸이 죽었다고 해서 영혼이 쉽게 떠나는 것은 아닙니다. 갖가지 미련이 있고 애착이 남아 끊지 못할 인연들 때문에 영혼은 쉽게 떠날 수 없는 것입니다.

그러나 죽음의 이치를 제대로 아는 사람은 바로 떠날 수 있습니다. 우리가 부처님과 인연을 맺어 바른 공부를 한다면 죽음과 동시에 좋은 길로 갈 수 있습니다. 그러므로 불법을 바르게 공부하면 죽은 후에 자기의 갈 길을 다 닦아 놓은 것과 마찬가지입니다. 그런 확신으로 불법을 공부하고 수행한다면 염라대왕도 필요 없게 됩니다. 다시 말해 자기의 갈 길을 자기가 알아서 가기 때문에 어느 누구의 도움도 필요 없게 됩니다.

여기서 사십 구일이 될 때까지 죽은 자를 위해서 재를 지내주고 법문을 들려 주고 경을 읽어 주어 공덕을 유족이 대신이라도 닦으면 그 힘으로 좋은 길을 갈 수 있습니다. 그러나 그렇지 못한 경우에는 지옥에 머물게 된다는 것입니다. 우리의 현실 세계도 이와 조금도 다르지 않습니다. 우리가 죄를 지어 판결을 받기 전에 손을 쓰면 병보석으로 풀려 나올 수도 있습니다.

여기서는 사십 구일이라는 일정한 기간을 들어서 이야기하고 있습니다. 사십 구일이라는 기간은 돌아가신 분을 위하여 유족으로 할 수 있는 가장 유익하고 보람 있는 일로 재를 지내 드리는 것이라고 말하고 있습니다. 많은 돈을 들여 비석을 세우고 무덤을 크게 만드는 것은 오히려 가신 분에게 짐만 지워드리는 꼴이 됩니다. 불교의 이치를 제대로 아는 사람은 죽은 사람을 위하여 가장 보탬이 되는 좋은 일을 할 수 있어야 합니다.

사십구재를 지내면서 사십구재의 이치를 바로 안다면 죽은 자에게 훨씬 유익한 일이 됩니다. 죽은 자를 위해 삶과 죽음의 원리를 깨닫게 하고 그 깨달음에 의해서 우선 재를 지내는 사람이 지혜로워집니다. 그 다음으로 죽은 자가 복을 짓지 못한 것을 대신 짓게 해줄 수 있는 기회를 만들어 주는 것입니다.

사십구재를 지내면서 가장 좋은 방법은 남을 위해 보시하는 것입니다. 경전을 법보시한다든지 공양을 대접한다든지 아니면 불우이웃을 돕거나 무의탁노인을 돕는 일을 하면 가장 좋습니다. 그런 행위는 돌아가신 분을 대신해서 복을 지어 드리는 것입니다. 돌아가신 사람의 이름으로 그런 복을 지어 줌으로써 어리석은 마음을 깨우쳐서 지혜의 길로 나아가게 해주는 것입니다. 사십구재를 지내는 재문 속에는 경전에서 좋은 구절을 전부 뽑아서 염불로 들려 드릴 수 있도록 꾸며져 있습니다. 금강경 사구게, 법화경 사구게, 화엄경 사구게 등 그야말로 경전 속의 아주 중요한 경구들만 뽑아 놓았습니다.

그 이유는 그런 좋은 부처님의 법문을 듣고 마음이 밝아지고 지혜의 눈이 열려 생사를 해탈할 수 있도록 하는 것입니다. 그래서 삶과 죽음의 문제를 스스로 벗어나는 어떤 소견이 열리도록 도와주는 것이 사십구재를 지내는 첫째 목적입니다.

사십구재의 두번째 목적은 죽은 자를 대신해서 그 사람의 이름으로 공덕을 지어 주면 그 사람이 다음 생에 태어날 때 상당히 보탬이 됩니다. 가장 좋은 방법은 스스로 복을 짓고 삶을 마감하는 것이지만 후손들이 복을 지어 드릴 수 있는 일로서 사십구재의 본래 의미가 있습니다.

지옥의 무독귀왕은 몸과 말과 생각의 세 가지로 짓는 업, 즉 삼업으로 인해서 지은 악업으로 지옥이 있고 그 지옥의 고통을 감수한다고 말합니다. 이는 지옥에 대한 올바른 견해를 갖게 하는 아주 중요한 내용입니다. 즉 사람들은 지옥이 어떤 장소에 따로 있는 것처럼 말하고 있으나 실은 모두가 자신이 지은 업에 의하여 느끼는 그 느낌 자체가 지옥이라는 뜻입니다. 극락도 역시 마찬가지입니다.

악한 씨앗을 심었기 때문에 자신이 느낄 수 있다고 말합니다. 다시 말하자면 자기가 지은 대로 지옥의 존재 여부를 느낀다는 것입니다. 악업을 지어서 느끼는 세계가 바로 지옥이니 악업을 짓지 않은 사람에게는 지옥이 없는 것입니다. 지옥의 문제에 대해 우리가 확실히 알고 넘어갈 필요가 있습니다. 다시 말하면 악업을 지은 사람에게는 지옥이 뼈저리게 느껴지지만 악업을 짓지 않은 사람에게는 결코 지옥이 있을 수 없습니다. 그것이 바로 지옥의 바른 의미입니다.

5) 어머니의 과거

聖女又問鬼王無毒曰地獄은 何在이니까 無毒이 答曰三海之內是大地獄
이라 其數百千이로되 各各差別하니 所謂大者는 具有十八하고 次有五百하되
苦毒이 無量이며 次有千百하되 亦無量苦이다 聖女又問大鬼王曰我母死
來未久이오니 不知커이다 魂神이 當至何趣이니까 鬼王이 問聖女曰菩薩之
母는 在生에 習何行業입니까 聖女答曰我母邪見하여 譏毀三寶하며 設或暫
信하여도 旋又不敬하더니 死雖日淺이나 未知何處다 無毒이 問曰菩薩之
母는 姓氏何等입니까 聖女答曰我父我母는 俱婆羅門種이니 父號는 尸羅
善見이요 母號는 悅帝利입니다

"성녀가 또 귀왕 무독에게 묻기를 '지옥은 어디에 있습니까?'

무독이 대답하기를 '세 바다 안이 바로 대지옥이며 그 수는

백천이고 각각 차별이 있는데 그 중에서 크다고 하는 것이 모두 십팔 개이며 다음이 오백 개로 그 고통과 독은 헤아릴 수 없으며 다음이 천백 개로 또한 한량없는 고통이 있습니다.'

성녀가 또 대귀왕에게 묻기를 '내 어머니가 죽어서 온 지 오래지 않은데 혼신이 어느 곳으로 갔는지 알지 못합니다.'

귀왕이 성녀에게 묻기를 '보살님의 어머니가 살아 계실 때 어떠한 행업을 익혔습니까?'

성녀가 대답하기를 '내 어머니는 삿된 소견으로 삼보를 놀리고 훼방했습니다. 설혹 잠시 믿는 척하다가도 곧 또한 불경한 짓을 저지르곤 했으니 죽은 지 아직 얼마 되지 않지만 어느 곳에 있는지 알지 못합니다.'

무독이 묻기를 '보살님의 어머니 성씨가 무엇입니까?'

성녀가 대답하기를 '나의 아버지와 어머니 모두가 바라문의 종족인데 아버지는 시라선견이라 하고 어머니는 열제리라 합니다.' 라고 하였다."

강의 무독대왕은 지금까지 말한 것은 지옥의 시작에 불과하다고 말합니다. 산 안에 바로 대지옥이 있다고 말합니다. 여기서부터 온갖 지옥의 종류와 지옥의 숫자가 나옵니다. 무독대왕은 그 지옥의 수는 백천 개이고 각각 종류가 다르다고 말합니다.

바라문의 딸은 어머니가 죽어서 지옥에 온 지 얼마 되지 않은데 혼신이 어디로 갔는지 알지 못한다고 말합니다. 그러니까 무독대왕이 성녀에게 어머니가 살아 계실 때 어떠한 행업을 익혔는지 묻습니다. 말하자면 죽은 사람의 신분을 알아보려고 했던 것입니다. 무독대왕은 지옥을 관장하고 있는 왕으로 혼신을 찾으려면 살아 있는 동안 행한 업을 알아야 하기 때문입니다. 그래서 바라문의 딸은 어머니가 삿된 소견으로 삼보를 기만하고 불법을 훼방했다고 대답합니다.

여기서 삿된 소견이라는 말이 나오는데 이 말은 매우 중요한 의미를 갖습니다. 사람이 살아가는 데 가장 중요한 것은 삶에 대한 바른 소견을 갖는 일입니다. 각자가 갖는 소견이야말로 그 사람의 인생이 어떻게 전개될 것인가를 알 수 있는 중요한 척도가 되기 때문입니다.

6) 어머니가 천상에 나다

無毒이 合掌하고 啓菩薩曰願聖者는 却返本處하사 無至憂憶悲戀하소서 悅帝利罪女生天以來로 經今三日이니다 云承孝順之子爲母하여 設供修福하되 布施覺華定自在王如來塔寺하니 非唯菩薩之母得脫地獄이라 應是無間에 此日罪人은 悉得受樂하여 俱同生訖이니다

"무독이 합장하고 보살께 여쭈어 말하기를 '원컨대 성자께서는 돌아가시고 너무 근심하거나 슬퍼하지 마십시오. 열제리 죄녀가 천상에 태어난 지가 지금 삼 일이 지났습니다. 효순한 자식이 어머니를 위해 공양을 베풀어 복을 닦아 각화정자재왕여래의 탑사에 보시했으니 다만 보살의 어머니만 지옥에서 벗어난 것이 아니라 무간지옥에 있던 죄인들이 이 날 모두 즐거움을 얻고 함께 천상에 태어났습니다.' 라고 하였다."

강의 무독대왕은 바라문의 딸이 어머니를 위해 공양을 베풀고 복덕을 쌓아 바라문의 어머니뿐만 아니라 무간지옥에 있던 죄인이 모두 다 즐거움을 얻어 함께 천상에 태어났다고 말합니다. 한 사람이 지옥에서 벗어날 때 그 기운으로 같이 있던 사람들이 함께 업의 굴레를 벗어난다는 사실을 알 수 있습니다. 앞에서도 이야기했듯이 한 사람이 복을 많이 지으면 다른 사람들도 복이 많은 사람 쪽으로 이끌려가서 덕을 보게 된다는 사실입니다.

스님들이 축원하여 천도할 때 주인이 있는 영가나 주인이 없는 영가나 그 주변에 있는 모든 영가들이 다 함께 천도되도록 하는 내용의 축원문을 읽습니다. 그런 원리에 의해서 한 사람만 천도되는 게 아니라 그 주변에 있는 크고 작은 인연들을 모두 같이 천도되도록 합니다.

판소리 가운데서 심청전의 심봉사가 눈을 뜨는 대목을 보면 잘 알 수 있습니다. 심봉사만 눈을 뜨는 게 아니라 그 자리에 있던 모든 맹인들이 함께 눈을 뜨고 그 자리에 오지 못한 맹인들까지, 그리고 이 세상에 있는 모든 맹인들이 다 눈을 뜬다는 내용이 있습니다.

모두 함께 천상에 난다는 이런 대목의 의미는 불교말고는 찾아볼 수 없습니다. 그것은 바로 화엄경의 도리입니다. 하나를 통하면 전체가 다 통하고 한 중생을 제도하면 만 중생이 다 제도되는 불교의 근본 도리입니다.

7) 서원을 세우다

鬼王이 言畢에 合掌而退커늘 婆羅門女尋如夢歸하여 悟此事已하고 便於
覺華定自在王如來塔像之前에 立弘誓願하되 願我盡未來劫토록 應有罪
苦衆生을 廣設方便하여 使令解脫게하리다하니라
佛告文殊師利하시되 時鬼王無毒者는 當今財首菩薩이 是요 婆羅門女者
는 卽地藏菩薩이 是니라

"귀왕이 말을 마치자 합장하고 물러나니 바라문의 딸은 곧 꿈결같이 돌아와서 이러한 일을 깨닫고 문득 각화정자재왕여래의 탑 앞에서 큰 서원을 세우기를 '원컨대 저는 미래겁이 다하도록 죄고가 있는 중생을 위하여 널리 방편을 베풀고 그들로 하여금 해탈하게 할 것입니다'라고 하였다."

부처님께서 문수사리에게 이르시기를 "그 때의 귀왕 무독은 지금의 재수보살이요, 그 때의 바라문의 딸은 곧 지금의 지장보살이니라."고 하시었다.

강의 여기서 우리는 우리의 기도 생활과 연관시켜 한 가지를 생각해볼 필요가 있습니다. 바라문의 딸은 어머니를 찾기 위해서 기도를 했지만 당장에 어머니가 천상에 가 있는 모습을 보지는 못했습니다. 먼저 지옥의 험한 모습을 보았던 것입니다. 우리도 이와 마찬가지로 어떤 기도를 하거나 공을 들이면 당장에 좋은 현상이 나타나지 않습니다. 그러나 지장경에서 보았듯이 처음에는 안 좋은 모습이 먼저 나타나는 것입니다. 그러고 난 다음 좋은 모습으로 다시 전환을 하게 됩니다.

우리는 당장에 기도를 하고 난 후 바로 좋은 결과를 얻기를 바랍니다. 그러나 때때로 더 어려운 경우를 맞게 되는 수도 있습니다. 바라문의 딸이 기도를 많이 했음에도 불구하고 지옥의 모습을 먼저 보게 된 것에는 이러한 의미가 있습니다. 바라문의 딸이 비록 지옥의 모습을 먼저 보긴 했지만 급회전해서 어머니가 천상에 태어나고 많은 사람들이 따라서 천상에 태어났다고 하는 그런 좋은 결과를 맞이하게 되는 것입니다.

여기서 실로 중요한 것은 고통받는 중생을 보고 크게 원력을 세웠다는 것입니다. 바라문의 딸이 세운 고통받는 중생들을 어떻게 해서라도 제도하겠다는 그런 원력은 참으로 위대합니다.

지금까지 지장보살의 두 가지 전생 모습을 살펴 보았습니다. 지장보살의 처음 전생 모습은 장자의 아들이 되었고, 나중에는 바라문의 딸이 되었습니다. 이처럼 우리는 여러 생을 살아오면서 별별 사람으로 태어날 수 있습니다. 바라문의 딸이 되었을 때의 이야기가 더욱 극적이고 우여곡절을 겪는 연극적 요소를 많이 갖고 있습니다. 바라문의 딸은 여자의 모습인데 오히려 남자보다 더 강인하고 더 굳세고 더 큰 원력을 지니고 있음을 볼 수 있습니다.

지금까지 지장보살의 많은 전생 인연 중에서 두 가지 인연을 소개하면서 마지막에는 큰 소원을 세우게 되는 장면을 보았습니다. 큰 소원이란 다름아닌 고통받는 중생들을 모두 해탈시키겠다는 대원력입니다. 이것이 바로 오늘날 지장보살이 되게 한 까닭이라고 할 수 있습니다. 그래서 부처님께서는 마지막으로 문수보살에게 무독대왕은 재수보살이며 바라문의 딸은 지금의 지장보살이라고 일러주십니다.

그런데 여기에서 우리가 경전을 읽으며 꼭 기억해야 할 것이 있습니다. 그것은 바로 경전에 담긴 교훈을 읽는 것입니다. 우리는 경전을 읽으면서 교훈으로 받아들여야 할 대목을 놓치지 않고 음미할 줄 알아야 합니다. 그런 교훈적인 부분을 잊어서는 안 됩니다. 그런 부분을 마음에 새기면서 경전을 자꾸 읽고 또 읽으면서 기도의 한 방편으로 삼아야 합니다.

지장경을 읽으면서 부처님의 올바른 사상과 부처님에 대한 올바른 믿음과 원력으로 자기 자신에게 중심을 두고 고통받는 중생들을 제도하고자 노력하는 그런 삶을 살아갈 때 우리는 불교를 통한 큰 보람을 느낄 것입니다.

[第 二]

_____

분신들을 모으다
(分身集會品)

제2장 분신들을 모으다(分身集會品)

이 품의 해설

　분신집회품에서 분신(分身)이라는 말은 지장보살의 몸이 여러 개로 나누어진다는 의미입니다. 이것은 지장보살이 어느 한 곳에 머물러 있으면 중생들을 다 제도할 수 없기 때문에 몸을 나누어 여기 저기서 한꺼번에 중생들을 제도한다는 의미를 담고 있습니다.

　분신집회품은 그 많은 지장보살의 분신들을 모아서 한 곳에서 이야기한다고 해서 '분신들을 모으다' 라는 이름을 붙였습니다. 다시 말해 분신집회품은 석가모니 부처님께서 도리천에서 법회를 여실 때 지옥의 고통받는 중생들에게 헤아릴 수 없이 많은 몸을 나투어서 교화하던 지장보살들이 모두 모였다고 해서 붙여진 이름입니다.

　지장보살은 헤아릴 수 없이 많은 세계에 헤아릴 수 없이 많은 몸을 나투어 중생들을 제도하는데 그 몸은 여럿이면서 하나이고, 하나이면서 여럿입니다. 지장보살의 나투신 몸은 여럿이지만 하나가 여럿으로 나타난 것이므로 결국은 하나입니다. 또 하나이지만 여러 분신으로 나투었으므로 하나가 아닙니다.

　연기(緣起)의 도리를 기본으로 하는 불교의 공사상(空思想)에서 보면 어떤 개체는 독자적인 자성(自性)이 없습니다. 모든 것이 서로 의지해 있으므로 독자성이 없다는 말입니다. 독자성이 없다는 점에서 세상의 모든 것은 하나입니다. 그러나 독자성이 없다는 것을 뒤집어서 표현하면 세상의 모든 사물 하나하나에 빠짐없이 그 한 개체들이 직접, 간접으로 모두 연관되어 있다는 말이 됩니다.

하나가 모든 것 속에 있다는 의미에서 하나는 다시 여럿이 됩니다. 상호의지해서 있게 되는 상대적이며 연관적 존재를 독자적인 하나의 실체가 없는 공(空)이라 할 수 있습니다. 반대로 하나하나의 모든 것이 직접, 간접으로 그 영향력이 다 들어 있다는 점에서 하나 속에 모든 것을 갖추었다고 할 수도 있습니다.

지장보살이 여럿과 하나의 몸을 자유자재로 나타낸다는 표현은 매우 중요한 사실입니다. 비어 있음과 모두 갖추어져 있다는 원리에서 볼 때 지장보살은 하나의 몸으로 여럿을 동시에 나타낼 수 있습니다.

이러한 원리에서 생각해 볼 때, 우리 자신은 바로 지장보살의 분신이 되고 지장보살은 바로 우리의 분신이 됩니다. 단지 지장보살은 분신과 집회를 자유자재로 하는 반면에 우리는 분신과 집회를 알지도 못하고 자유자재로 할 수도 없다는 차이가 있을 뿐입니다.

부처님과 지장보살은 중생들의 근기(根機)에 따라서 남녀 노소, 산하 대지(山河大地) 등 모든 곳에서 몸을 나투십니다. 똑똑한 사람에게뿐만 아니라 못난 사람에게도 그 모습을 나투십니다. 하늘, 구름, 산, 강 그리고 지금 이 시간 고통받고 방황하는 모든 사람 모든 중생들에게 바로 부처님과 지장보살의 분신이 나투시고 있습니다. 그래서 우리가 바로 지장보살과 부처님의 분신일 수도 있습니다.

그러면 분신집회품의 대강의 줄거리를 살펴보겠습니다.

석가모니 부처님 앞에 지장보살의 모든 분신과 지장보살의 분신들이 교화해서 해탈시킨 모든 중생들이 모입니다. 부처님께서는 지장보살의 이마를 어루만지시면서 다음과 같이 말씀하십니다.

"내가 중생들을 교화해 오기는 했지만 아직 완전히 제도되지 못했다. 실로 백천만억의 여러 형태의 분신과 방편을 써서 각기 다른 근기들을 제도해 왔다. 그럼에도 불구하고 아직도 악도에 떨어져서 고통을 받는 중생들이 있으니 내 이후에 미륵불(彌勒佛)이 출세할 때까지 그들을 해탈시키도록 하라."

그 때 모든 세계에서 몸을 나투었던 지장보살의 분신은 다시 한 몸을 이루어 부처님께 다음과 같이 말씀을 드립니다.

"제가 오랜 겁으로부터 부처님의 인도를 받아 많은 분신을 나투어 중생들을 교화하되 중생들이 부처님 법 가운데서 착한 일을 한다면 그것이 아무리 사소한 것이라고 하더라도 마침내 큰 불과(佛果)를 얻도록 할 것입니다. 후세의 악업 중생에 대해서 염려하지 마옵소서."

그러자 부처님께서는 지장보살에게 서원을 성취하고 마침내 불도를 이루리라고 말씀하시며 수기(授記)를 내리십니다.

이상과 같이 대강의 줄거리에서 살펴보았듯이 지장보살은 헤아릴 수 없이 많은 몸을 나투어 중생들을 제도하려는 서원(誓

願)을 가지고 있습니다.

그러면 지장보살의 분신은 왜 그렇게 많을까요? 지장보살의 원력과 신통력은 참으로 위대합니다. 지장보살의 입장에서 보면 그것은 매우 바람직하지만 우리의 입장에서 보면 그만큼 지장보살을 필요로 하는 곳이 많다는 뜻도 됩니다. 부처님도 천백억 화신이라 해서 수천, 수만의 모습으로 변화해서 몸을 나투십니다. 우리도 살아가다 보면 분신이 필요할 때가 많이 있습니다.

그럴진대 지장보살이 중생들의 고통을 보면 분신하고 싶은 마음이 훨씬 클 것입니다. 관세음보살도 삼십이응신(三十二應身)이라고 표현하고 석가모니는 백억화신(百億化身)이라고도 합니다.

이처럼 불보살은 많은 몸을 필요로 합니다. 왜냐하면 중생들의 근기와 중생들의 처지와 중생들의 사정에 맞추어서 몸을 나투어 교화해야 하기 때문입니다.

불보살이 분신을 한다고 해서 부처님의 모습이나 지장보살의 모습이 직접 나타나서 가르쳐 주지는 않습니다. 불보살님은 때때로 친구의 모습으로 혹은 우리 이웃들의 모습으로, 그리고 그들의 입을 통해서 내가 미처 몰랐던 것을 깨우쳐 주기도 합니다. 또 아내의 모습이나 남편의 모습, 혹은 자식의 모습으로 나타나 미혹한 우리들을 깨우쳐 주는 경우도 많습니다. 그게 바로 지장보살의 화신이고, 관세음보살의 화신이고, 부처님의 화신입니다.

우리가 관세음보살을 이야기할 때 천수천안(千手千眼)이라는 표현을 씁니다. 중생들을 얼마나 보살펴야 하기에 천의 눈과 천

의 손이 되었는지 한번쯤 생각해봐야 하겠습니다. 관세음보살
을 찬탄한 이러한 시가 있습니다.

메아리 응답하듯
부르는 소리 낱낱이 찾아
고통 구해 주시고
천 강에 밝은 달 비치듯
소원 발하는 이마다
큰 안락 주시는 이여.

가없는 중생의 아픔
끝없는 중생의 소원
얼마나 애달팠으면
천의 손이 되셨을까
얼마나 사랑하였기에
천의 눈을 하셨을까.

한 중생에 팔만의 병고요
한 중생에 팔만의 번뇌인데
항하사 중생의 고통
모두 씻어 주시는

관세음 관세음
자비하신 어머니여

원하옵나니 자비시여
이 도량에도 밝아오사
저희들의 작은 공양을 받아주소서.

여기서 지장보살이 분신할 수밖에 없는 이유를 곰곰이 생각
해 보고 지장보살의 원력의 위대함을 잘 음미해야 할 것입니다.
궁극적으로는 우리가 지장보살이 분신하지 않도록 하는 그런
세상을 만들어야 합니다.

우리는 여기서 지장보살의 원력을 우리의 마음속에 바로 새
겨야 합니다. 앞에서도 강조했듯이 원력이야말로 어떤 어려움
도 극복하고 자신의 어려운 처지를 뛰어넘을 수 있는 힘이기 때
문입니다. 원력은 미묘하고 불가사의한 거대한 마음의 힘으로
작용하여 우리에게 좋은 영향을 미치게 합니다.

우리의 실체는 불성인간(佛性人間)이기 때문에 인간의 참 모
습은 그 누구도 다 파악할 수 없는 어마어마한 힘과 무한하고
위대한 능력을 가지고 있습니다. 우리는 이런 무한한 능력을 갖
고 있다는 확신을 가져야 합니다. 인간의 무한한 능력을 개발해
서 쓰는 것이 기도입니다. 자신의 무한한 능력에 대한 이해와
신념이 확고하다면 어떤 처지도 다 극복할 수 있습니다.

우리가 불교를 믿고 불교를 공부하면서 자신의 무한한 잠재
능력에 대해 확신을 갖는 것은 가장 큰 소득이라 할 수 있습니
다. 불교의 잠재능력과 관련된 이야기를 한 가지 하고 넘어가겠
습니다.

1843년에 태어난 미국의 유명한 심리학자 윌리엄 제임스라

는 사람이 있었습니다. 그 사람은 심리학의 최고 권위자였으며 근대 심리학의 아버지라고 불리었습니다. 그 사람은 불교를 몰랐습니다. 그런데 이 사람은 인류사에 있어서 최대의 발견을 했다고 했습니다. 그것은 바로 인간의 잠재의식의 존재를 두고 한 말입니다. 그는 잠재의식의 힘이야말로 무궁무진하다는 것을 설파했습니다.

여기서 말하는 잠재의식은 곧 불교에서 말하는 불성(佛性) 혹은 진여(眞如)를 의미한다고 보아줍시다. 그 심리학자는 인간의 잠재의식에 대해서 어떤 확고한 신념을 가졌던 것입니다.

우리들이 그렇게 특별하다고 하는 생각을 갖지 않는 인간의 마음속에는 어마어마한 힘을 가진 잠재의식이 존재하고 있습니다. 그것은 불교에서 말하는 근본 마음자리이며 영원한 생명과 무한한 능력 그 자체를 가리킵니다. 이것에 대한 확고한 믿음은 자신의 삶을 결정짓는 중요한 열쇠가 됩니다.

경전에서는 "무릇 마음이 있는 자는 모두 부처가 된다(凡有心者 皆得作佛)."라는 말이 있습니다. 마음이 있는 자는 모두 부처가 될 수 있다면 학벌이 좋고 나쁘며, 재산이 있고 없으며, 명예가 높고 낮은 것과는 하등의 문제가 되지 않습니다. 오직 바른 소견을 가지고 본래의 마음자리에 대한 확고한 믿음이 중요한 것입니다. 우리의 마음자리의 위력이 이처럼 엄청난데 세속적인 조그마한 소원을 이루지 못할 까닭이 있겠습니까?

나이 많은 노인이 검정고시에 거뜬히 합격하는 일도 가끔 신문지상에서 볼 수 있고, 평소 참선수행을 한 모 서울대 명예교수는 77세에 산소통 없이 히말라야 산을 등반하여 세상사람들을 놀라게 했습니다. 결국 인간이란 마음 한번 잘 먹으면 불가능한 일도 가능하게 할 수 있는 만물의 영장인 것입니다. 또한 인간에게 불가사의한 일이 종종 일어나는데 그것은 결국 인간의 잠재된 힘에 대한 확고한 믿음 때문입니다.

많은 성인들이 인간의 마음자리를 찾는 일에 평생을 매달렸습니다. 마음자리 하나 제대로 발견해서 잘 쓰려고 했던 것입니다. 부처님도 그런 사람 중의 한 분이며 수많은 역대 조사(祖師) 스님들도 마찬가지입니다.

지장경에서 우리가 마음에 새겨야 할 것은 거듭 강조하지만 강인(强忍)한 원력(願力)입니다. 강인한 원력이야말로 당당하고 힘찬 자신의 인생을 펼쳐 가는 원동력입니다. 그것은 곧 진여불성(眞如佛性)을 활성화시키는 길입니다. 우리가 사람이라고 할 때 그냥 인간이 아니라 불성을 소유한 인간으로 알아야 합니다.

지장경에서 펼쳐 보이는 지장보살의 큰 원력은 지장보살만의 것이 아니라 우리 모두의 것이 되어야 합니다. 그렇게 될 때 불교를 믿는 참다운 의미가 있습니다. 지장경을 독송하든지 지장보살을 부르든지 가장 먼저 떠올려야 할 것은 지장보살의 그 어려운 난관을 극복해 가는 그런 강인한 원력, 곧 힘찬 생명력을 자신의 것으로 만들어 가는 일입니다.

지장보살을 생각할 때 가장 먼저 마음 깊은 곳으로부터 불끈 솟는 그런 뜨거운 생명력을 느껴야 합니다. 그런 뜨거운 열기가 마음 깊은 곳에서부터 솟구침을 느낄 때 우리는 세상을 살아가는 데 아무런 두려움이 없습니다. 설사 다소의 어둡고 답답한 먹구름이 있었다 하더라도 지장보살을 힘차게 부르고 그 뜨거운 원력을 느낄 때쯤이면 이미 그 먹구름은 저만치 물러가고 맙니다. 지장보살의 정신을 우리들 자신의 정신으로 받아들였을 때 지장경 공부, 또는 지장보살기도를 통해서 우리가 얻을 수 있는 가장 크고 바람직한 보람과 이익을 얻게 될 것입니다.

1. 분신들이 모이다

爾時에 百千萬億不可思不可議不可量不可說無量阿僧祇世界所有地獄處에 分身地藏菩薩이 俱來集在忉利天宮이러시니 以如來神力故로 各以方面에 與諸得解脫하여 從業道出者亦各有千萬億那由他數라 共持香華하여 來供養佛하시옵더니 彼諸同來等輩는 皆因地藏菩薩敎化하시어 永不退轉於阿耨多羅三藐三菩提라 是諸衆等이 久遠劫來로 流浪生死하여 六道受苦에 暫無休息이러가 以地藏菩薩의 廣大慈悲深誓願故로 各獲果證이라 旣至忉利하여 心懷踊躍하여 瞻仰如來하여 目不暫捨러니

그 때 백천만억이나 되는 생각할 수도 없고 의논할 수도 없으며 헤아릴 수도 없고 말로 표현할 수도 없는 무량 아승지 세계의 지옥에 몸을 나누어 계신 지장보살이 함께 도리천궁에 모였으며, 여래의 신력으로 각각 그 곳에서 모두 해탈을 얻어서 업도로부터 벗어난 자 또한 각각 천만억 나유타 수가 있었다.

모두 향기 나는 꽃을 가지고 와서 부처님께 공양을 드리니 저 모든 함께 온 이들도 다 지장보살의 교화로 인하여 영원히 아뇩다라삼먁삼보리에서 물러서지 아니하였다. 이러한 모든 이들은

구원겁에서부터 생사에 유랑하면서 육도에서 받는 고통이 잠시도 그침이 없다가 지장보살의 넓고 큰 자비와 깊은 서원 때문에 각각 높은 깨달음을 얻게 되었는데 이미 도리천에 이르러서는 마음속에 뛸 듯한 기쁨을 품고 여래를 우러러 눈을 잠시도 떼지 않았다.

강의 지장보살을 따르는 모든 무리들이 오랜 세월 전부터 함께 생사에 유랑하면서 육도에서 받는 고통 때문에 잠시도 쉴 수 없다가 지장보살의 자비와 서원 때문에 깨달음을 얻게 된 것입니다.

그래서 도리천에 이르러서는 마음이 뛸 듯이 기뻐 부처님을 우러러 뵈면서 잠시도 눈을 떼지 아니 하였다고 했습니다. 지장보살을 따라와 도리천에 와서 부처님을 뵙게 되어 모든 대중들이 마음에 기쁨이 넘쳐나는 모습을 그리고 있습니다.

2. 부처님의 분신교화

爾時에 世尊이 舒金色臂하시어 摩百千萬億不可思不可議不可量不可說無量阿僧祇世界諸分身地藏菩薩摩訶薩頂하시고 而作是言하시되 吾於五濁惡世에 敎化如是剛强衆生하여 令心調伏하여 捨邪歸正하되 十有一二는 尙在惡習일새 吾亦分身千百億하여 廣設方便하니라

그 때에 세존께서는 금색 팔을 펴서 백천만 억의 생각할 수도 없고 의논할 수도 없으며 헤아릴 수도 없고 말로도 표현할 수

없는 무량 아승지 세계의 모든 분신 지장보살마하살의 이마를 만지시면서 이렇게 말씀하셨다.

"나는 오탁악세에서 이와 같은 강강한[거칠고 억센] 중생을 교화하여 그들로 하여금 마음을 조복하여 삿됨을 버리고 바른 곳으로 돌아가게 하였으나 열에 하나나 둘은 아직도 악한 습관이 남아 있구나. 나 또한 몸을 천백 억으로 나누어 널리 방편을 베푸노라."

강의 우리가 세상을 살면서 곳곳에서 장애를 만나고 인생의 굽이굽이에서 어려움을 만날 때 어떤 새로운 각오나 희망이나 꿈을 가지고 새로 시작하게 됩니다. 어려움과 장애를 극복하는 꿈과 희망이 바로 원력입니다. 말하자면 원력은 새로운 꿈이요, 희망이요, 기대감입니다.

사람이 살아가는데 그런 원력이 없으면 죽은 사람과 마찬가지입니다. 이것을 좀더 쉽게 이해하면 곳곳에 수많은 지장보살이 있어서 개인의 온갖 어려움을 이겨낼 수 있도록 꿈과 희망과 기대감을 심어주는 것입니다. 이것이 바로 지장보살의 원력입니다.

내일이 있다는 것, 또한 내일은 보다 나은 삶이 있을 것이라는 막연한 기대감이 원력과 통했을 때는 무한한 힘을 발휘합니다. 우리의 잠재의식 속에 원력이 있기 때문에 어떤 어려운 상황도 헤치고 살아남을 수 있는 것입니다. 막연하나마 그 기대감, 희망, 꿈이 없는 사람은 자신의 몸을 쉽게 파괴시켜 버립니다.

집안이 어려움에 당하고 사업이 망했다고 해서 금방 죽지는 않습니다. 그럴 때 꿈이 있는 사람은 그 꿈을 먹고 다시 일어설 수가 있습니다. 꿈은 곧 생명력이요, 사람이 살아가는 데 근본 되는 힘입니다. 우리가 살아가는 데 있어서 꿈은 정말 중요한 요소가 됩니다.

원력과 관련해서 불공을 잘 드리는 한 가지 방법을 소개하겠습니다. 우선 불공을 드리는 사람의 이름을 부르고 사대건강과 육근청정을 빌고 난 뒤 마음의 소원과 원하는 바가 모두 원만 성취하라고 큰 소리로 축원을 드리는 것입니다. 축원을 잘 해주는 불공이야말로 최상의 불공입니다. 축원이란 그 사람이 기대하고 있는 것이기도 합니다. 불공을 드리는 가장 큰 이유 중의 하나가 축원을 하는 것입니다.

여기서 말하는 축원은 바로 생명력을 일깨우는 일입니다. 축원은 그것을 통해 그 사람이 살아있다는 어떤 원초적인 힘으로 승화시킬 수 있습니다. 다시 말해 축원은 생명력에 불을 지펴주는 불씨와 같습니다. 축원을 잘 한다는 것은 자신이 기대하고 있는 일에 불을 지펴주어 생기를 불어넣는 일입니다.

불교의식도 대부분 원을 발하는 것입니다. 축원을 하는 것도 심리적으로 가만히 관찰해 보면 우리가 살아있는 삶의 기본 힘이 바로 원력이기 때문에 하는 것입니다. 그래서 많은 지장보살이 곳곳에 있고 지장보살의 강인한 원력으로 우리가 살아갈 수 있는 것입니다. 그런 희망감, 기대감, 꿈이 없으면 사람은 한 순간에 무너지고 맙니다. 비록 우리의 원이 지장보살의 원과는 차이가 있다 하더라도.

어떤 경우의 사람이라도 꿈이 없는 그 순간은 죽은 것과 마찬가지입니다. 아무리 나이가 십대라고 하더라도 꿈과 희망이 없는 사람은 결코 젊다고 할 수 없습니다. 불교에서 말하는 좋은 원력을 가지면 그 자체로도 사회에 보탬이 되고 다른 사람에게 이익이 됩니다.

오탁악세에서 말을 안 듣고 고집 세고 자기 멋대로 하는 강강한 그런 중생을 교화하였다는 대목이 나옵니다. 여기서 오탁악세란 여러 가지 현상들이 흐려져 있다는 말입니다. 시대가 흐려져 있고 소견이 흐려져 있고 또한 살아가는 삶의 방식이 흐려져 있어 번뇌가 더 지독하고, 중생들의 열등의식도 더 높아지는 시대를 가리킵니다. 다시 말해 겁탁(劫濁), 견탁(見濁), 번뇌탁(煩惱濁), 명탁(命濁), 중생탁(衆生濁) 이렇게 다섯 가지가 모두 흐려져 있다는 것입니다.

> 或有利根은 聞卽信受하고 或有善果는 勤勸成就하며 或有暗鈍은 久化方歸하고 或有業重은 不生敬仰이라 如是等輩衆生이 各各差別일새 分身度脫하되 或現男子身하며 或現女人身하며 或現天龍身하며 或現神鬼身하며 或現山林川源과 河池泉井하여 利及於人하여 悉皆度脫하며 或現帝釋身하며 或現梵王身하며 或現轉輪王身하며 或現居士身하며 或現國王身하며 或現宰輔身하며 或現官屬身하며 或現比丘比丘尼優婆塞優婆夷身과 乃至聲聞羅漢辟支佛菩薩等身하여 而以化度하노니 非但佛身으로 獨現其身이니라

"혹 영리한 근기는 들으면 곧 믿으며, 혹 선량한 이는 부지런히 권하여 성취시킬 것이며, 혹 암둔한 자는 오래 교화해야 그

때에 가서 귀의할 것이며, 혹 업이 중한 자는 존경하는 마음을
내지 않을 것이다.

이와 같은 모든 중생은 각각 차별이 있으므로 몸을 나누어 제
도할 것이다. 혹은 남자의 몸으로 나타나며, 혹은 여인의 몸으
로 나타나며, 혹은 천룡의 몸으로 나타나며, 혹은 귀신의 몸으
로 나타나며, 혹은 산림과 하천과 냇물이나 못이나 샘과 우물로
나타나서 이로움을 사람들에게 미치게 하여 제도할 것이며, 혹
은 제석의 몸으로 나타나며, 혹은 범왕의 몸으로 나타나며, 혹
은 전륜왕의 몸으로 나타나며, 혹은 거사의 몸으로 나타나며,
혹은 국왕의 몸으로 나타나며, 혹은 재상의 몸으로 나타나며,
혹은 관리의 몸으로 나타나며, 혹은 비구와 비구니와 우바새와
우바이와 내지 성문과 나한과 벽지불과 보살 등의 몸으로 나타
나서 교화하고 제도할 것이다. 단지 부처의 몸으로만 그 몸을
나타내는 것은 아니다."

강의 부처님께서는 몸을 천백억 화신으로 나투어 널리 방편을
베풉니다. 그런데 부처님의 말씀이나 경전에 있는 말씀을 듣자
마자 그 말이 맞다고 공감하고 그렇게 살아야겠다고 결심한 사
람은 영리한 근기를 가졌다고 말씀합니다. 또 선근이 있는 사람
은 그대로 실천에 옮긴다는 것입니다. 여기서 영리한 근기인 이
근을 가진 자와 선근이 있는 자는 방편을 듣고 바로 실천에 옮
긴다고 했습니다. 반대로 사람이 둔하고 캄캄한 자는 오래 교화
해야 귀의한다고 했습니다. 이런 사람은 자꾸 듣고 반복해서 시
간이 지나면 결국 크게 깨달을 수 있는 것입니다.

때때로 불교 공부는 콩나물을 키우는 도리와 같다고 합니다. 콩나물을 키우려면 위에서 끊임없이 물을 부어주어야 합니다. 물은 콩나물을 통과해서 모두 빠져 나가버리지만 언젠가는 콩나물은 자라게 됩니다. 물이 빠지는 걸 보면 콩나물이 자랄 것 같지 않지만 언젠가는 콩나물이 쑥쑥 자라게 됩니다.

불교 공부도 이와 마찬가지입니다. 처음 공부를 시작할 때는 경전 말씀이 한 구절도 기억되지 않는 것처럼 보이지만 때가 되면 콩나물이 자라듯이 우리의 공부가 쌓이게 됩니다. 다시 말해 시절인연이 맺어지면 우리의 수행과 공덕이 성장하게 되는 것입니다. 그러니 기억을 못한다고 해서 안타까워할 일이 아닙니다. 모름지기 꾸준히 정진할 따름입니다.

본문에서 암둔한 자는 오래 교화해야 그 때 가서 귀의할 것이라고 했습니다. 또 업이 무거운 자는 우러러 존경하는 마음을 내지 않을 것이라고 말했습니다. 이와 같이 모든 중생은 각각 차별이 있으므로 부처님과 보살들이 몸을 분신하여 제도하는 것입니다.

부처님은 때로는 남자의 몸으로 나타나며 때로는 여인의 몸으로 나타납니다. 또 천룡이나 귀신의 몸으로 나타나며 또한 온갖 자연의 모습으로 나타나 사람들에게 이롭게 하여 제도한다고 했습니다. 또 제석천의 몸으로 나타나기도 하며 혹은 범왕의 몸으로 나타나기도 합니다. 또 전륜왕의 몸이나 거사의 몸으로도 나타난다고 합니다. 그밖에도 재상 혹은 벼슬아치, 비구와 비구니, 우바새와 우바이, 성문과 나한, 벽지불과 보살 등의 몸으로 나타난다고 합니다. 이처럼 부처님의 몸으로만 나타나는 것이 아니라 여러 가지 모습으로 나타난다는 것입니다.

우리는 자신의 주위에 어떤 분신이 나타나 곁에 있는지 잘 살펴볼 필요가 있습니다. 때때로 나를 애먹이고 속을 썩히는 사람이 지장보살이나 부처님의 화신일 수도 있고 나에게 진정으로 도움을 주는 사람이 지장보살이나 부처님의 화신일 수도 있습니다. 우리는 자신의 삶에 어떤 방식으로든 영향을 끼치는 수많은 인연들이 불보살의 화신이라는 사실을 명심해야 합니다.

우리가 현재 만나고 있는 사람들은 우리에게 뭔가를 일깨워 주려고 우리 앞에 다가온 것입니다. 리처드 칼슨의 말처럼 어쩌면 길거리에서 부딪히게 되는 역겨운 운전자나 불량한 십대의 소년들조차도 인내를 가르쳐 주려는 부처님의 화신일수도 있습니다. 그러므로 언제나 사람을 대할 때 "내게 무엇을 가르쳐 주려는가?" 하는 선지식을 만난 기대를 가질 필요가 있습니다.

3. 부처님의 부촉(咐囑)

汝觀吾累劫에 勤苦度脫如是等難化剛强한 罪苦衆生하여 其有未調伏
者隨業報應하여 若墮惡趣하여 受大苦時어든 汝當憶念吾在忉利天宮하여
慇懃付囑하여 令娑婆世界로 至彌勒出世已來衆生이 悉使解脫하여 永離
諸苦하고 遇佛授記게하라

"그대가 나의 오랜 세월 동안 부지런히 고생하면서 이와 같이 교화하기 어려운 강하고 굳센 죄고 중생을 도탈시킨 것을 보

아라. 그래도 조복되지 못한 자가 있어 죄고에 따라 과보를 받게 되는데 만약 악취에 떨어져서 큰 고통을 받을 때에는 너는 마땅히 내가 도리천궁에서 간곡히 부촉하던 것을 생각해서 사바세계로 하여금 미륵불이 출세할 때까지의 중생을 모두 해탈시켜서 영원히 모든 고통에서 벗어나게 하고 부처님의 수기를 받도록 하라.”

강의 지금까지 부처님은 지장보살에게 당부의 말씀을 하고 있습니다. 즉 부처님의 힘이 다하여 중생을 제도할 수 없게 된 때가 되었으니 이제는 지장보살로 하여금 미륵 부처님이 나타날 때까지 중생을 제도해야 한다고 당부의 말씀을 하는 것입니다.

불자들 중에는 지금의 시대는 석가모니 부처님께서 교화하는 시대는 끝나고 미륵 부처님이 출현해서 중생을 구제한다고 믿는 사람도 있습니다. 그런데 지금 여기서는 지장보살의 교화가 계속되고 있다고 했습니다. 미륵 부처님이 출현하면 그 때 중생을 제도하는 임무를 넘겨주게 된다는 것입니다.

불교에서는 미륵 부처님의 출현을 석가모니 부처님 열반 후 오십육억 칠천만 년 후에 온다고 하였습니다. 미륵교를 믿는 사람들은 삼천 년 뒤에 온다고 하는데 그것은 잘못된 것입니다. 아직은 석가모니 부처님의 불법이 살아 있고 현재 많은 불자들이 석가모니 부처님의 말씀을 따르고 있습니다. 다시 말해 중생 교화는 지장보살이 맡고 불법은 석가모니 부처님이 부촉하신 대로 제도하고 있습니다. 미륵 부처님이 올 때는 석가모니 부처님의 불법이 약해져서 거의 사라진 상태가 되었을 때라고 합니다. 불자들 사이에 잘못된 소견을 갖고 그것을 그대로 믿고 고집하는 사람들이 많습니다. 그 점은 우리가 경계해야 합니다.

처음부터 불교의 바른 법을 배워야 합니다. 불교 안에서도 그런 삿된 가르침을 접할 우려가 있으므로 스스로 주의를 기울여야 합니다. 그런 삿된 가르침에 빠지지 않으려면 견문을 넓혀야 합니다. 불교공부를 많이 하면 할수록 자기 판단이 서게 되는 것입니다.

> 爾時에 諸世界化身地藏菩薩이 共復一形하여 涕淚哀戀하여 而白佛言하되 我從久遠劫來로 蒙佛接引하여 使獲不可思議神力하여 具大智慧일새 我所分身이 遍滿百千萬億恒河沙世界하여 每一世界에 化百千萬億身하고 每一化身에 度百千萬億人하여 令歸敬三寶하며 永離生死하여 至涅槃樂케하되 但於佛法中所爲善事에 一毛一滴이며 一沙一塵이며 或毫髮許라도 我漸度脫하여 使獲大利케하리니 唯願世尊하 不以後世惡業衆生으로 爲慮하소서 如是三白佛言하되 唯願世尊하 不以後世惡業衆生으로 爲慮하소서 爾時에 佛이 讚地藏菩薩言하시되 善哉善哉라 吾助汝喜하노라 汝能成就久遠劫來로 發弘誓願하여 廣度將畢하고 卽證菩提케하라

그 때에 여러 세계에 화신했던 지장보살이 다시 하나의 형상으로 돌아와서 슬픈 생각으로 눈물을 흘리면서 부처님께 아뢰기를 "저는 구원겁으로부터 지금까지 부처님께서 이끌어 주시어 불가사의한 신력을 얻고 큰 지혜를 갖추었으므로 저의 분신이 백천만 억의 항하사 세계에 가득합니다. 한 세계마다 백천만 억의 몸으로 화하여 한 분신마다 백천만 억의 사람을 제도하여

그들로 하여금 삼보에 귀의하여 공경하게 합니다. 그리고 영원히 생사를 여의고 열반의 즐거움에 이르게 하되 다만 불법 가운데서 선한 일을 한 것은 터럭 한 개, 물 한 방울, 모래 한 알, 티끌 한 개와 털끝만한 것이라 하더라도 제가 점차 제도하여 그들로 하여금 큰 이로움을 얻도록 할 것입니다. 다만 바라건대 세존께서는 후세에 악업을 짓는 중생들에 대해서는 심려하지 마십시오."하고 이와 같이 세 번이나 부처님께 말씀드렸다.

"오직 원컨대 세존께서는 후세에 악업을 짓는 중생에 대해서는 심려하지 마십시오."라고 하자, 그 때 부처님께서는 지장보살을 칭찬하여 말씀하시기를 "선하구나, 선하구나. 내 그대를 도와 기쁘게 하리니 그대는 능히 구원겁으로부터 큰 서원을 발한 것을 성취하고 널리 제도함을 마친 뒤에 곧 보리를 증득하리라."고 하시었다.

강의 그 때 여러 세계에 화신했던 지장보살이 하나의 형상으로 돌아와서 슬픈 생각으로 눈물을 흘리면서 부처님께 물었다고 했습니다. 또 지장보살은 오랜 세월 동안 부처님께서 가까이에서 가르침을 주심에 힘입어서 불가사의한 위신력을 얻고 큰 지혜를 갖추었다고 말합니다. 또한 지장보살은 자기의 분신이 백천만 억의 수많은 세계에 가득하여 한 세계에 백천만 억의 몸으로 변하여 한 분신마다 백천만 억의 사람을 제도하리라고 말합니다. 그래서 그들로 하여금 삼보에 귀의하여 공경하도록 하며 생사를 떠나 열반의 즐거움에 이르게 하리라고 말합니다.

여기서 중요한 내용은 지장보살은 수많은 중생이 악업을 짓고 있지만 부처님께 걱정하지 말라고 말합니다. 그것은 바로 지장보살의 강인한 원력만 있으면 그 동안 지은 악업이 다 없어질 수 있기 때문이라는 것입니다.

우리는 누구나 부처의 소질을 가지고 있는 불성인간(佛性人間)입니다. 그렇기 때문에 죄가 많고 업장이 좀 두텁다고 하더라도 그것은 크게 문제가 되지 않습니다. 또한 지장보살의 큰 원력만 있으면 아무리 업장이 깊고 넓다 하더라도 문제가 되지 않습니다. 앞에서 이야기한 것처럼 작은 돌은 그냥 던지면 바로 물에 빠지지만 큰 바위라도 배에 실으면 빠지지 않는 것과 같습니다. 원력의 힘이란 그와 같습니다. 우리가 살아가면서 죄를 짓지 않고 살 수는 없습니다. 그러나 설령 죄를 짓고 살더라도 강인한 원력을 가지고 살아간다면 죄업은 문제가 되지 않습니다.

불법 가운데서 선한 일을 한 것이 물 한 방울, 터럭 한 개, 모래 한 알만한 것의 인연이라도 있으면 지장보살은 중생을 제도하여 큰 이로움을 얻도록 할 것이라고 말했습니다. 이 말 속에는 아주 작은 선근이라도 복을 짓고 인연을 맺으면 그것으로 충분히 제도가 된다는 것입니다. 아주 작은 선근을 가지고 해탈을 얻는 원리가 바로 이 내용입니다.

우리들은 부처님과 인연 맺은 것보다 죄업을 쌓은 것이 훨씬 많습니다. 그러나 아주 작은 선근만 있어도 지장보살은 중생들을 다 교화하고 제도할 수 있다고 합니다. 큰 산을 성냥개비 하나로 태울 수 있듯이 긍정적인 입장에서 보면 선근 하나만으로도 크게 깨달을 수 있습니다. 그래서 법화경에서는 부처님 앞에서 절을 한 번 하거나, '부처님' 이라고 한 번만 일컬어도 그 인연으로 모두 이미 성불한 것이 된다〔皆已成佛道〕고 하였습니다.

우리의 업장과 죄업이 천만 개가 된다고 해도 그 가운데 착한 선근이 한 개만 있으면 착한 불씨가 번지고 번져서 천만 개의 악한 업장을 태울 수 있는 것입니다. 그런 신념을 꼭 가져야 합니다. 불교의 이치는 이러한 것이 특징 중의 하나라고 할 수 있습니다. 우리의 착한 일이 아무리 작더라도 그것이 인연이 된다면 우리의 업장은 한꺼번에 다 소멸될 수 있다고 지장보살은 자신하고 있으며 부처님께서 확신하고 계십니다.

지장보살이 부처님께 세 번이나 후세에 악업을 짓는 중생들을 자신이 제도하겠다고 다짐하는 것은 바로 그러한 원리 때문입니다. 그 말을 듣고 부처님께서는 지장보살을 칭찬하며 지장보살이 원력을 세우는 것을 돕겠다고 말씀하십니다. 지장경이 지옥과 죄업에 대해서 말하고 있는 것 같지만 이런 대목에서는 마음의 걱정, 근심, 염려가 한꺼번에 녹아지는 듯한 매우 긍정적이고 희망을 주는 가르침입니다.

여기까지가 지장보살의 분신이 모여서 모든 중생을 제도하겠다는 내용을 담고 있는 분신집회품입니다.

[第三]

중생들의 업의 인연을 관찰하다
(觀衆生業緣品)

제3장 중생들의 업의 인연을 관찰하다
(觀衆生業緣品)

이 품의 해설

관중생업연품은 석가모니 부처님이 도리천에서 설법하실 때 그 법회 자리에 있었던 부처님의 어머니 마야 부인이 지장보살에게 지옥의 종류에 대해서 묻는 내용입니다.

업은 정신적, 육체적 행위입니다. 한 가지의 행위는 반드시 습관성을 갖고 있으며 한 습관의 원인은 결과를 낳습니다. 업의 인연이란 업을 짓고 과보를 받는 것을 뜻합니다.

지장경의 세 번째 품인 관중생업연품은 중생들이 업을 짓고 그 과보를 받는 것을 살펴보는 것으로 되어 있습니다.

마야 부인은 중생들이 어떤 종류의 업을 지으며 그에 따른 과보는 어떻게 다르냐고 지장보살에게 묻습니다. 이에 대해 지장보살은 여러 종류의 세계가 있고, 여러 종류의 지옥이 있다고 대답합니다. 여기서는 중요한 죄목의 대강을 소개해 놓고 있습니다.

부모에게 불효하고 살생하는 것, 부처님을 해치거나 삼보를 비방하는 것, 절 집의 물건을 훔치거나 스님들을 비방하는 것 등의 죄를 지으면 무간지옥에 떨어진다고 합니다.

시간적으로 일체의 간격이나 틈이 없이 고통을 받는 무간지옥에는 또다시 다섯 가지의 지옥이 있습니다.

첫째, 업이 다 녹을 때까지 밤낮으로 고통을 받는데 잠시도 쉴 틈이 없습니다.

둘째, 지옥의 크기만큼 고통을 받는 사람의 몸이 커져서 온몸에 조금의 빈틈이 없이 고통을 받게 됩니다.

셋째, 고통을 주는 기구가 독수리 · 뱀 · 이리 · 톱 · 도끼 · 끓는 가마솥 · 쇳물 등 여러 가지가 있어서 그것들이 주는 고통을 골고루 받더라도 그 고통을 주는 기구의 교체시기조차도 없어서 고통이 쉴 틈이 없게 됩니다.

넷째, 왕이나 신하, 사람이나 귀신, 노인이나 젊은이, 귀한 사람이나 천한 사람 중에 아무도 차별이 없이 자기의 업에 따라 똑같이 과보를 받게 됩니다.

다섯째, 평소에 지은 업을 녹이는데 백천만 겁이 지날 때까지 날이면 날마다 밤이면 밤마다 만 번을 죽고 만 번을 태어나지만 죽고 태어나는 사이에도 약간의 쉴 틈이 없이 계속해서 고통을 받게 됩니다.

관중생업연품에서는 이와 같은 지옥의 종류를 소개하고 또 중생들의 업의 인연을 관찰하여 살펴보는 내용을 담고 있습니다. 중생들의 업의 인연을 살핀다는 것은 결국 중생들이 한 행위를 살펴보는 것입니다.

여기서는 부정적인 것을 이야기하여 그것을 긍정적인 것으로 전환하는 그런 계기로 삼고 있습니다. 앞 장에서 이야기했듯이 작은 선근(善根)이 한 가지만 있으면 지장보살의 원력에 힘입어 얼마든지 제도가 가능하고 해탈이 가능하다는 확신을 갖고 부정적인 면을 뛰어 넘어야 한다는 것이 이 장의 취지입니다.

1. 마야 부인의 물음

爾時에 佛母摩耶夫人이 恭敬合掌하사 問地藏菩薩言하시되 聖者여 閻浮
衆生의 造業差別과 所受報應은 其事云何닛고 地藏이 答言하시되 千萬世
界와 乃及國土에 或有地獄하며 或無地獄하며 或有女人하며 或無女人하며
或有佛法하며 或無佛法하며 乃至聲聞辟支佛도 亦復如是하니 非但地獄
罪報一等이니다

  그 때에 부처님의 어머니 마야 부인이 공경 합장하고 지장보살께 묻기를 "성자시여, 염부제 중생이 짓는 업의 차별과 받는 과보는 어떠한 것입니까?"
  지장보살이 대답하기를 "천만 개의 세계와 및 국토에는 혹 지옥이 있으며, 혹은 지옥이 없으며, 혹은 여인이 있으며, 혹은 여인이 없으며, 혹은 불법이 있으며, 혹은 불법이 없으며, 내지 성문과 벽지불도 이와 같이 있기도 하고 없기도 하므로 지옥의 죄보가 하나 같지 아니합니다."

강의 부처님께서 마야 부인을 위해서 도리천에 올라가서 지장경을 설하고 있는 중에 마야 부인이 지옥에 대해 지장보살께 묻는 내용입니다. 마야 부인은 중생들이 어떤 업을 짓고 어떤 과

보를 받게 되는지 지장보살에게 자세히 묻고 있습니다. 그랬더니 지장보살은 지옥은 한 가지일 수가 없어 간단히 대답하기 힘들다고 말합니다. 다시 말해 지옥은 각양각색이고 세계도 많으므로 여러 지옥이 있다고 대답하고 있습니다. 사람들의 짓는 업이 모두 각각이므로 그들이 느끼는 고통도 제각기 다를 수밖에 없습니다. 그리고 그 고통을 감내하는 그 사람의 마음 상태에 따라서 고통의 맛도 천차만별일 수밖에 없습니다.

2. 죄보(罪報)의 내용

摩耶夫人이 重白菩薩하시되 且願聞於閻浮罪報로 所感惡趣하나이다 地藏이 答言하시되 聖母시여 唯願聽受하소서 我粗說之하리이다 佛母白言하시되 願聖者는 說하소서 爾時에 地藏菩薩이 白聖母言하시되 南閻浮提의 罪報名號는 如是니이다 若有衆生이 不孝父母하고 或至殺生하면 當墮無間地獄하여 千萬億劫에 求出無期하며 若有衆生이 出佛身血커나 毁謗三寶하고 不敬尊經하면 亦當墮於無間地獄하여 千萬億劫에 求出無期하며 若有衆生이 侵損常住커나 點汚僧尼하며 或伽藍內에 恣行淫慾커나 或殺或害하면 如是等輩는 當墮無間地獄하여 千萬億劫求出無期하며 若有衆生이 僞作沙門하되 心非沙門이라 破用常住하고 欺狂白衣하며 違背戒律하고 種種造惡하면 如是等輩는 當墮無間地獄하여 千萬億劫에 求出無期하며 若有衆生이 偸竊常住하되 財物穀米와 飮食衣服에 乃至一物이나 不與取者는 當墮無間地獄하여 千萬億劫에 求出無期니다 地藏이 白言하되 聖母시여 若有衆生이 作如是罪하면 當墮五無間地獄하여 求暫停苦하여도 一念不得이리다

마야 부인이 거듭 지장보살께 말씀드리기를 "또한 염부제에서 지은 죄보로 느끼는 악도에 대해서 듣고 싶습니다."

지장보살이 대답하기를 "성모시여, 듣고자 하신다면 제가 대강 설명하여 드리겠습니다."

불모께서 말씀하시기를 "원컨대 성자께서는 설하여 주십시오."라고 하였다.

그 때에 지장보살이 성모에게 말씀드리기를 "남염부제의 죄보의 명호는 이와 같습니다. 만약 어떤 중생이 부모에게 불효하여 혹 살생하는 데까지 이르면 마땅히 무간지옥에 떨어져서 천만억 겁이 지나도록 나오기를 구해도 나올 기약이 없을 것입니다. 만약 어떤 중생이 부처님의 몸을 상하게 하여 피가 나게 하고, 삼보를 훼방하며, 경전을 존경하지 아니하면 또한 마땅히 무간지옥에 떨어져서 천만억 겁을 지내면서 나오기를 구하여도 나올 기약이 없을 것입니다.

만약 어떤 중생이 부처님의 재산을 침해하여 손해를 입히고, 비구와 비구니를 더럽히며, 혹은 가람 안에서 음욕을 자행하고, 혹은 죽이거나 혹은 해치는 이러한 무리들은 마땅히 무간지옥에 떨어져서 천만억 겁을 지내면서 나오기를 구하여도 나올 기약이 없을 것입니다.

만약 어떤 중생이 거짓으로 사문이 되어 사문의 마음을 가지지 아니하고 사찰의 물건을 쓰거나 파손하며, 속인을 속이며, 계율을 어기거나 등지고 갖가지 악한 일을 지으면, 이러한 무리들도 마땅히 무간지옥에 떨어져서 천만억 겁을 지내면서 나오기를 구하여도 나올 기약이 없을 것입니다.

만약 어떤 중생이 상주물인 재물과 곡식과 음식과 의복과 그 밖에 한 물건이라도 주지 아니한 것을 갖게 되면 마땅히 무간지옥에 떨어져서 천만억 겁을 지내면서 나오기를 구하여도 나올 기약이 없습니다."고 하였다.

또 지장보살이 아뢰기를 "성모시여, 만약 어떤 중생이 이와 같은 죄를 지으면 마땅히 오무간지옥에 떨어져서 잠깐이라도 고통이 멈추기를 구하나 한 순간도 편안함을 얻을 수 없습니다."라고 하였다.

강의 마야 부인은 염부제에서 지은 죄보로 악취를 느끼는 것에 대해 듣기를 원한다고 말합니다. 여기서 염부제는 수미산을 중심으로 인간 세계를 동서남북 4주로 나눈 가운데 남주를 말합니다. 남주는 주민들이 누리는 즐거움은 적지만 여러 부처님이 출현하는 곳이라고 합니다. 염부제는 원래 인도를 가리키는 말이었는데 나중에는 인간세계를 지칭하는 말이 되었습니다. 어쨌든 염부제는 현실 세상의 중생들이 살고 있는 지상세계인 사바세계를 통칭하는 말로 쓰이고 있습니다.

또 소감악취(所感惡趣), 즉 악으로 뒤덮인 세상을 느낀다는 말은 악도에 떨어지는 것과 어떤 악의 갈래나 악한 상황 같은 것을 느낀다는 말입니다. 이것은 곧 사람마다 악취를 느끼는 정도가 모두 다르다는 뜻과 악으로 뒤덮인 지옥이란 곧 자신이 느끼는 느낌에 의하여 존재하는 세계라는 뜻입니다.

예를 들어 우리가 불교 공부를 할 때 공부하는 사람들의 감정이 다 다르다는 것입니다. 어떤 사람은 마음속으로 부정하면서 듣고 있는 사람도 있을 것이며, 어떤 사람은 공부가 굉장히 재미있어서 긍정적으로 생각하며 듣는 사람도 있을 것입니다.

여기서 사람은 똑같지만 그 사람마다 느낌은 다 다릅니다. 받아들이는 것은 순전히 개인의 느낌에 달려 있기 때문입니다. 그래서 죄를 지어서 지옥에 간다고 하는 것도 지옥이 기다리고 있는 것이 아니라 죄 짓는 그 순간 지옥이 생기게 되고 지옥의 고통을 느끼게 됩니다.

지옥은 어떤 일정한 장소에 있는 것이 아닙니다. 스스로 지옥 세계를 느낄 뿐입니다. 예를 들어 형무소 바로 옆에 살아도 형무소가 있는지 없는지 전혀 모르고 사는 사람이 많습니다. 그러나 죄 지은 사람은 형무소가 어디 있는지 몰라도 형무소의 고통을 이미 느끼고 두려움에 떱니다. 이처럼 모든 것은 자기 스스로 느끼는 것입니다. 느낌에 따라서 지옥의 존재 여부가 결정되는 것입니다.

이 대목은 지장경에서 중요한 부분을 차지하는 이야기입니다. 느낌에 의한 악의 세상(所感惡趣)이라는 말은 지장경에서 여러 번 나오는데 그것은 매우 중요한 사실을 담고 있기 때문입니다. 결국 지옥이라고 하는 것은 자신이 느낄 때만 존재하는 것입니다.

그렇다면 지옥이 없는데 지옥을 느끼는 이유가 무엇일까요? 그것은 죄를 지었기 때문입니다. 죄를 지어 지옥을 느끼기 때문에 지옥은 존재하는 것입니다. 느낌이라는 것은 단순히 개인의 행위에 달려 있습니다. 예를 들어 똑같은 찬물을 한 그릇 마셨는데도 어떤 사람은 아주 시원함을 느끼고, 어떤 사람은 그런 느낌을 받지 못하는 경우도 있습니다. 찬물이라는 물질에 변화가 있는 게 아니라 그것을 마시는 사람의 입장에 따라서 느끼는 게 전부 다른 것입니다.

따지고 보면 소감악취라는 말은 아주 무서운 소리입니다. 흔히 지옥이나 극락이 어느 곳에 고정된 특정장소가 있는 것으로 착각하는 경우가 많습니다. 그러나 은밀히 따지면 그렇지 않습니다. 다른 경전에도 지옥 이야기가 조금씩 나오지만 지장경에서처럼 구체적으로 밝힌 경전은 없습니다.

지옥에 대해 이야기한 대표적 경전인 지장경에서 지옥에 대해 정의하기를 지옥이란 결국 자기 스스로의 느낌에 따라 있는 것이라고 말했습니다. 그런 의미에서 소감악취라는 말을 매우 의미심장하게 받아 들여야 합니다. 자신이 느끼는 정도에 따라 존재하는 악한 곳이 바로 지옥이라는 말입니다.

지장보살의 지옥에 대한 이야기를 듣고 마야 부인은 매우 놀라게 됩니다. 그러나 앞에서 이야기했듯이 조그마한 선근만 있어도 해탈을 얻을 수 있다는 근본원리를 염두에 두고 지옥의 문제를 풀어 나갈 때 지옥에서 벗어날 수 있습니다.

이는 마치 어린아이가 울면 일부러 거짓말로 호랑이가 왔다고 하는 것과 같습니다. 이것을 불교적으로 해석하면 방편이라고 합니다. 다시 말해 우는 어린아이를 달래기 위해서 그렇게 방편을 쓰는 것입니다. 여기에 나오는 여러 가지 지옥도 결국은 열심히 정진하고, 가능하면 바르고 선하게 살라는 뜻입니다.

한편 다섯 가지 잘못을 저지르면 지옥에 떨어진다고 하여 오역죄를 소개하고 있습니다. 오역죄는 다섯 가지의 극악무도한 무거운 죄를 일컫는 것으로 오역죄를 지으면 죄질이 나쁘고 죄상이 무거워 괴로움을 받는 것이 끝이 없는 무간지옥에 떨어진다고 합니다. 오역죄는 다시 소승의 오역죄와 대승의 오역죄로 나눌 수 있습니다. 본문에서는 소승과 대승의 오역죄 내용 중에서 대표적인 것을 뽑아서 소개하고 있습니다.

첫째, 부모에게 불효하여 살생하면 무간지옥에 떨어져 오랜 시간이 지나도록 지옥에서 나올 수 없다고 했습니다.

둘째, 부처님의 몸을 상하게 하여 피가 나게 하고 삼보를 훼방하여 존경하지 아니하면 무간지옥에 떨어져 오랜 시간이 지나도록 지옥에서 나올 수 없다고 했습니다.

셋째, 절의 물건을 함부로 훔치고 스님들을 괴롭히며 절 안에서 음욕을 자행하고 죽이거나 해치는 일이 있으면 무간지옥에 떨어져 오랜 세월 동안 지옥에서 나올 수 없다고 했습니다.

넷째, 거짓으로 사문이 되어 사문의 마음을 가지지 아니하고 사찰의 물건을 함부로 쓰거나 파손하며 신도들을 속이고 계율을 어기거나 등지며 갖가지 악한 일을 지으면 무간지옥에 떨어져 오랜 시간이 지나도 지옥에서 나올 수 없다고 했습니다.

다섯째, 사찰의 곡식과 재물과 음식과 의복과 그 밖에 주지 아니한 것을 가지면 무간지옥에 떨어져 오랜 세월 동안 지옥에서 나오기 어렵다고 했습니다.

천수경에서도 죄무자성종심기(罪無自性從心起), 심약멸시죄역망(心若滅時罪亦亡), 죄망심멸양구공(罪亡心滅兩俱空), 시즉명위진참회(是則名爲眞懺悔)라고 해서 "죄라는 것은 본래 실체가 없는데 마음으로 좇아서 일어나는 것이므로 마음이 소멸되면 죄 또

한 없어진다. 마음도 없어지고 죄도 없어져서 그 두 가지가 함께 공해져서 없어져 버릴 때 이것이야말로 진정한 참회이다."라고 설명하고 있습니다. 지장경에서 죄의 과보가 분명히 있다고 해 놓음으로써 말 안 듣고 억센 중생들에게는 큰 영향을 미치게 됩 니다. 지장경에서 여러 번 나오는 강강중생, 즉 아주 고집이 세 고 거친 중생에게는 지옥에 대한 방편의 말씀이 무섭게 다가갈 수 있습니다. 여기서 무간지옥의 참상에 대해서 낱낱이 이야기 함으로써 중생들에게 경각심을 줄 수 있습니다.

3. 무간지옥의 참상

摩耶夫人이 重白地藏菩薩言하시되 云何名爲無間地獄이니까 地藏이 白言하되 聖母시여 諸有地獄在大鐵圍山之內하되 其大地獄은 有一十八所요 次有五百하되 名號各別하며 次有千百하되 名字各別커니와 無間獄者는 其獄城이 周匝八萬餘里요 其城이 純鐵이며 高는 一萬里요 城上火聚少有空闕하며 其獄城中에 諸獄이 相連하되 名號各別이나 獨有一獄이 名曰無間이니 其獄은 周匝萬八千里요 獄墻高는 一千里로되 悉是鐵圍라 上火徹下하고 下火徹上하며 鐵蛇鐵狗吐火馳逐하며 獄墻之上에 東西而走하며 獄中에 有床하되 遍滿萬里어든 一人이 受罪하되 自見其身이 徧臥滿床하고 千萬人이 受罪하되 亦各自見身滿床上하나니 衆業所感으로 獲報如是하며

마야 부인이 거듭 지장보살에게 말씀하시되 "무엇을 일러 무 간지옥이라 합니까?"하니 지장보살이 대답하되, "성모시여, 무

116

간지옥이라는 것은 큰 철위산 안에 있되 그 큰 지옥은 십팔 곳이요. 다시 오백 군데가 있으되 그 이름이 각각 다르며, 다시 천백이 있되 그 이름이 각각 다르거니와 무간지옥은 그 옥의 성둘레가 팔만여 리나 되고 그 성은 순전히 철로 되어 있으며 높이가 일만 리나 되며 성 위에는 불무더기가 있어서 간격이 전혀 없고, 그 옥성 가운데 여러 옥이 서로 이어져 있는데 이름이 각각 다르며, 따로 한 개의 옥이 있는데 이름을 무간이라 하고, 그 옥의 둘레는 만팔천 리나 되고 옥담의 높이는 일천 리로 다 무쇠로 되어 있습니다. 위에서 타는 불이 아래까지 닿고 아랫불이 위까지 치솟으며 쇠로 된 뱀과 쇠로 된 개가 불을 토하면서 쫓아다니므로 옥담 위를 동서로 달아나고 있습니다.

지옥 가운데는 평상이 있어 넓이가 만 리에 가득한데 한 사람이 죄를 받아도 스스로 그 몸이 평상 위에 가득 차게 누웠음을 보고 천만 인이 죄를 받아도 또한 각각 자기의 몸이 평상 위에 가득 차게 보이니 여러 가지 업으로 느끼는 것에 그 과보를 얻음이 이와 같습니다."

강의 무간지옥에 대한 지장보살의 대답은 정말 어마어마하게 무서운 대목입니다. 무간지옥은 철로 겹겹이 에워싸여 있어서 뚫고 나올 수도 없고, 넘어 나올 수도 없고, 어떻게 할 길이 없는 그런 곳입니다. 그런 다음 지옥이 열여덟 군데가 있고 또 수많은 지옥이 있지만 그 이름이 각각 다르다고 말합니다.

여기서 지옥이 어느 장소에 있는지는 구체적으로 말하지 않고 있습니다. 그것은 결국 지옥은 자신이 느끼는 바로 그 순간 그것이 곧바로 장소가 되는 것입니다. 자신이 죄를 지으면 느끼게 되는 그 순간이 지옥이라는 것입니다. 그렇다면 그 수효가 어찌 팔만사천뿐이겠습니까? 무량 아승지의 지옥이 있을 수도 있습니다. 예를 들어 잘못을 저지른 도둑은 순경이 지나가기만 해도 자기를 잡으러 오는 줄 알고 괜히 불안해집니다. 그런 느낌을 느끼는 순간이 바로 지옥입니다. 반면에 죄를 짓지 않은 사람은 순경 옆을 태연히 지나갈 수 있습니다. 잘못을 저지른 도둑의 안절부절하는 그 마음이 바로 죄를 느끼는 순간이며 그 순간 도둑은 지옥에 가 있는 것입니다.

죄를 지은 도둑에게 순경이 일부러 두근거리고 불안한 마음을 준 것은 아닙니다. 도둑이 스스로 불안한 감정을 느끼는 것일 뿐입니다. 여기서 지옥이라고 하는 의미를 분명히 알아야 합니다. 지옥의 문제를 전문적으로 다루고 있는 지장경에서 지옥에 대한 개념을 소감지옥(所感地獄)이라고 분명히 밝히고 있음을 기억해야 합니다.

又諸罪人이 備受衆苦할새 千百夜叉와 及以惡鬼口牙如劍하고 眼如電光하며 手復銅爪로 抽腸剉斬하며 復有夜叉는 執大鐵戟하여 中罪人身하되 或中口鼻하며 或中腹背하여 抛空翻接하고 或置床上하며 復有鐵鷹은 啗罪人目하며 復有鐵蛇는 繳罪人頸하며 百肢節內에 悉下長釘하며 拔舌耕犁할새 拖拽罪人하며 洋銅灌口하고 熱鐵纏身하여 萬死萬生하나니 業感如是라 動經億劫하여도 求出無期하며 此界壞時에 寄生他界하고 他界次壞하여는 轉寄他方하며 他方壞時에는 展轉相寄라가 此界成後에 還復而來하나니 無間罪報는 其事如是니다

118

"또한 여러 죄인이 모든 고통을 갖추어 받는데 천백이나 되는 야차와 악귀의 어금니는 칼날과 같고 눈은 번갯불과 같으며, 손은 또 구리 손톱이 달려 있어 죄인의 창자를 뽑아 내어 토막토막 자르며, 다른 어떤 야차는 큰 쇠창을 들고 죄인의 몸을 찌르는데 혹은 코와 입을 찌르고 혹은 배와 등을 찌르며 공중에 던졌다가 뒤집어 받으며 혹은 평상 위에 그대로 두기도 합니다.

또한 쇠로 된 매가 있어 죄인의 눈알을 쪼으며, 또한 쇠로 된 뱀이 있어 죄인의 머리를 감고, 백 개의 마디마다 모두 긴 못을 박으며, 혀를 뽑아 보습을 만들어 죄인에게 끌게 하며 구리쇳물을 입에 부으며, 뜨거운 무쇠로 몸을 얽어서 만 번도 더 죽었다가 깨어나게 하니 업에 의한 느낌이 이와 같아서 억겁을 지낸다 하더라도 나올래야 나올 기약이 없습니다.

또한 이 세계가 없어지면 다른 세계로 옮겨져 나고, 다른 세계가 파괴되면 또 다른 곳으로 옮겨지며, 다른 곳이 파괴되어도 전전하면서 옮기다가 이 세계가 이루어지면 다시 돌아오게 되니 무간지옥의 죄보를 받는 일이 이와 같습니다."

강의 계속해서 지옥에 대한 이야기가 이어집니다. 여기서는 지옥에서 행해지고 있는 모습들이 구체적으로 표현되고 있습니다. 지옥에서는 철로 된 매가 죄인의 눈알을 쪼으며 철로 된 뱀이 죄인의 머리를 감고 백 개의 마디 마디마다 모두 긴 못을 박으며 혀를 뽑아 보습을 만들어 죄인으로 하여금 끌게 한다고 합니다. 또 구리쇳물을 입에 부으며 뜨거운 무쇠로 몸을 익게 해서 만 번을 더 죽였다가 다시 깨어나게 한다는 것입니다. 여기에 표현된 지옥의 모습은 상상할수록 끔찍해서 소름이 돋을 지경입니다. 그러면서 마지막에는 죄업에 대한 느낌이 이와 같다고 표현했습니다.

불교에서 축원할 때 일일일야(一日一夜) 만사만생(萬死萬生)이라는 말이 있는데 여기서도 만 번도 더 죽었다가 깨어나게 하니 업에 대한 느낌이 어떠한지 짐작할 수 있을 것입니다. 이 말은 자신이 업을 지은 대로 느낀다는 것입니다. 우리가 지은 업으로 느끼는 것이지 지옥이 구체적으로 존재하는 것은 아닙니다. 이 대목에서 지옥세계는 모두 지은 업으로 느끼는 것임을 거듭 확인할 수 있습니다. 지은 죄업이 없다면 아무리 찾아 봐도 찾을 수 없는 게 고통이며 지옥입니다.

4. 무간지옥의 다섯 가지 뜻

又五事業感일새 故稱無間이니 何等이 爲五요 一者는 日夜受罪하여 以至劫數히 無時間絶일새 故稱無間이요 二者는 一人이 亦滿하고 多人도 亦滿일새 故稱無間이요 三者는 罪器叉棒과 鷹蛇狼犬과 碓磨鉅鑿과 剉斫鑊湯과 鐵網鐵繩과 鐵驢鐵馬를 生革으로 絡首하고 熱鐵로 澆身하며 飢呑鐵丸하고 渴飮鐵汁하여 終年竟劫에 數那由他라도 苦楚相連하여 更無間斷일새 故稱無間이요 四者는 不問男子女人과 羌胡夷狄과 老幼貴賤과 或龍或神과 或天或鬼하고 罪行業感으로 悉同受之할새 故稱無間이요 五者는 若墮此獄하면 從初入時로 至百千劫이 一日一夜에 萬死萬生하여 求一念間의 暫住不得이라 除非業盡이라사 方得受生할것이니 以此連綿일새 故稱無間입니다

120

"또한 다섯 가지 일에 대해 업을 느끼므로 무간지옥이라 합니다. 무엇을 다섯이라 하느냐 하면, 첫째는 낮과 밤으로 죄보를 받아 겁수에 이르기까지 잠시라도 사이가 없으므로 무간지옥이라 합니다.

둘째는 한 사람도 그 지옥이 가득 차고 많은 사람도 또한 그 지옥이 가득 차므로 무간지옥이라 합니다. 셋째는 죄 받는 기구에 쇠방망이와 매와 뱀과 이리와 개와 가는 맷돌과 써는 톱과 끓는 가마솥과 쇠그물과 쇠사슬과 쇠나귀와 쇠말들이 있고, 생가죽으로 머리를 조르고 뜨거운 쇳물을 몸에 부으며 주리면 철환을 삼키고 목마르면 쇳물을 마시면서 해가 다가고 겁을 마치는 수가 나유타와 같이 고초가 서로 이어져서 간단이 없으므로 무간지옥이라 합니다.

넷째는 남자와 여자, 되놈과 오랑캐, 늙은이와 젊은이, 귀한 사람과 천한 사람, 혹은 용, 혹은 신, 혹은 천, 혹은 귀 등을 가리지 않고 죄행에 대한 업의 느낌은 모두 다 같으므로 무간지옥이라 합니다. 다섯째는 만약 이 지옥에 떨어지면 처음 들어갈 때부터 백천 겁이 되도록 하루 낮과 하룻밤에 만 번이나 죽었다가 만 번이나 살아나서 잠깐 사이나마 머물기를 기다려도 되지 않으며 비행을 제거하고 업이 다하면 바야흐로 다른 곳에 태어나게 되는데 이러한 일이 계속되므로 무간지옥이라 합니다."

강의 여기서는 무간지옥의 다섯 가지의 뜻을 자세히 설명하고 있습니다. 무간지옥은 지옥 중에서도 가장 혹독한 지옥으로 오역죄를 지으면 떨어지는 곳입니다. 무간지옥은 이름 그대로 고통의 간격이나 틈이 없이 계속해서 지독한 형벌을 받는 그런 지옥을 말합니다.

地藏菩薩이 白聖母言하시되 無間地獄을 粗說如是이오나 若廣說地獄罪器
等名과 及諸苦事인대 一劫之中에 求說不盡입니다 摩耶夫人이 聞已에 愁
憂合掌하시어 頂禮而退하시니라

   지장보살이 성모에게 말씀드리기를 "무간지옥에 대한 설명은 대강 이와 같습니다. 만약 지옥에서 벌을 주는 기구들의 명칭과 여러 가지 고통 주는 일에 대해서는 일 겁 동안 설명한다 해도 다 할 수가 없습니다."라고 하였다. 마야 부인이 듣기를 마치고 근심스럽게 합장하면서 이마를 조아려 절하고 물러났다.

강의 지장보살은 무간지옥에 대해 대강 설명하면서 아무리 오래 설명해도 지옥에 대해서 다 말할 수가 없다고 합니다. 경전에서는 지금까지 소개한 것도 실은 어마어마한데 오랜 세월 동안 이야기해도 다할 수가 없다고 하니 마야 부인은 지장보살의 설명을 듣고 근심스러운 모습으로 합장했다고 표현하고 있습니다. 왜냐하면 지옥에 대한 부정적인 면을 들었기 때문입니다. 다시 말해 마야 부인은 지옥 세계에 대한 안 좋은 이야기를 듣고 기분이 좋지 않아 근심스러운 모습을 나타냈다는 것입니다.
   지장경에서 마야 부인을 성인의 어머니라는 뜻의 성모(聖母), 혹은 부처님의 어머니라는 뜻의 불모(佛母)라고 표현했습니다. 그런 마야 부인도 지옥에 대한 이야기를 듣고 얼굴 표정이 어두

위졌다는 것을 보면 지옥 세계가 얼마나 고통이 심한지 짐작할 수 있습니다. 우리도 살아가면서 가능하면 좋은 말만 하도록 노력해야 합니다. 왜냐하면 남의 허물이나 가슴 아픈 내용을 말하기 시작하면 듣는 사람이 근심에 싸이게 되기 때문입니다.

제삼품 관중생업연품에서는 강하고 억센 중생에게 지옥의 적나라한 모습을 자세히 소개하고 있습니다. 이렇게 지옥의 모습을 자세히 소개하는 것은 지장경을 통해 궁극적으로 가르치고자 하는 것, 즉 지장보살의 원력에 의해 선근이 조금만 있어도 충분히 해탈하고 교화시킬 수 있다는 것을 말하고자 함입니다. 원력은 바로 우리에게 희망을 심어주고 그 동안 지은 업장을 다 씻을 수 있다는 희망을 갖게 합니다. 그 점은 매우 긍정적인 입장입니다.

여기서 마야 부인의 근심을 떨쳐 버리려면 지옥의 부정적인 모습을 선근으로 승화시켜야 합니다. 지장경은 지장보살의 말씀과 같이 우리의 죄업이 아무리 많더라도 한 가지 선행만 있으면 충분히 소멸된다는 것입니다. 다시 말해 그 한 가지의 선행을 살리는 강인한 원력만 있으면 지옥의 고통은 충분히 극복하고 이겨낼 수 있다는 것입니다.

온갖 나쁜 조건에서도 작은 인연 하나만 있으면 잘못된 것을 모두 덮어버릴 수 있는 것입니다. 지장경의 내용에서 지옥을 소개하는 부분이 비록 부정적인 측면이긴 하지만 그 부정은 결국 강한 긍정으로 승화될 수 있다는 뜻입니다.

[第四]

염부제 중생들의 업으로 느낌

(閻浮衆生業感品)

제4장 염부제 중생들의 업으로 느낌
(閻浮衆生業感品)

이 품의 해설

　염부중생업감품은 사바세계에서 중생들이 업을 짓고 그에 대한 과보를 받는 것을 설명하는 내용을 담고 있습니다. 염부제는 앞에서도 이야기했듯이 인도의 세계관을 나타낸 것으로 수미산 남쪽에 있는 땅입니다. 본래는 염부나무가 번성한 인도를 뜻했는데 뒤에는 인간이 살고 있는 지상의 사바세계를 일컫는 말이 되었습니다.

　사바세계는 참고 살아야 할 곳이라는 뜻인데 중생은 번뇌를 참아야 하고, 성현들은 중생들을 제도하기 위해서 피곤함을 참아야 하기 때문이라고 합니다. 염부중생업감품의 대강의 줄거리를 요약해 보면 다음과 같습니다.

　지장보살은 부처님께 부처님의 가피(加被)를 입어서 미륵불이 출현할 때까지 육도중생들을 제도할 수 있다고 말합니다. 부처님은 지장보살의 중생제도에 대한 다짐을 듣고 마음 든든해 합니다. 이 때 정자재왕보살이 부처님께 지장보살이 부처님의 칭찬을 받는 이유가 어디에 있느냐고 묻습니다. 여기서 부처님께서는 지장보살의 세 번째 본생담(本生譚)을 설하게 됩니다.

오랜 세월 전에 두 왕(王)이 있었는데, 한 왕은 부처가 되어서 중생제도를 발원했고, 다른 왕은 중생들을 다 제도하기 전까지는 성불하지 않겠다고 다짐했습니다. 속히 성불하고자 했던 왕은 일체지성취(一切智成就) 여래가 되었고, 중생제도를 서원한 왕은 지장보살이 되었다는 것입니다.

지장보살의 세 번째 본생담에서 먼저 부처가 되겠다고 원을 세운 이가 이미 오래 전에 부처를 이루었다고 알려 줍니다. 이 말은 곧 지장보살은 원하기만 하면 이미 부처가 될 수도 있었지만 일부러 중생들을 제도한 뒤에 부처가 되겠다고 원력을 세웠기 때문에 궁극적으로는 보살로 변장한 부처와 같다는 뜻으로 이해할 수 있습니다.

계속해서 부처님께서는 지장보살의 네 번째 본생담을 설합니다. 오랜 세월 전 청정연화목(淸淨蓮花目) 여래가 계실 때에 광목(光目)이라는 여인이 있었습니다. 광목은 살생하기를 좋아하다가 지옥에서 고통받는 자신의 어머니를 구합니다. 어머니를 구하기 위해서 당시의 부처님에게 자신이 아끼던 모든 것을 바치고 예배를 드렸습니다.

딸 덕분에 광목의 어머니는 일단 지옥을 벗어나서 천민(賤民)으로 다시 태어납니다. 여기서 광목은 죄보를 받는 무리들을 다 제도한 뒤에야 성불하겠다는 원을 세워서 마침내 어머니를 천도하고 나중에 지장보살이 되었다고 합니다.

광목의 어머니는 업을 따라 지옥에도 태어나고 천민으로도 태어나서 오래 살지 못하고 죽습니다. 광목은 자신의 어머니를 알아 볼 수 있지만 우리 중생들은 자신의 어머니가 미워하는 사람으로 태어나도 알지 못합니다. 지장경은 세상의 누구든지 다 겁생래(多劫生來)를 살아오면서 모두가 자신의 어머니일 가능성을 암시해 줍니다.

　계속해서 정자재왕보살은 지장보살이 오래 전부터 중생제도의 큰 원을 세웠음에도 불구하고 왜 아직까지도 제도하는 일이 끝나지 않고 계속해서 새로운 원을 세워야 하는지를 묻습니다. 이에 대해 부처님께서는 한량없는 세월 동안 업의 원인이 계속 이어져서 끊이지 않는 것을 지장보살이 보기 때문에 거듭거듭 원을 세우게 된다고 설하십니다. 지장보살은 사바세계에서 많은 방편으로 중생들을 제도하는데, 갖가지 죄업을 짓는 이들에게 그들이 받게 될 과보를 자세히 말해주는 방편으로 제도한다고 합니다.

　지장경은 중생들의 업의 인연이 끊임없이 이어지므로 지장보살도 부처가 되지 못하고 계속해서 중생 구제의 새로운 원을 계속해서 발해야 한다고 말합니다. 이 말은 이 세상에 업을 짓는 중생들의 미혹의 업이 영원히 계속될 수밖에 없음을 나타냅니다. 인간에게는 성선(性善)이나 성지혜(性智慧), 즉 본래로 갖추고 있는 선이나 본래로 갖추고 있는 일체지(一切智) · 자연지(自然智) · 무사지(無師智)만 있는 것이 아니라 어쩌면 타고난 악, 즉 성악(性惡)과 타고난 무명 업식(業識)인 성무명(性無明)도 함께 있다는 것을 짐작하게 합니다.

1. 부촉(咐囑)을 확인하다

爾時에 地藏菩薩摩訶薩이 白佛言하사대 世尊하 我承佛如來威神力故로
遍百千萬億世界토록 分是身形하여 救拔一切業報衆生하니 若非如來大
慈力故면 卽不能作如是變化이다 我今에 又蒙佛付囑하시와 至阿逸多成
佛已來히 六道衆生을 遣令度脫케하리니 唯然世尊은 願不有慮하소서 爾時
에 佛告地藏菩薩하시되 一切衆生의 未解脫者는 性識이 無定하여 惡習으로
結業하고 善習으로 結果하여 爲善爲惡에 逐境而生하여 輪轉五道하되 暫無
休息하며 動經塵劫하여 迷惑障難하나니 如魚遊網에 將是長流라가 脫入暫
出하여도 又復遭網인듯하니 以是等輩를 吾當憂念이러니 汝旣畢是往願累劫
重誓하여 廣度罪輩하나니 吾復何慮리요

그 때에 지장보살마하살이 부처님께 말씀드리기를 "세존이
시여, 제가 여래의 위신의 힘을 입었으므로 두루 백천만 억 세
계에 이 몸을 나누어서 중생의 모든 업보를 뽑고 구원할 수 있
습니다. 그러나 만약 여래의 큰 자비의 힘이 아니었다면 능히
이와 같은 변화는 지을 수가 없었는데 제가 지금 또 부처님의
부촉을 입었으니 아일다(미륵불)께서 성불하여 오실 때까지 육
도중생으로 하여금 해탈하게 할 것입니다. 다만 원컨대 세존께
서는 심려하지 마십시오." 하였다.

그 때에 부처님께서 지장보살에게 이르시기를 "일체 중생이
해탈하지 못하는 것은 성품이 정해지지 않아서 악함을 행하면
업을 짓고 선함을 행하면 과를 맺어 그 경지를 따라서 태어나
며, 오도를 돌고 돌아 잠간도 쉬는 일이 없이 미진겁을 지내게

된다. 의혹에 사로잡히고 어려움에 가로막히는 것이 마치 물고기가 그물 속에서 노는 것과 같아서 이러한 긴 흐름을 잠시 벗어나는가 하면 또 들어가서 다시 그물에 걸리게 된다. 이와 같은 무리들을 내 마땅히 근심하였는데 그대는 이미 지난날 원을 마치고 오랜 세월 동안 거듭 맹세하여 널리 죄 지은 무리들을 제도하니 내 다시 무엇을 근심할까."라고 하시었다.

강의 지장보살이 부처님께 중생을 제도하겠다는 다짐을 거듭하고 있는 대목입니다. 지장경은 우리 인간 삶의 아주 어둡고 부정적인 면들을 극복하는 가르침을 펴고 있는 경전입니다. 그래서 때때로 지옥에 대한 소개라든가 중생들의 죄업에 의해서 받는 과보에 대한 이야기는 섬뜩할 정도로 부정적인 면으로 설명하고 있습니다. 여기에 나오는 부정적인 이야기들은 우리의 마음을 어둡게 하지만 우리의 현실이 그와 같기 때문에 지장경에서 강하게 언급하고 있는 것입니다.

하지만 지장경은 그런 부정적인 면들만 소개한 것이 아니라 그러한 부정적인 면을 밝고 환한 긍정적인 모습으로 승화되도록 가르칩니다. 이 대목에서는 지장보살이 부처님께 미륵보살이 성불하여 오실 때까지 육도중생을 해탈하게 할 것이니 걱정하지 말라는 내용을 담고 있습니다. 미륵보살이 오기 전까지 중생들의 제도를 책임지겠다고 부처님께 서원을 발하는 지장보살, 사바세계의 중생들이 죄가 많고 업장이 두텁지만 이런 중생들을 잘 가르치고 인도해서 반드시 해탈시키겠다는 지장보살의 간절한 서원이 담겨져 있는 것입니다.

우리 사회에서도 온갖 부정부패와 비리가 난무하여 나라가 썩어 들어가는 것 같지만 그 가운데서도 강인한 원력을 가지고 살아간다면 잘못된 면들을 얼마든지 극복할 수 있습니다. 이처럼 지장보살은 우리들에게 꿈과 희망과 기대감을 갖고 살아갈 수 있게 길을 열어주고 있습니다.

　　본문에서 부처님께서는 지장보살에게 일체 중생이 해탈하지 못하는 것은 중생의 근성과 심식(心識)이 정해짐이 없어서 악한 행위를 하면 악한 업을 짓고, 선함을 행하면 좋은 결과를 맺어 그 경계를 따라 나타나며 오도(五道)를 돌고 돌아 잠깐도 쉬는 일이 없고 많은 세월이 지나가게 된다고 말합니다. 여기서 오도는 지옥, 아귀, 축생, 인간, 천상의 다섯 갈래로 태어남을 뜻하며, 오취(五趣)와 같은 말입니다.

　　동양학에서는 어떤 사람은 성선설을 주장하고 어떤 사람은 성악설을 주장합니다. 하지만 본래 본성이 착한 사람이 있는가 하면 본래 본성이 악한 사람도 있는 듯합니다. 그런데 불교에서는 인간의 본성을 공(空)이라고 말합니다. 이 말은 인간의 본성에는 본래 아무 것도 없다는 것입니다. 마치 백지와 같다는 것입니다. 본문에서 성식이 정해짐이 없다고 했는데 그것은 처음에는 아무런 색으로도 정해져 있지 않다가 칠하는 대로 물들게 되어 있는 백지와 같다는 말입니다. 백지는 붉은 색을 칠하면 붉게 되고, 검은 색을 칠하면 검게 됩니다.

　　이렇게 백지처럼 되어 있는 게 우리들 마음의 본성입니다. 그동안의 경험을 통해서 알 수 있듯이 사람이라고 하는 것은 악도 아니고 선도 아닙니다. 그러나 행하는 대로 결과가 나타나는 것이 인간의 본성입니다. 그래서 불교에서는 선업을 쌓으라고 적극 권하는 것입니다.

어떤 사람도 선할 수가 있고 어떤 사람도 악할 수가 있습니다. 어떤 사람은 가까이 있는 사람이 보면 평소에는 아주 착하고 진실한 사람임에도 불구하고 어떤 경우에는 악을 짓게 됩니다. 반대로 아주 악하다고 낙인 찍힌 사람일지라도 아주 선량한 일을 많이 하는 경우도 있습니다. 다시 말해 악한 사람이라고 함부로 취급할 수도 없고 선한 사람이라고 단정지을 수도 없습니다. 결국 우리가 짓는 대로 결과가 나타나게 되어 있습니다. 이렇게 이해하는 것이 인간의 본성을 바로 보는 것이며 중도적(中道的) 안목입니다.

실로 성식이 정해짐이 없다는 것은 매우 중요한 말입니다. 성선설이라든가 성악설에 대해서 불교의 입장은 텅 비어 공하다고 말하는 이유를 알 수 있을 것입니다. 본성이 본래 공하기 때문에 빈 그릇에는 무엇이든지 담을 수 있고 백지에는 무엇이든지 색칠할 수 있는 것입니다. 본문에서 의혹에 사로잡히고 어려움에 가로막히는 것이 물고기가 그물 속에 노는 것과 같다고 했습니다. 물고기가 그물 속에 논다는 것은 결국 그물에 갇혀 있다는 뜻입니다.

계속해서 부처님께서는 지장보살에게 오랜 세월 동안 거듭 맹세하여 널리 죄 지은 중생들을 제도했기 때문에 근심할 게 아무 것도 없다고 말씀하십니다. 여기까지 부처님의 걱정에 대해서 지장보살이 중생제도를 책임지겠다고 다짐하고 부처님께서는 거기에 대한 생각을 말씀하고 계십니다.

2. 본생담(本生譚) 3 – 왕이 되다

說是語時에 會中에 有一菩薩摩訶薩하되 名은 定自在王이라 白佛言하시되
世尊하 地藏菩薩이 累劫以來에 各發何願이건대 今蒙世尊의 慇懃讚歎이니
까 唯願世尊은 略而說之하소서
爾時에 世尊이 告定自在王菩薩하시되 諦聽諦聽하여 善思念之하라 吾當爲
汝하여 分別解說하리라 乃往過去無量阿僧祇那由他不可說劫에 爾時有
佛하시니 號는 一切智成就如來應供正遍智明行足善逝世間解無上士調
御丈夫天人師佛世尊이시라 其佛壽命은 六萬劫이니 未出家時에 爲小國
王하여 與一隣國王으로 爲友하시어 同行十善하여 饒益衆生하더니 其隣國內
에 所有人民이 多造衆惡커늘 二王이 議計하고 廣設方便할새 一王은 發願하
여 早成佛道하여 當度是輩하여 令使無餘케하리라

　　이 말씀을 설하실 때에 법회 가운데 한 보살마하살이 있어 이
름을 정자재왕이라고 하였는데 부처님께 아뢰기를 "세존이시
여, 지장보살이 오랜 세월 동안 각각 어떠한 원을 발하였기에
지금 세존의 은근하신 찬탄을 받으십니까? 오직 바라건대 세존
께서는 간략하게 설하여 주십시오."라고 하였다.
　　그 때에 세존께서는 정자재왕보살에게 고하시기를 "잘 듣고
잘 들어서 좋은 마음으로 생각해 보아라. 내 마땅히 그대를 위
하여 분별하여 해설하리라.
　　지나간 과거의 무량 아승지 나유타로 말로는 표현할 수 없는
겁인 그 때에 부처님이 계셨는데 호를 일체지성취여래 · 응공 ·
정변지 · 명행족 · 선서 · 세간해 · 무상사 · 조어장부 · 천인사 ·

불세존이라고 했다.

　그 부처님의 수명이 육만 겁이나 되었는데 출가하지 아니했을 때 작은 나라의 임금이 되어서는 이웃 나라의 임금과 벗이 되어 함께 열 가지 착한 일을 행하여 중생을 넉넉하고 유익되게 하였다. 그 이웃 나라 안에 사는 인민이 여러 가지 악한 일을 많이 지으니 두 임금이 계책을 의논하고 널리 방편을 베풀었는데 한 임금은 원을 발하기를 일찍이 불도를 성취하여 마땅히 이 사람들을 제도하여 하나도 남기지 않겠다고 하였다."

강의 부처님께서는 오랜 세월 동안 큰 원력을 세워 중생들을 제도하겠다고 말하는 지장보살이 있어서 근심하지 않는다고 말합니다. 그런데 법회 가운데서 정자재왕보살은 지장보살이 어떻게 하여 그렇게 큰 원을 세우게 되었는지 묻습니다. 또 정자재왕보살은 같은 보살의 입장에서 지장보살이 부처님께 큰 찬탄을 받는 것을 보고 그 원력을 궁금해합니다.

　그래서 부처님께서 지장보살의 세 번째 전생 이야기인 본생담을 들려줍니다. 부처님께서는 말로 표현할 수 없는 무한한 세월 전에 한 부처님이 계셨다고 말씀하면서 이야기를 시작합니다.

　본문에서 무량아승지나유타라는 말이 나옵니다. 이것은 불교에서 시간의 장구함을 나타낼 때 쓰는 말입니다. 그 밖에도 시간을 표현할 때 불교에서는 무한(無限), 무수(無數), 무량(無量), 불가설(不可說), 불가세(不可歲) 등의 표현을 쓰기도 합니다. 우리의 입장에서 보면 몇 십년 몇 백년 또는 몇 천년 정도의 시간을 상상할 수 있지만 이렇게 긴 수억 만년 정도의 시간은 상상하기 어렵습니다. 그러나 깨달은 사람의 안목으로 보면 긴 시간도 한 순간에 지나지 않습니다.

우리는 삶의 역사가 짧고 전생이라 하더라도 기억이 잘 안 되니 시간에 대한 관념이 지극히 짧습니다. 그러나 깨달은 사람은 무한한 과거와 무한한 미래를 한 생각에서 보기 때문에 이처럼 긴 세월의 표현을 씁니다. 어떻게 생각하면 과장된 표현 같지만 깨달음의 수준에서 보면 결코 긴 시간이 아닙니다. 머나먼 과거와 앞으로 다가올 미래의 세월이 한생각으로 짐작이 되기 때문에 그런 표현을 씁니다.

예를 들어서 하루살이는 몇 시간을 이야기할 수밖에 없는 데 반해 사람은 몇 십년 또는 몇 백년은 이야기할 수 있는 것과 마찬가지입니다. 그것은 안목의 차이 때문입니다.

계속해서 전생 이야기가 이어집니다. 그 때 부처님의 수명이 육만 겁이나 되었는데 출가하지 않았을 때 작은 나라의 임금이 되어서 이웃 나라의 임금과 벗이 되어 함께 열 가지 착한 일을 행하였다고 합니다. 말하자면 이웃나라 임금과 열 가지 착한 행위를 하며 중생을 이롭게 했다고 하는 것입니다.

그런데 이웃나라 안에 사는 백성이 여러 가지 악한 일을 많이 지어 두 임금이 대책을 의논하고 널리 방편을 베풀었습니다. 한 임금은 빨리 불도를 성취하여 이 중생들을 제도하여 하나도 남기지 않겠다고 서원을 세웠습니다. 또 한 임금은 중생을 제도하여 죄의 과보를 모두 없게 하여 그들로 하여금 안락하게 하지 못하면 끝내 자기는 성불하지 않겠다고 서원을 세웠습니다.

흔히 불자들은 성불이 불교의 궁극 목표라고 이야기합니다.

그런데 지장경의 사상을 살펴보면 중생제도가 성불의 목적이라고 밝히고 있습니다. 다시 말해 성불하려는 이유가 바로 중생제도라는 것입니다. 은밀히 따지면 불교는 성불이 목적이 아니고 성불은 방편에 불과합니다. 중생제도가 불교의 목적이 되어야 한다는 것입니다.

불교의 궁극 목적이 중생제도에 있다고 하더라도 우리는 성불을 해야 합니다. 왜냐하면 성불하면 힘을 얻을 수 있기 때문입니다. 다시 말해 성불해서 힘을 키운 뒤에야 중생을 제도할 수 있는 것입니다. 그럴 때 성불은 중생을 제도하는 데 아주 좋은 방편이 되고 좋은 힘이 됩니다.

성불을 일차적 목표로 삼는 것을 외로운 해탈이라고 해서 고조해탈(孤調解脫)이라고 합니다. 나한 같은 사람들은 해탈은 했지만 남을 위하는 마음이 없고 중생을 제도하는 마음이 없기 때문에 고조해탈이라고 합니다. 고조해탈은 예를 들면 금은보화로 만들어 놓은 아주 화려한 집에 혼자 가만히 있는 것과 같습니다. 모든 환경은 다 갖추어져 있는데 혼자서 아무 일도 없다면 별 의미가 없습니다. 차라리 다리 밑에서 자더라도 누군가와 같이 있으면 그것이 더 행복할 때가 많습니다. 설사 돌을 던지는 사람이 있고 욕을 하는 사람이 있더라도 그런 사람과 함께 있는 세상이 더 나은지도 모릅니다.

이 세상이 아무리 풍요롭고 화려하다 해도 자기 혼자만 살게 되면 별 의미가 없습니다. 비록 자기를 핍박하고 욕을 하고 꾸짖고 나에게 해를 끼치는 사람이 있다 하더라도 그런 사람과 함께하는 세상이 더 나은 것입니다. 여기에 나오는 두 가지 경우에서 지장보살은 두 번째 원력을 세운 분에 해당합니다.

> 一王은 發願하되 若不先度罪苦하여 令是安樂하여 得至菩提하면 我終未願
> 成佛이라하니라 佛告定自在王菩薩하시되 一王은 發願하여 早成佛者는 卽一
> 切智成就如來是요 一王은 發願하되 永度罪苦衆生하고 未願成佛者는 卽
> 地藏菩薩이 是니라

"한 임금은 원을 발하기를 '만약 먼저 죄고중생들을 제도하여 이들로 하여금 안락하게 하지 못하면 나는 끝내 성불하기를 원하지 아니한다'고 했다."

부처님께서 정자재왕보살에게 고하시기를, "한 임금이 원을 발하여 일찍이 성불한 이는 곧 일체지성취여래가 이분이요, 한 임금이 원을 발하여 영원토록 죄고 중생을 제도하고 성불하기를 원하지 않은 이가 곧 지장보살 이분이다."

강의 부처님께서 정자재왕보살에게 말하기를 한 임금이 원을 발하여 중생을 제도하기 전에는 성불하기를 원하지 않는 이가 바로 지장보살이라고 합니다. 여기서도 지장보살의 사상을 엿볼 수 있습니다. 지장보살의 사상은 곧 모든 보살사상의 으뜸이 됩니다. 중생을 위하는 마음만 충분하다면 성불을 했든 아니했든 별 문제가 되지 않습니다. 중생을 건지는 그 일이 이미 부처로서의 삶이기 때문입니다.

중생을 위하는 보살정신은 우리 주위에서 흔히 볼 수 있습니다. 예를 들어 우리가 법회를 볼 때 편안하게 앉아서 조용히 법문을 듣고 예불을 할 수 있는 것은 뒤에서 법회를 위해서 희생하는 사람 덕분입니다. 말하자면 지장보살의 보살정신을 실천하는 그런 사람들이 있기 때문입니다. 이처럼 자기 공부는 못하더라도 다른 사람이 공부를 잘할 수 있도록 배려해 주고 그 뒷바라지를 해 주는 보살들이야말로 몸을 아끼지 않고 불법을 실천하는 사람이라고 할 수 있습니다.

불교의 근본정신, 특히 지장보살 정신에 근거한다면 남을 위해 자기를 희생하는 것이야말로 불법을 제대로 실천하는 일입니다. 그런 일은 어떤 분야에서든 존재합니다. 가정은 가정대로, 단체는 단체대로, 사회는 사회대로 곳곳에 보살정신은 존재합니다.

3. 본생담(本生譚) 4 - 효녀 광목(光目)이 되다

1) 나한을 만나다

復於過去無量阿僧祇劫에 有佛出世하더니 名은 淸淨蓮華目如來시라 其佛壽命은 四十劫이니라 像法之中에 有一羅漢하여 福度衆生할새 因次敎化라가 遇一女人하니 字曰光目이라 設食供養커늘 羅漢이 問之하되 欲願何等인고 光目이 答言하되 我以母亡之日에 資福救拔하되 未知我母生處何趣니다 羅漢이 愍之하사 爲入定觀하여 見光目女母하니 墮在惡趣하여 受極大苦어늘 羅漢이 問光目言하되 汝母在生에 作何行業이건대 今在惡趣受極大苦요 光目이 答曰我母所習은 唯好食噉魚鼈之屬하며 所食魚鼈에 多食其子하되 或炒或煮하여 恣情食噉하더니 計其命數하면 千萬復倍니다

"다시 과거 무량 아승지겁에 출세하신 부처님이 계시니 이름을 청정연화목여래라고 하셨는데 그 부처님의 수명은 사십 겁이었다. 상법 가운데 한 나한이 있어 복으로 중생을 제도하고 그로 인하여 차례로 교화하다가 한 여인을 만났는데 이름을 광목이라고 했다. 음식을 베풀어 공양하니 나한이 묻기를 '원하는 것이 무엇인가?'

광목이 대답하기를 '저는 어머니가 돌아가신 날에 복을 지어 구원하여 빼어 내고자 하나 제 어머니가 어느 곳에 나셨는지 알지 못합니다.' 하니 나한이 불쌍히 여겨 그를 위하여 정에 들어가 관찰하니 광목의 어머니가 악취에 떨어져서 지극한 고초를 받고 있음이 보였다.

나한이 광목에게 묻기를 '너의 어머니가 살아 있을 때 어떠한 행업을 지었기에 지금 악취에서 극심한 고초를 받고 있느냐?'

광목이 대답하기를 '제 어머니가 한 일은 오직 물고기와 자라 등을 먹기를 좋아하였는데 물고기와 자라 중에도 그 새끼를 많이 먹었습니다. 혹 굽기도 하고 혹 지지기도 하여 마음껏 많이 먹었으니 그 목숨의 수를 계산한다면 천과 만에도 다시 배가 될 것입니다.' 라고 하였다."

강의 여기서는 지장보살의 네 번째 전생 이야기가 펼쳐집니다. 본문에서 정자재왕보살이 부처님께 또 묻습니다. 네 번째 지장보살의 전생 이야기에는 청정연화목여래라는 이름의 부처님이 등장합니다. 청정연화목여래 시절에 한 나한이 있었는데 중생을 교화하다가 광목이라는 한 여인을 만났습니다. 광목이 나한에게 음식을 베풀어 공양을 올렸는데 나한이 광목에게 공양 올리는 이유를 물었습니다. 그 때 광목은 자신의 어머니가 돌아가신 날에 복을 지어 어머니를 구원하고자 하는데 어머니가 어느 곳에 태어나셨는지 알지 못한다고 말합니다. 이 대목은 지장보살의 두 번째 전생 이야기에 나오는 바라문의 딸이 말한 내용과 비슷합니다.

우리는 몇 생을 돌면서 수천 수만의 어머니를 만날 수 있습니다. 우리는 그런 수많은 인연을 맺으면서 살아가고 있습니다. 그래서 부처님께서는 과거생에 우리가 살아온 역정을 가만히 생각해 보면 이 세상에 부부 관계를 맺은 사람이 아닌 경우가 없고, 부모 관계 아닌 사람이 없고, 형제 자매 관계를 맺은 사람이 아닌 경우가 없다고 했습니다. 수많은 세월을 내려오면서 전부 그런 저런 인연을 맺으며 이렇게 살아온 것입니다. 경전에서 보더라도 지장보살은 장자의 아들이 되었다가 바라문의 딸이 되기도 하고 또다른 사람의 딸이 되어 광목이라는 이름을 얻게 되는 것입니다.

다시 경문에서 광목의 말을 듣고 나한은 삼매에 들어가서 자세히 살펴보니 광목의 어머니가 악취에 떨어져서 지극히 큰 고초를 받고 있음을 발견했습니다. 그래서 광목에게 어머니가 살아 있을 때 어떠한 행업을 지었기에 악취에서 고통을 받고 있는지 묻습니다. 광목은 자신의 어머니가 물고기와 자라 등의 새끼를 마음껏 먹었으며 어머니가 죽인 목숨의 수를 계산하면 천만의 배가 될 것이라고 말합니다. 나한은 어머니를 구제할 수 있는 방법으로써 지성으로 청정연화목여래를 염송하라고 가르쳐

줄니다. 그리고 여래의 형상을 조성하거나 탱화를 그리면 좋은
과보를 얻을 수 있다고 말합니다. 여기서도 보듯이 우리가 불상
을 조성하고 탱화를 그리면 큰 공덕을 얻는다고 합니다. 그래서
그런지는 몰라도 법당 불사보다 불상 조성의 불사가 훨씬 쉽게
잘 이루어지는 것을 흔히 볼 수 있습니다.

尊者는 慈愍하시어 如何哀救하소서 羅漢이 愍之하여 爲作方便하사 勸光目
言하되 汝可志誠으로 念淸淨蓮華目如來하고 兼塑畵形像하면 存亡이 獲報
하리라 光目이 聞已하고 卽捨所愛하여 尋畵佛像하여 而供養之하고 復恭敬
心으로 悲泣瞻禮하더니 忽於夜後에 夢見佛身하니 金色晃耀하여 如須彌山
하시며 放大光明하시고 而告光目하시되 汝母不久하여 當生汝家하여 纔覺飢
寒이면 卽當言說하리라하시더니

"광목이 '존자님께서는 자비심으로 불쌍히 여겨 어찌 하시든
지 가련하게 생각하여 구원해 주십시오.' 라고 하였다.

이에 나한이 불쌍히 여겨 방편을 지어서 광목에게 권하기를
'그대가 지성으로 청정연화목여래를 염하고 겸하여 형상을 조
성하거나 탱화를 그리든지 하면 산 사람이나 죽은 사람도 과보
를 얻을 수 있을 것이다.' 라고 하였다.

광목이 듣기를 마치고는 곧 아끼던 물건을 팔아 불상을 그려
모시고 공양을 올리며 다시 공경하는 마음으로 슬피 울면서 우
러러 예배하였다. 광목이 문득 새벽 꿈에 부처님을 뵈오니 금빛
이 밝게 빛나서 수미산과 같으며 큰 광명을 놓아서 광목에게 이
르시기를 '네 어머니가 오래지 아니하여 너의 집에 태어날 것이

나 겨우 배고프고 추운 줄을 깨닫게 되면 곧 말을 할 수 있을 것이다.' 라고 하였다."

강의 지장보살의 네 번째 전생 이야기가 계속 이어지고 있습니다.
　본문에서 광목은 나한의 말을 듣고 공양을 올리며 다시 공경하는 마음으로 슬피 울면서 여래를 우러러보았더니 꿈에 부처님께서 큰 광명을 놓아 어머니가 오래지 않아서 광목의 집에 태어날 것이라고 말합니다. 말하자면 부처님께서 광명으로 광목에게 일러주는 것입니다.
　이런 것을 현몽 또는 가피라고 합니다. 가피에는 현훈가피(顯薰加被)와 명훈가피(冥薰加被)가 있습니다. 광목의 경우처럼 꿈에 현몽으로 나타나는 것을 현훈가피라고 합니다. 반대로 명훈가피는 밖으로 환히 드러나는 게 아니고 가만히 소리 없이, 표시 없이 입게 되는 가피력입니다.
　기도를 하면 자기도 모르게 가피를 입게 되는데 이런 경우를 명훈가피라고 합니다. 대부분의 사람들은 현훈가피보다 명훈가피를 입게 됩니다. 자기도 모르는 사이에 어떤 힘을 얻게 되는 경우가 바로 명훈가피인 것입니다.
　명훈가피는 모르는 사이에 불교의 이치를 깨닫고 참회하며 자신의 생각이 달라져 생활태도가 바뀌는 것을 뜻합니다. 또 자기의 삶에 어떤 의지처가 생기고 자기의 삶의 길을 제시해 주는 어떤 보이지 않는 힘을 느끼는 것을 명훈가피라고 합니다.
　예를 들어 소가 들을 지나가는데 회초리를 들고 직접 때리지 않아도 뒤에서 소몰이가 따라오면 함부로 아무 곳이나 가지 않습니다. 그런데 소몰이가 없으면 소가 제마음대로 행동합니다. 그와 마찬가지로 자신의 삶에 불교를 마음 속에 받아들이면 자신의 삶을 지탱하여주고 뭔가 보이지 않는 힘이 자신을 이끌고 가는 것을 느낄 수 있습니다. 그 모든 것이 명훈가피력 때문입니다. 그래서 예불문 마지막에는 명훈가피력이라는 말이 나옵니다.

우리가 욕심을 부려서 현훈가피를 기대하면 안 됩니다. 현훈가피를 지나치게 기대하고 바라면 생각이 사사로워지거나 정신이 이상해질 수 있습니다. 생각이 한쪽으로 기울다 보면 때때로 잘못된 형상이 나타날 수도 있습니다. 그런데 이런 잘못된 형상을 진짜라고 믿는 사람들도 있습니다. 그것은 잘못된 것이므로 반드시 바른 생각을 가져야 합니다.

2) 어머니가 종의 아들로 태어나다

其後家內에 婢生一子하니 未滿三日에 而乃言說하며 稽首悲泣하여 告於
光目하되 生死業緣으로 果報自受라 吾是汝母로니 久處暗冥하여 自別汝去
로 累墮大地獄이러니 今蒙福力하여 當得受生이나 爲下賤人이요 又復短命
이라 壽年十三에 更落惡道하리니 汝有何計하여 令吾脫免고 光目이 聞說하
고 知母無疑하여 哽咽悲啼하며 而白婢子하되 旣是我母인대 合知本罪하리니
作何行業하여 墮於惡道잇가 婢子答言하되 以殺害毁罵二業受報호라 若非
蒙福하여 救拔吾難이면 以是業故로 未合解脫하리라 光目이 問言하되 地獄
罪報其事云何잇가 婢子答言하되 罪苦之事는 不忍稱說이라 百千歲中에
卒白難竟이니라

144

"그 뒤에 집 안에서 종이 한 아들을 낳으니 삼 일이 되기 전에 말을 하며, 머리를 조아리며 슬피 울면서 광목에게 고하기를 '생사의 업연으로 과보를 스스로 받게 되었는데 나는 너의 어미로서 오래도록 어두운 곳에 있다가 너를 이별하고 가서 여러 번 큰 지옥에 떨어졌으나 너의 복력을 입어서 다시 태어나게 되었으나 하천한 사람이 되었다. 또 다시 단명하여 나이 열세 살이 되면 다시 악도에 떨어질 것이니 너에게 어떠한 계책이 있어 나로 하여금 벗어나서 면하게 할 수 있겠느냐?' 하거늘 광목이 이 말을 듣고 어머니로 알아 의심이 없었다.

광목이 목이 메어 슬피 울면서 종의 자식에게 이르기를 '이미 바로 나의 어머님이라면 본래 지은 죄업을 다 알 것이니 어떠한 행업을 지어서 악도에 떨어졌습니까?' 하고 물으니 종의 아들이 대답하여 말하기를 '생물을 죽이고 불법을 헐뜯고 비방한 두 가지 업으로 보를 받았는데 만약 복을 지어 그 힘으로 나를 고난에서 빼내어 구원해 주지 않았다면 이 업 때문에 해탈을 얻지 못할 것이다.' 하였다.

광목이 묻기를 '지옥의 죄보는 어떠한 것인지요?' 하니 종의 아들이 대답하기를 '죄고의 일은 차마 말로는 다 할 수가 없다. 백천 세를 두고 말한다 하더라도 다하기는 어려울 것이다.' 라고 하였다."

강의 영가 스님의 증도가(證道歌)에, "몇 번이나 태어나고 몇 번이나 죽었던가. 태어나고 죽음이 끝이 없어 멈추지 않네."라는 글이 있습니다.

모든 사람 모든 생명들이 다 그렇듯이 지장보살도 지장보살이 되기까지 얼마나 많은 생을 거듭했는지 그 수효를 알 길이 없습니다. 지장보살의 어머니나 아버지도 역시 그와 같습니다. 여기서는 광목의 어머니가 종의 자식으로 태어나는 대목입니다. 광목은 부처님의 현몽을 받은 뒤 부처님 말씀대로 집안의 종이 한 자식을 낳게 되고 그 자식이 삼 일이 되기도 전에 말을 하며 머리를 조아리고 슬피 울면서 광목에게 말합니다.

　　자신은 광목의 어머니인데 생사의 업연에 의해 스스로 과보를 받게 되어 오래도록 어두운 곳에 있었다고 말합니다. 그리고 광목을 이별하고 나서 여러 번 큰 지옥에 떨어졌으나 광목의 법력에 힘입어 다시 태어나게 되었다고 말합니다. 그러나 죄업 때문에 단명하게 되어 일찍 죽을 수밖에 없고, 만약 대신 복을 지어 그 힘으로 이러한 운명에서 빼내어 주지 않는다면 벗어날 수 없다는 내용입니다.

　　어머니의 죄업이란 산 생명을 죽인 것과 진리의 가르침을 헐뜯고 등진 일입니다. 남의 생명을 죽이면 자신의 몸에 병고가 심하거나 단명한다는 것은 피할 수 없는 이치입니다. 생명을 해쳤으면 그 해침이 씨앗이 되어 결과가 돌아오게 됩니다. 불교에서는 건강과 장수의 비결로 모든 생명을 사랑하고 다른 이들의 건강을 보살피는 일이라고 합니다. 다른 이의 삶을 건강하게 했으니 그 결과로 자신이 다시 건강하여 짐은 너무도 당연한 일입니다.

　　진리의 가르침을 헐뜯고 등진 삶은 곧 빛을 등지고 어둠의 세계를 헤매는 일입니다. 유익하고 올바른 삶의 가르침을 등졌다

면 그것은 곧 답답하고 고통스런 길을 갈 수밖에 없습니다. 힘
들고 고통스러운 길을 가는 사람들은 올바른 가르침의 빛을 외
면한 결과입니다.

광목의 어머니가 천민으로 환생한 이야기는 우리에게 인과의
중요함을 새삼 깨달을 수 있게 합니다.

3) 광목이 서원을 세우다

光目이 聞已하고 啼淚號泣하여 而白空界하되 願我之母永脫地獄하여 畢十
三歲하고는 更無重罪와 及歷惡道케하시며 十方諸佛이 慈哀愍我하사 聽我
爲母하여 所發廣大誓願하소서 若得我母永離三途와 及斯下賤과 乃至女
人之身하여 永劫不受者면 願我自今日後로 對淸淨蓮華目如來像前하여
却後百千萬億劫中에 應有世界의 所有地獄과 及三惡道諸罪苦衆生을
誓願救拔하여 令離地獄惡趣畜生餓鬼等하고 如是罪報等人이 盡成佛竟
然後에사 我方成正覺하리다하더니 發誓願已에 具聞淸淨蓮華目如來之說이
라 而告之曰光目아 汝大慈愍으로 善能爲母하여 發如是大願일새 吾觀하니
汝母十三歲畢하면 捨此報已하고 生爲梵志하여 壽年百歲하고 過是報後에
는 當生無憂國土하여 壽命은 不可計劫이라 後成佛果하여 廣度人天하되 數
如恒河沙하리라하였나니라

"광목이 듣기를 마치고는 눈물을 흘리며 슬피 울면서 하늘을
향하여 말하기를 '원컨대 나의 어머니가 영원히 지옥을 벗어나
서 십삼 세를 지내고도 다시는 무거운 죄로 악도에 돌아다니는
일이 없게 하소서. 시방에 계시는 여러 부처님께서는 자비로 저

를 불쌍히 여기시어 제가 어머니를 위해 세우는 광대한 서원을 들어 주소서.

만약 저의 어머니가 영원히 삼악도와 이러한 하천함과 여인의 몸까지를 영원히 여의고 영겁 동안 받지 않게 된다면, 저는 오늘부터 청정연화목여래의 상 앞에 나아가 백천만억 겁 동안 세계마다 있는 지옥과 삼악도에서 모든 죄고에 시달리는 중생들을 구제하여 영원히 지옥, 악취, 축생, 아귀 등을 떠나도록 하며, 이와 같은 죄보를 받는 사람들이 모두 성불한 뒤에 그 때 저는 비로소 정각을 성취할 것을 서원합니다.' 하였다.

서원을 발하여 마치니 청정연화목여래의 말소리가 똑똑히 들려 왔다.

'광목아, 너의 큰 자비와 연민으로 어머니를 위하여 이 같은 큰 소원을 내는구나. 내가 살펴보건대 너의 어머니는 십삼 세가 지나면 이 과보의 몸을 버리고 범지로 태어나서 수명을 백 세나 살 것이며, 이 과보가 지나고 나면 무우국토에 태어나서 수명은 헤아릴 수 없는 겁을 살게 된다. 그리고 뒤에는 불과를 성취하여 널리 인간과 천인들을 제도하며 그 수는 항하의 모래수와 같을 것이다.' 라고 하였다."

강의 광목은 어머니의 이야기를 듣고 난 뒤 눈물을 흘리며 허공을 향해 울부짖으며 말합니다. 어머니가 영원히 지옥을 벗어나서 십삼 세를 마치면 다시는 무거운 죄와 악도에 돌아다니는 일이 없도록 해달라고 말합니다. 그리고 광목은 지옥과 삼악도에서 죄의 고통으로 시달리는 모든 중생들을 빼내어 구원하며 그 중생들이 모두 성불한 뒤에야 정각을 성취할 것이라고 발원합니다. 흔히 지장보살의 원력의 정신을 대표하는 말 중에 "중생들을 모두 제도하고 난 뒤에 깨달음을 이루겠다는 중생도진 방증보리(衆生度盡 方證菩提)"라는 서원이 여기에서 나타납니다.

지옥이 텅 비지 않으면 성불하지 않으며[地獄未空 誓不成佛], 자신이 지옥에 들어가지 않으면 누가 지옥에 들어가겠는가[我不入地獄 誰入地獄]라는 말과 아울러 지장보살의 세 가지 정신을 상기하게 합니다.

지장보살의 "자신이 지옥에 들어가지 않으면 아무도 지옥에 들어갈 사람이 없다."는 내용의 발원에는 정말 용기 있고 힘찬 각오가 담겨 있습니다. 지장보살은 지옥에 가 있지만 실제로는 지장보살에게 지옥은 존재하지 않습니다. 우리에게도 이런 큰 각오와 용기가 필요합니다.

佛告定自在王하시되 爾時에 羅漢이 福度光目者는 卽無盡意菩薩이 是요 光目母者는 卽解脫菩薩이 是요 光目女者는 卽地藏菩薩이 是라 過去久遠劫中에 如是慈愍하여 發恒河沙願하시어 廣度衆生하니라 未來世中에 若有男子女人의 不行善者와 行惡者와 乃至不信因果者와 邪婬妄語者와 兩舌惡口者와 毁謗大乘者인 如是諸業衆生은 必墮惡趣하리니 若遇善知識하여 勸令一彈指間이라도 歸依地藏菩薩께하면 是諸衆生이 卽得解脫三惡道報하리니

부처님께서 정자재왕보살에게 고하시기를 "그 때의 나한으로 광목에게 복을 지어 어머니를 제도하게 한 사람은 곧 무진의

보살이요, 광목의 어머니는 곧 해탈보살이요, 광목녀는 곧 지장보살이다. 지장보살은 과거 구원겁 중에 이와 같이 자비와 연민으로 항하사의 원을 발하여 널리 중생을 제도하였다.

미래세 중에 만약 남자와 여인이 있어 선을 행하지 않는 자와 악을 행하는 자와 인과를 믿지 않는 자와 사음하고 거짓말하는 자와 두 가지의 말을 하는 자와 악담하는 자와 대승을 훼방하는 자 등 이와 같은 여러 업을 짓는 중생들은 반드시 악취에 떨어지게 된다. 그러나 만약 선지식을 만나 손가락을 한 번 퉁기는 짧은 시간이라도 지장보살에게 귀의하게 되면 이 여러 중생들은 곧 삼악도의 과보에서 해탈을 얻게 될 것이다."라고 하셨다.

강의 부처님께서는 정자재왕보살에게 그 때의 나한의 몸으로 복을 지어 광목을 제도한 사람은 무진의보살이고, 광목의 어머니는 해탈보살이고, 광목은 바로 지장보살이라고 말합니다.

무진의보살은 법화경에 나오는 보살입니다. 광목의 어머니는 광목의 간절한 기도 덕분에 해탈보살이 된 것입니다. 수많은 생을 살아오면서 나한과 광목과 광목의 어머니는 각각 무진의보살, 해탈보살, 지장보살이 되어 중생을 제도하며 살았다는 이야기입니다.

이 글을 읽는 우리들 또한 얼마나 많은 생을 돌고 돌아 이렇게 지장보살과 만났을까? 부처님과 만나게 되었을까? 그리고 좋든 싫든 함께한 수많은 사람들과 인연을 맺게 됐을까? 하는 생각을 하면서 우리의 모든 관계를 보다 아름다운 관계로 승화시켜야 함을 절실히 느끼게 하는 가르침입니다.

인과의 이치는 매우 중요한 교훈이므로 좀더 자세히 살펴 보도록 하겠습니다.

이 세상의 모든 것은 인과의 연결고리로 구성되어 있습니다. 다시 말해 이 세상의 온갖 현상은 인과로 이루어져 있다는 말입니다. 그래서 모든 것은 인연으로 좇아서 생기지 않는 것이 없고 또 사라지는 것 역시 인연에 의한 것입니다.

불교적 입장에서 보면 모든 현상들은 필연적인 것이므로 원인 없는 결과는 있을 수 없습니다. 인과의 이치를 깨달으면 불교공부를 웬만큼 했다고 할 수 있습니다. 개인이든 한 가정이든 한 사회든 한 단체든, 그럴 만한 원인이 있기 때문에 그에 상응한 결과가 나타나는 것입니다. 이것은 불변의 법칙입니다.

사람들의 삶이나 자연 현상은 모두가 인과관계로 얽혀 있습니다. 그런데 때때로 인간 관계에서는 인과의 법칙을 망각하거나 수용하지 못하는 경우도 있습니다. 그건 바로 아집이나 집착, 어리석음 때문입니다. 우리가 자연의 순리를 이해하듯이 인간 관계도 그렇게 이해하면 별 문제가 없습니다. 인과의 원리를 알면 뼈아프게 가슴 칠 일도 없고, 가슴에 못박을 일도 없으며, 누구 때문이라고 원망할 일도 없습니다. 모든 것을 자연의 현상처럼 받아들이면 마음이 편안해 질 것입니다.

우리는 많은 경험을 통해서 봄에는 꽃이 피고 가을에는 낙엽이 진다는 자연현상을 잘 이해하고 있습니다. 인간 관계도 자연의 원리와 똑같습니다. 이 세상의 모든 일들이 전부 그렇게 인연의 도리로 되어 있음을 이해할 수 있어야 합니다. 부처님의 깨달음도 실은 연기의 도리, 즉 인연의 도리를 깨달으신 것입니다.

부처님께서 깨달으신 인연의 도리는 초 · 중 · 고등학교 교과서로 채택되어야 합니다. 그래야 인과가 두려워서 악을 짓지 않으려는 마음을 가질 수 있게 됩니다. 왜 나쁜 짓을 하지 않아야 되며, 좋은 일을 하면 자신에게 무슨 이익이 있는지 인과의 법칙에 따라 교육을 시킨다면 인성교육에 큰 효과를 얻을 수 있을 것입니다.

불교란 원리에 입각하여 가르치기 때문에 인과를 잘 가르쳐주면 세상이 달라질 수도 있습니다. 세상사람들이 인과의 이치만 믿는다 해도 세상은 훨씬 살기 좋아질 것입니다. 경에서 인과를 믿지 않는 자는 지옥에 떨어진다고 했을 만큼 인과의 문제는 정말 중요한 것입니다. 복을 많이 짓고 좋은 일을 많이 하면 복을 받는 것은 당연한 이치입니다. 또 열심히 성실하게 살아가면 거기에 따르는 보상은 어떤 형태로든 있게 마련입니다.

봄에 씨를 뿌리지 않는 사람은 가을에 결코 추수할 수 없습니다. 또 씨를 뿌렸다 하더라도 거름도 주고 김도 매고 물도 대주어야 좋은 열매를 맺고 많은 수확을 얻을 수 있습니다. 씨앗을 뿌려놓기만 해서 되는 것이 아니고 그것을 잘 가꾸는 노력이 있어야만 좋은 결과를 얻을 수 있습니다. 이처럼 인과의 원리는 초등학생들도 다 알 수 있는 이치지만 실은 어른들도 잘 실천하지 못하는 게 바로 인과입니다. 인과의 이치를 잘 생각해서 스스로 납득이 되도록 해야 합니다. 지장보살에게 귀의한다는 것은 지장보살의 원력을 본받는다는 것입니다. 지장보살은 참으로 위대한 원력을 갖고 고통받는 중생들을 건지겠다는 그런 꿈을 가지고 있습니다. 경전에 나오는 여러 가지 죄업은 결국 지장보살의 좋은 원력에 귀의하고 그 원력의 마음을 단 한 번만이라도 낸다면 큰 죄업도 사라진다고 하는 것입니다.

지장보살에게 귀의하고 지장기도를 하는 것은 지장보살과 같은 큰 꿈을 가슴에 한번 가져보는 것을 의미합니다. 고통받는 중생의 고통을 들어주는 그런 마음을 가슴에 가지는 것은 쉽지가 않습니다. 그러나 개인적인 소망은 늘 가슴에 품고 있습니다.

경에서 말한 손가락을 한 번 퉁기는 사이에 걸리는 시간은 1초 정도에 불과합니다. 그 짧은 시간 동안이라도 지장보살에게 귀의하면 앞에서 열거한 수많은 죄업이 결코 문제가 되지 않는 것입니다. 어떻게 생각해 보면 허무맹랑한 말처럼 들리지만 결코 그것은 거짓말이 아닙니다.

왜냐하면 자신이 꿈꾸고 있는 개인적인 소망과 지장보살의 원대한 꿈은 큰 차이가 있기 때문입니다. 우리는 어떤 사소한 개인의 의·식·주 문제와 승진문제, 사업문제 같은 것을 평생 꿈꾸며 기대를 하고 온통 그 꿈으로 가득 차 있는 때가 많습니다. 그렇기 때문에 지장보살과 같은 원력을 한 순간이라도 마음에 품어볼 자리가 없습니다.

결국 개인적 꿈과 지장보살의 원력은 엄청나게 다르기 때문에 짧은 시간 동안만이라도 지장보살에게 귀의하면 죄업을 소멸할 수 있다는 것입니다. 아무리 죄업이 크다고 해도 지장보살의 원력을 가슴에 품으면 한 순간 죄업이 소멸된다는 이야기 속에서 원력의 위대함을 다시 한번 엿볼 수 있습니다.

이 세상에 사는 많은 중생들은 죄를 짓지 않고 사는 경우가 드뭅니다. 우리는 알고도 죄를 짓지만 모르고도 죄를 짓는 수가 많습니다. 많은 경우에 어쩔 수 없이 죄를 짓게 되는 경우도 있습니다. 그러나 죄업만을 강조해서는 결코 죄를 면할 수 없습니다.

바람직한 불교는 업장을 갖고 이야기하는 것이 아니라 원력을 가지고 이야기해야 하는 것입니다. 만약 업장만 갖고 이야기하면 그냥 자기가 지은 업을 그대로 받아 들이고 살아가야 합니다. 그렇게 되면 결코 업에서 헤어날 길이 없습니다. 그러나 우리는 업장을 뛰어넘을 수 있어야 합니다. 그것은 바로 원력이 있기에 가능한 것입니다.

우리가 지은 죄업은 일종의 빚이라고 할 수 있습니다. 예를 들어 자기의 재산은 천원뿐인 사람이 천만원의 빚을 졌다고 하면 갚을 도리가 없는 것입니다. 그러나 몇 십억을 마음대로 빌리기도 하고 갚기도 하는 그런 사람에게는 천만원이라는 돈은 아무 문제가 안 됩니다. 그건 바로 강한 원력의 삶을 말하는 것입니다.

강한 원력으로 살아가는 사람은 설사 죄업이 있다고 하더라도 아무 문제가 되지 않습니다. 조그마한 죄업으로도 지옥에 갈 수 있으나 좋은 생각을 많이 하고 힘차게 사는 원력이 큰 사람들은 설사 큰 죄업이 있다고 해도 아무런 문제가 되지 않습니다.

여기서 지장보살에게 한 순간 귀의하면 삼악도의 과보에서 해탈을 얻게 된다는 말은 바로 그런 원리를 잘 설명해 놓은 것입니다. 바람직한 불교의 가르침은 업에 의한 삶이 아니라 원력에 의한 삶을 권장합니다. 원력이 강하면 자연적으로 인과도 극복할 수 있습니다. 부처님도 면하지 못하는 정해진 업을 지장보살이 원력의 힘으로 면케 할 수 있다는 사실〔滅定業〕은 원력의

154

힘이 위대함을 단적으로 나타낸 말입니다. 다시 한번 강조하지만 원력은 바로 생명력입니다. 그것은 곧 꿈이요, 기대감입니다. 지장보살과 같은 그런 큰 꿈을 절실하게 가슴에 와 닿게 해야 합니다.

우리 불자들이 지장보살과 같은 그런 중생을 위하는 큰 꿈을 가슴에 품는다면 그 순간이 바로 성불입니다. 우리는 그저 소소한 개인적인 문제, 가족적인 문제, 가정 문제, 사업 문제 등에 관한 그런 조그마한 울타리 속에서 꿈과 희망을 갖는 것이 고작입니다. 그런 것에 비하여 지장보살의 큰 꿈은 정말 대단한 것입니다. 지장보살과 같은 큰 원력을 가져볼 날을 기대합니다.

4. 지장경을 유포할 원을 세우다

> 若能至心歸敬하며 及瞻禮讚歎하고 香華衣服과 種種珍寶와 或復飮食으로 如是奉事者는 未來百千萬億劫中에 常在諸天하여 受勝妙樂하리니 若天福盡하여 下生人間이라도 猶百千劫을 常爲帝王하여 能憶宿命因果本末하리라 定自在王아 如是地藏菩薩이 有如此不可思議大威神力하여 廣利衆生하나니 汝等諸菩薩은 當記是經하여 廣宣流布하라 定自在王이 白佛言하시되 世尊하 願不有慮하소서 我等千萬億菩薩摩訶薩이 必能承佛威神하사 廣演是經하여 於閻浮提에 利益衆生하리이다 定自在王菩薩이 白世尊已하시고 合掌恭敬하시며 作禮而退하니라

"만약 지극한 마음으로 귀의하여 공경하고 우러르며 찬탄하

고 향과 꽃과 의복과 갖가지의 진보와 혹은 음식을 가지고 이와 같이 받들어 모시는 자는 미래세의 백천만억 겁 중에도 항상 여러 하늘에 있으면서 뛰어나게 묘함과 즐거움을 받을 것이다. 만약 하늘의 복이 다하고 인간에 태어난다 할지라도 오히려 백천만 겁 동안 항상 제왕이 되며 능히 숙명의 인과에 대한 본말을 기억하게 될 것이다.

정자재왕아, 지장보살은 이와 같이 생각할 수 없을 만큼 대위신력이 있어 널리 중생을 이롭게 하니 너희들 모든 보살들은 마땅히 이 경전을 기록하여 널리 유포케 하라."고 하시었다.

정자재왕보살이 부처님께 말씀드리기를 "세존이시여, 원컨대 심려치 마십시오. 저희들 천만억 보살마하살이 반드시 부처님의 위신력을 받들어 널리 이 경을 연설하여 염부제에서 중생을 이롭게 하겠습니다."라고 하였다. 정자재왕보살이 세존께 말씀드리기를 마치고 합장 공경하여 예를 올린 후에 자리에서 물러갔다.

강의 지장보살의 대위신력이란 앞에서도 누누이 말씀드렸듯이 영험이나 위신력은 따로 있는 것이 아니고 각자 자신들의 마음에 새기는 지장보살과 같은 높고 큰 서원의 힘을 뜻합니다. 그와 같은 원력이 있으면 많은 사람들의 행복과 이익에 큰 보탬이 될 수 있습니다.

경전의 가르침을 많은 사람들에게 유포하는 일은 불교에 있어서 가장 중요한 일 중의 하나입니다. 부처님의 가르침이 오늘날 전 세계에 퍼져 있는 것은 그 가르침을 널리 폈기 때문입니다. 그래서 모든 경전에서는 그 경을 널리 유포시킬 것을 권하고 있습니다.

그리고 경전을 쓰고 읽고 유포시키는 일은 그 어떤 복을 짓는 일보다도 많다고 가르칩니다. 그것은 부처님이 가장 좋아하시는 법공양이기 때문입니다. 불교에서 부처님께 법공양하는 일보다 더 좋은 공양과 복덕은 없습니다.

가사정대경진겁(假使頂戴經塵劫)
신위상좌변삼천(身爲床座 徧三千)
약불전법도중생(若不傳法度衆生)
필경무능보은자(畢竟無能報恩者)
가령 부처님께 복을 짓기 위하여
부처님을 머리에 이고 수많은 세월을 지내거나
또는 자신의 몸이 넓고 넓은 평상이나 의자가 되어
부처님을 그 곳에 모신다 하더라도
만약 경전의 가르침인 법을 전파하여
사람들을 제도하는 일이 없다면
그것은 끝내 부처님을 위하는 일이 못 되며
부처님의 은혜를 갚는다고 할 수도 없다.

라는 게송이 있습니다. 불교에서 매우 애송되는 글인데, 법공양이 얼마나 중요한 것인지 잘 일러주는 게송이라 할 수 있습니다.

5. 사천왕들의 의문

爾時에 四方天王이 俱從座起하여 合掌恭敬하고 白佛言하시되 世尊하 地藏
菩薩이 於久遠劫來에 發如是大願하되 云何至今에 猶度未絶하여 更發廣
大誓願하시나이까 唯願世尊하 爲我等說하소서 佛告四天王하시되 善哉善哉라
吾今에 爲汝及未來現在天人衆等하여 廣利益故로 說地藏菩薩이 於娑
婆世界閻浮提內生死道中에 慈哀救拔하여 度脫一切罪苦衆生하는 方便
之事하리라 四天王이 言하시되 唯然世尊하 願樂欲聞하나이다 佛告四天王하시
되 地藏菩薩이 久遠劫來로 迄至于今히 度脫衆生하되 猶未畢願하여 慈愍
此世罪苦衆生하며 多觀未來無量劫에 因蔓不斷일새 以是之故로 又發
重願하나니 如是菩薩은 於娑婆世界閻浮提中에 百千萬億方便으로 而爲
敎化하나니라

그 때에 사방의 천왕들이 함께 자리에서 일어나서 합장하여
공경을 표시하고 부처님께 말씀드리기를 "세존이시여, 지장보
살이 오랜 세월 전부터 이와 같은 큰 원을 발하였는데 어찌하여
지금까지 오히려 제도하는 일이 끊어지지 아니하고 다시 광대
한 서원을 발하십니까? 원컨대 세존께서는 저희들을 위하여 설
하여 주십시오."라고 하였다.

이에 부처님께서는 사천왕에게 말씀하시기를 "착하고 착하구
나. 내 지금 너희들과 미래와 현재의 천인의 무리들에게 이익을
널리 펼치고자 하므로 지장보살이 사바세계 염부제 안의 생사의
길에서 사랑과 슬픔으로 모든 죄고중생들을 구원하여 제도케 하
는 방편의 일을 설하여 주겠노라."고 하시니, 사천왕이 말하기

를 "예 세존이시여, 원컨대 즐거이 듣고자 합니다." 하였다.

부처님께서 사천왕에게 이르시기를 "지장보살은 구원겁으로
부터 지금까지 중생을 제도하였으나 아직도 서원을 마치지 못
하여 이 세계의 죄고에 시달리는 중생들을 사랑과 연민으로 생
각하며, 미래의 끝없는 무량겁 중에도 이어져서 끊어지지 아니
함을 살피었다. 이러한 까닭으로 다시 거듭 서원을 발하였으니
이와 같이 보살은 사바세계 염부제 중에서 백천만 억의 방편으
로 교화하고 있다."

강의 사천왕은 부처님께 지장보살이 오랜 세월로부터 서원을 세
웠는데 어찌하여 중생제도가 끝나지 아니하고 다시 광대한 서원
을 세워야 하느냐고 묻습니다. 다시 말해 오랜 세월 동안 지장보
살이 중생들을 제도했는데 왜 아직까지 죄많은 중생들이 있는지
묻는 것입니다. 여기에 바로 지장보살의 끝없는 원력의 의미가
살아납니다.

부처님의 세 가지 할 수 없는 일 중에 "중생들을 모두 다 제도
하지는 못한다."는 말이 있습니다. 이 내용은 지장보살의 원도
끝없이 이어지고 중생이 업을 짓는 것도 끝없이 이어진다는 것
입니다. 그래서 중생이 있는 동안 보살이 있고 부처가 있고 지장
보살의 원력이 있습니다. 즉 인생의 삶은 영원히 이어지고 삶이
있는 동안 꿈과 희망은 언제나 있어야 합니다. 좋든 싫든 인생은
영원하며 우리는 무한한 생명을 누리고 살아갑니다.

중생은 없고 부처만 있었으면 좋겠다는 생각을 하겠지만 부처
와 중생의 관계는 항상 같이 존재합니다. 사실 중생이 없으면 부

처는 존재할 수도 없습니다. 중생과 부처의 관계가 영원히 이어
지는 이상 지장보살의 원력도 영원히 이어질 수밖에 없습니다.

6. 지장보살의 방편설법

四天王아 地藏菩薩이 若遇殺生者하면 說宿殃短命報하고 若遇竊盜者하면
說貧窮苦楚報하고 若遇邪淫者하면 說雀鴿鴛鴦報하고 若遇惡口者하면
說眷屬鬪諍報하고 若遇毁謗者하면 說無舌瘡口報하고 若遇瞋恚者하면
說醜陋癃殘報하고 若遇慳悋者하면 說所求違願報하고 若遇飮食無度者
하면 說飢渴咽病報하고 若遇畋獵恣情者하면 說驚狂喪命報하고 若遇悖
逆父母者하면 說天地災殺報하고 若遇燒山林木者하면 說狂迷取死報하고
若遇前後父母惡毒者하면 說返生鞭撻現受報하고 若遇網捕生雛者하면
說骨肉分離報하고 若遇毁謗三寶者하면 說盲聾瘖瘂報하고 若遇輕法慢
敎者하면 說永處惡道報하고 若遇破用常住者하면 說億劫輪廻地獄報하고
若遇汚梵誣僧者하면 說永在畜生報하고 若遇湯火斬斫傷生者하면 說輪
廻遞償報하고 若遇破戒犯齋者하면 說禽獸飢餓報하고 若遇非理毁用者
하면 說所求闕絶報하고 若遇我慢貢高者하면 說卑使下賤報하고 若遇兩舌
鬪亂者하면 說無舌百舌報하고 若遇邪見者하면 說邊地受生報하나니 如是
等閻浮提衆生의 身口意業惡習結果로 百千報應을 今麤略說하나니 如是
等閻浮提衆生의 業感差別을 地藏菩薩이 百千方便으로 而敎化之연마는
是諸衆生이 先受如是等報하고 後墮地獄하여 動經劫數하되 無有出期하나
니 是故로 汝等은 護人護國하여 無令是諸衆業으로 迷惑衆生케하라 四天王
이 聞已에 涕淚悲歎하시고 合掌而退하니라

"사천왕이여, 지장보살이 만약 살생하는 자를 만나면 전생의 재앙으로 단명의 과보를 받는다고 설해주며, 만약 도적질하는 사람을 만나면 빈궁으로 고초를 받는다고 설해주고, 만약 사음하는 사람을 만나면 참새와 비둘기와 원앙새가 되는 갚음을 받는다고 설해준다.

만약 악구(惡口)를 하는 사람을 만나면 권속들이 서로 싸우고 다투게 되는 과보를 설해주고, 만약 남을 헐뜯고 훼방하는 사람을 만나면 혀가 없어지거나 입에 창이 나는 과보를 설해주며, 만약 성내는 사람을 만나면 얼굴이 더럽고 파리해지는 병의 과보를 받는다고 설해주고, 만약 인색하고 탐욕하는 사람을 만나면 구(求)하는 것이 소원대로 되지 않는 과보를 받는다고 설해준다.

만약 음식을 과도하게 먹는 사람을 만나면 굶주리고 목말라서 목병 나는 과보를 설해주고, 만약 제멋대로 사냥하는 사람을 만나면 놀라고 미쳐서 목숨을 잃는 과보를 받는다고 설해주며, 만약 부모의 뜻을 어기고 행패 부리는 사람을 만나면 천재지변으로 재앙과 죽음의 과보가 내린다고 설해주고, 만약 산림과 나무를 불에 태우는 사람을 만나면 미쳐서 정신없이 다니다가 죽게 되는 과보를 설해주며, 만약 전후 부모에게 악독한 짓을 하는 사람을 만나면 바뀌어 태어나서 매 맞음을 받게 되는 과보를 설해주며, 만약 그물로 날짐승을 잡는 사람을 만나면 골육간에 헤어지고 이별하는 과보를 받는다고 설해준다.

만약 삼보(三寶)를 훼방하는 사람을 만나면 장님과 귀머거리와 벙어리가 되는 과보를 받는다고 설해주며, 만약 부처님의 법을 가볍게 여기고 가르침을 업신여기는 사람을 만나면 영원히 악도에 떨어지는 과보를 받는다고 설해주고, 만약 상주물(常住物-공공물, 또는 부처님의 재산)을 파괴하거나 함부로 사용하는 사람을 만나면 억겁 동안 지옥을 윤회하는 과보를 받는다고 설해주며, 만약에 범행(梵行)을 더럽히고 스님을 속이는 사람을 만나면 영원히 축생이 되는 과보를 받는다고 설해준다.

만약 끓는 물이나 모진 불이나 낫이나 도끼로 생물을 상하게 하는 사람을 만나면 윤회하면서 되갚음을 받는 과보가 있다고 설해주며, 만약 계(戒)를 파하거나 재(齋)를 범하는 사람을 만나면 짐승이 되거나 주림을 받는다고 설해주고, 만약 비리나 부정으로 재물을 마구 쓰는 사람을 만나면 구하는 것이 없어지고 끊어지는 과보를 받는다고 설해준다.

만약 아만심이 높은 사람을 만나면 미천한 종이 되는 과보를 받는다고 설해주고, 만약 두 가지 말로 이간질하여 싸우게 하는 사람을 만나면 혀가 없거나 혀가 백 개나 되는 과보를 받는다고 설해주며, 만약 삿된 소견을 가진 사람을 만나면 변방에 태어나는 과보를 받는다고 설해준다.

이와 같이 염부제 중생들이 몸이나 입이나 뜻으로 짓는 악업(惡業)의 결과는 백천 가지 보응(報應)으로 이루어진다는 것을 지금 대강 설명하였다. 이와 같이 염부제 중생들이 업으로 느끼는 차별을 지장보살이 백천의 방편으로 교화하지만 이러한 모든 중생들이 먼저 이와 같은 과보를 받은 뒤에 지옥에 떨어져서 잠깐 사이에 겁수(劫數)를 지내면서 나올 기약이 없다.

그러므로 그대들은 사람을 보호하고 나라를 보호하여 이러한 모든 여러 가지 업으로 하여금 중생들을 미혹됨이 없게 하라."

사천왕들이 듣고나서 눈물을 흘리면서 슬피 탄식한 뒤에 합장하고 물러갔다.

강의 여러 가지 행위와 과보를 다 말하고 나서 업으로 느끼는, 즉 업감(業感)의 차별들을 지장보살이 백천의 방편으로 교화한다고 하십니다. 앞에서도 업감에 대한 이야기는 나왔지만 여기에서는 대단히 자세하게 소개되어 있습니다. 깊이 생각하여 마음에 새길 법문입니다.

여기에 나오는 업에 대한 이야기는 어찌 보면 섬뜩하고 겁을 주는 내용이라고 할 수도 있습니다. 그렇지만 말을 듣지 않고 함부로 사는 억센 중생들에게는 이와 같은 강력한 법문이라야 영향을 미칠 수 있습니다. 실은 근래에 와서 지장신앙이 성행하는 것은 그만큼 인간들이 영악하여지고 거칠어졌다는 의미이기도 합니다. 좋은 현상은 아닙니다. 제대로 된 세상이라면 지장보살도 관세음보살도 심지어 부처님까지도 필요치 않은 세상이 되어야 가장 이상적인 세상입니다.

우는 아이에게 호랑이가 온다고 겁을 주듯이 어떤 강한 방법을 쓰더라도 악한 중생들을 다스릴 수 있어야 합니다. 우리들의 사바세계에는 말 안 듣고 고집세고 자기 멋대로인 중생들이 매우 많습니다. 그런 중생들을 위해서는 때로는 겁을 줄 필요가 있습니다. 그래서 여기에서 표현한 내용은 조금만 잘못해도 크게 과보를 받는다고 말씀하십니다.

오늘날 많은 사람들이 사람과의 화합과 정리보다도 자신의 건강에 특별한 관심을 가집니다. 그래서 앞에서도 언급했으나 한번 더 말씀드립니다.

우선 지장보살은 사천왕에게 만약 살생하는 자를 만나면 전생의 재앙으로 단명의 과보를 받는다고 말합니다. 이 대목에서도 겁 주는 이야기처럼 들리지만 어떤 면으로 보면 실제로는 중생들의 잘못된 것을 고치려고 하는 내용을 담고 있습니다. 살생은 남의 생명을 해치는 것입니다. 여기서 단명이나 병고는 생명과 연관이 있기 때문입니다.

불교에서는 흔히 병고에 오래 시달리는 사람을 보면 전생에 살생을 많이 해서 그렇게 된 것이라고 말합니다. 과거에 남의 생명을 많이 해쳤기 때문에 지금 그 과보로 병고에 시달리는 것으로 볼 수 있습니다. 그래서 살생과 단명은 서로 상관관계가 있습니다. 그런 의미에서 생일날이나 제삿날에 방생을 하면 수명이 연장되고 건강에 보탬이 된다고 말합니다.

불교의 건강법은 보약을 먹어서 좋아지는 게 아니라 아픈 사람을 돌보아 주거나 치료할 수 있는 여러 가지 조건을 평소에 많이 닦아 놓으면 자신의 건강이 좋아진다는 것입니다. 이것이 바로 불교의 건강법입니다. 아픈 사람을 건강해지도록 도와주면 자신의 건강이 향상된다는 사실은 매우 이치에 맞는 이야기입니다. 범망경에도 간병복전(看病福田)이 제일복전이 된다고 말하고 있습니다.

계속해서 지장보살은 갖가지 과보에 대해 설명하고 있습니다. 이처럼 지장보살의 설법은 아주 강하고 무서운 내용을 담고 있습니다. 지장보살은 죄업의 과보에 대해 매우 논리적으로 설

164

명해주고 있습니다. 또 지장보살은 이와 같은 방법으로 지옥에 있는 중생들에게 설법한다고 합니다.

우리가 편안하게 생각하는 그런 지장보살의 모습과는 조금 다를 수가 있습니다. 그러나 마지막에 가서는 지장보살의 정신을 이어받아서 지장보살의 인생이 자신의 인생이 되도록 하자는 데 목적이 있습니다.

우리가 불교를 믿을 때 처음에는 어떤 힘을 빌려서 그 힘에 의지해야 하지만 신앙의 힘이 성장하면 그런 상태에 계속 머물러 있어서는 안 됩니다. 우리의 신앙이 성장하면 자신의 힘으로 보살의 일을 해내야 합니다. 다시 말해 자신이 지장보살 노릇을 할 수 있어야 하는 것입니다.

우리가 어릴 때는 부모님의 손길이 필요하고 부모님의 지극한 보살핌에 의해서 성장하지만 나이가 들어서까지 계속해서 그런 보살핌을 받는다면 오히려 귀찮아질 수도 있습니다. 우리의 신앙도 발전하면 그렇게 되어야 합니다. 그게 바람직한 신앙의 발전 형태입니다.

바카리라는 스님이 병이 들어서 어느 신도집에서 임종을 맞게 되었습니다. 바카리 비구는 부처님께 마지막 예배를 드리고 눈을 감았으면 좋겠다고 신도에게 자신의 소원을 부탁합니다. 그래서 신도가 달려가서 부처님을 모셔 왔습니다.

부처님께서는 따뜻하게 손도 잡아주시고 위로의 말을 합니다. 바카리는 마지막으로 부처님께 예배를 드리려고 안간힘을 다해 몸을 일으키려고 했습니다. 이때 바카리의 그런 모습을 보고 부처님께서는 냉정하게 꾸짖으며 "다 썩은 몸으로 이 늙은

육신에 예배를 드린들 무슨 의미가 있겠는가. 법을 보는 자는 나를 보고 나를 보는 자는 법을 본다."라는 유명한 말씀을 남깁니다.

비록 역사적인 부처님을 통해서 진정한 진리가 표현되기는 했지만 화신이란 본래의 법신불이 없었다면 허수아비와 마찬가지입니다. 그야말로 물에 비친 그림자 달과 같은 것입니다.

여기서 지장보살에 대한 사실도 마찬가지입니다. 우리가 지장보살이라고 할 때에도 지장보살의 정신이나 그 마음을 읽을 수 있어야 합니다. 그걸 배워서 자신의 것으로 만드는 것, 그것이 바로 지장보살에게 기도하고 지장경을 공부하는 것이 됩니다. 형상으로 깎아 놓은 것이 진짜 지장보살은 아닙니다. 지장보살이라고 하면 강인한 원력을 가진 보살로 알아야 합니다. 아무리 겨울이 춥고 땅이 꽁꽁 얼었다 하더라도 봄이 되면 그 딱딱한 땅을 뚫고 올라오는 새싹과 같은 그런 강인한 생명력 그것이 바로 지장보살의 정신입니다.

[第五]

지옥들의 이름
(地獄名號品)

제5장 지옥들의 이름(地獄名號品)

이 품의 해설

지옥명호품에서는 보현보살의 요청을 받고 지장보살이 악한 업의 과보로 받게 되는 지옥의 이름들을 열거합니다. 지옥의 이름들은 고통받는 처지를 상징적으로 나타냅니다. 쉽게 이해할 수 있는 지옥의 이름을 들어보면 다음과 같습니다.

날아다니는 칼의 비도지옥(飛刀地獄), 불 붙은 화살의 화전지옥(火箭地獄), 불똥이 떨어지는 유화지옥(流火地獄), 소가 혀를 갈거나 혀로 밭을 가는 경설지옥(耕舌地獄), 따지는 것으로 시작해서 따지는 것으로 끝나는 쟁론지옥(爭論地獄), 화만 내는 다진지옥(多瞋地獄), 혀를 뽑는 발설지옥(拔舌地獄), 오물만 있는 분뇨지옥(糞尿地獄), 피를 마시는 음혈지옥(飮血地獄) 등입니다. 그런데 한 지옥에는 많은 종류의 지옥이 딸려 있고 그 각각의 지옥에는 다시 백천 가지의 형벌 기구와 고통이 있습니다.

지옥의 명칭을 말한 지장보살은 아직도 염려가 되어서 지옥의 고통을 다시 한번 풀어서 설명합니다. 그 몇 가지를 소개하면 다음과 같습니다.

어떤 지옥은 죄인의 심장을 빼내어 야차가 먹게 하고, 어떤 지옥은 죄인을 끓는 가마솥에 삶고, 어떤 지옥은 죄인에게 벌겋게 달군 쇠기둥을 안게 하고, 어떤 지옥은 찬 얼음뿐이고, 어떤 지옥은 죄인에게 무쇠 나귀를 끌게 합니다.

여기서는 죄업에 대한 과보를 아주 무섭게 설명하고 있습니다. 불경(佛經)이나 불법(佛法)을 비방하는 죄 이외에도 인륜도덕을 어긴 죄업의 과보를 강하게 드러내고 있습니다. 그러나 불경 전체의 경향이나 불교 일반에서는 오랜 세월 동안 살아오면서 지은 인연을 알려서 현재의 내가 살고 있는 이 순간과 이 환경을 전체와 연결 지어서 생각하도록 가르치고 있습니다.

다겁생래(多劫生來)의 인연을 한꺼번에 보면 지금의 고통이 괴롭기는 하지만 억울한 것은 아니며, 그럴 수밖에 없다는 당연하다는 생각을 하게 됩니다. 따라서 선행을 하면 당장이라도 바뀌어질 수 있는 것도 알게 됩니다. 그래서 괴로울 때는 괴롭지만 그 괴로움에 매달리지 않을 수 있고 나아가서는 우주 전체에서 일어나는 일과 내 자신이 결코 별개의 것이 아니고 나와 하나로 연결되어 있다는 사실을 깨닫게 됩니다.

인연법은 죄업에 대한 과보를 말하면서도 아울러 공(空)사상과 유심조(唯心造)사상으로 연결됩니다. 죄업이나 과보가 고정적인 실체가 있는 것이 아니고 마음으로 지어서 마음이 받는 것에 불과하기 때문에 우리는 죄업을 선업으로 돌릴 수 있고, 역설 같지만 죄업을 받으면서도 극락의 삶을 사는 길도 분명히 있습니다. 지장보살의 강인한 원력이란 바로 그러한 삶, 즉 지옥의 삶을 원력으로 극복하여 극락의 삶으로 바꾸어 놓는 데 그 의미가 있습니다.

1. 지옥은 어두운 곳에 있다

> 爾時에 普賢菩薩摩訶薩이 白地藏菩薩言하시되 仁者여 願爲天龍八部와
> 及未來現在一切衆生하시어 說娑婆世界와 及閻浮提罪苦衆生의 所受報
> 處地獄名號와 及惡報等事하시어 使未來世末法衆生으로 知是果報케하소서
> 地藏이 答言하시되 仁者여 我今에 承佛威神과 及大士之力하여 略說地獄
> 名號와 及罪報之事하리이다 仁者여 閻浮提東方에 有山하되 號曰鐵圍니 其
> 山이 黑邃하여 無日月光하고 有大地獄하되 號를 極無間이요

그 때에 보현보살마하살이 지장보살에게 이르기를 "인자여, 원컨대 천룡팔부와 미래와 현재의 일체 중생을 위하여 사바세계와 염부제의 죄고중생이 죄보를 받는 곳인 지옥의 명호와 악한 보에 대한 일을 말씀하여 미래세의 말법 중생으로 하여금 이 과보를 알게 하십시오." 하니 지장보살이 대답하기를 "인자여, 내 지금 부처님의 위신력과 대사의 힘을 받들어 지옥의 명호와 죄보에 대한 일을 대략 말하겠습니다.

인자여, 염부제의 동쪽에 산이 있는데 이름을 철위산이라 하며 그 산은 어둡고 깊어서 해와 달의 빛이 없으며 큰 지옥이 있는데 이름을 극무간이라 합니다."

강의 미래의 중생들에게 지옥의 무서움을 알려주어 다시는 악한 일을 하지 않도록 하자는 그런 의미가 포함되어 있습니다. 지장보살은 지옥의 명호와 죄업으로 받는 과보를 말하게 됩니다.

첫 번째 지옥으로 철위산을 소개하고 있습니다. 철위산은 어

둡고 깊어서 해와 달의 빛이 없으며 거기에 지옥이 있는데 이름을 극무간이라고 했습니다. 햇빛도 달빛도 없다는 말은 캄캄한 어둠의 세계, 즉 무명과 업식과 어리석음으로 가득한 미혹의 삶을 뜻합니다. 곧 지옥은 지혜의 광명이 없는 삶입니다.

광명은 달리 말하면 바른 이치의 빛이 넘실대는 진리의 광장입니다. 결국 진리의 빛이 없는 곳이 지옥이라는 말입니다. 지옥은 어리석음으로 인해서 캄캄하게 사는 그런 세상입니다. 반대로 극락세계는 지혜의 빛이 넘쳐나는 그런 곳입니다. 극락세계를 주재하는 아미타불은 한량없는 지혜의 광명이라는 뜻으로 무량광불(無量光佛)이라고 합니다.

불교는 한마디로 이야기하면 마음으로부터 지혜의 빛을 발하는 일입니다. 성불이라는 것도 결국은 어두운 마음의 껍질을 깨뜨리고 지혜 광명의 마음을 나타내는 것을 뜻합니다. 또한 불교는 마음이 밝아지도록 하는 이치를 가르치는 종교입니다. 마음이 밝아지는 것을 지혜라고 말합니다. 마음을 깨달아서 마음으로부터 지혜가 표출되도록 하는 것이 불교입니다.

우리가 인생을 살아가면서 마음으로부터 지혜의 빛이 있을 때는 고통받는 일, 상처받는 일이 없습니다. 그러나 지혜가 없고 어리석을 때는 반드시 상처받게 되어 있습니다. 상처받은 기억을 되살려 보면 그것은 모두가 자신의 어리석음에서 비롯된 것임을 발견할 수 있습니다. 상처를 받는 것은 어두움 때문입니다. 마음의 어둠이 사라진 곳이 바로 극락세계입니다.

그런데 우리는 상(相)으로 덮여서 우리의 밝은 마음이 가려질 때가 많습니다. 그래서 우리의 마음은 언제나 캄캄합니다. 상이 떠나버리면 밝은 마음은 자연적으로 드러나게 되어 있습니다. 그것을 부처라고 말합니다. 일체의 상을 떠난 그 자리가 곧 모든 부처〔離一切相 卽名諸佛〕라고 금강경은 설하고 있습니다.

불교는 바로 우리들 마음에 지혜의 등불을 밝혀서 조금이라도 슬기롭게 사는 지혜를 가르치는 종교입니다. 지혜가 있다면 우리는 대낮처럼 환한 길로 인생을 가는 것과 같습니다. 우리는 불교 공부를 하면서 마음의 등불을 밝혀서 슬기롭게 살아야 불교를 믿는 보람이 있습니다.

지옥이 있는 곳을 밝히면서 해의 빛도 달의 빛도 없는 어두운 곳이라는 말의 심오한 이치를 알아야 합니다. 지나치게 중언부언하는 것 같으나 본문에서 철위산 동쪽에 햇빛도 달빛도 비치지 않는 어두운 곳에 지옥이 있다는 말은 우리 마음으로부터 어리석은 어둠이 내릴 때 그 순간 상처받기 시작한다는 뜻이 됩니다. 마음에 어리석은 어둠이 드리워질 때 가슴을 오려내는 듯한 아픔을 겪게 됩니다. 그래서 어떤 사람은 평생 속병을 앓기도 하고 심한 경우에는 인생을 중도에 포기하는 경우도 있습니다.

어리석음의 암흑으로 상처 받았던 곳은 때때로 세월이 지나면 상처가 아문 듯이 보이지만 어느 순간 인연을 만나면 그 아물었던 상처가 다시 아프기 시작하기도 합니다. 마음의 상처를 완전히 낫게 하는 방법은 마음에 지혜의 등불을 밝히는 수밖에 없습니다. 우리는 부처님의 가르침을 통해 세상의 이치를 바로 깨달아야 합니다. 바른 이치를 깨닫게 되면 섭섭했던 마음도 훨씬 가벼워집니다. 지혜란 늘 필요한 것입니다. 마음으로부터 어리석음의 어둠이 내리기 시작하면 무조건 지옥으로 접어든다고 생각해야 합니다. 우리에게 어두운 그늘이 드리워지면 그 어두운 마음으로부터 온갖 좋지 않은 일들이 계속 일어납니다. 마음이 어두워지면 부정적인 입장으로만 생각하게 되고 그래서 결국 지옥 같은 일만 벌어지는 것입니다.

2. 여러 가지 지옥들

又有地獄하되 名曰大阿鼻요 復有地獄하되 名曰四角이요 復有地獄하되 名曰飛刀요 復有地獄하되 名曰火箭이요 復有地獄하되 名曰夾山이요 復有地獄하되 名曰通槍이요 復有地獄하되 名曰鐵車요 復有地獄하되 名曰鐵床이요 復有地獄하되 名曰鐵牛요 復有地獄하되 名曰鐵衣요 復有地獄하되 名曰千刃이요 復有地獄하되 名曰鐵驢요 復有地獄하되 名曰洋銅이요 復有地獄하되 名曰抱柱요 復有地獄하되 名曰流火요 復有地獄하되 名曰耕舌이요 復有地獄하되 名曰剉首요 復有地獄하되 名曰燒脚이요 復有地獄하되 名曰啗眼이요 復有地獄하되 名曰鐵丸이요 復有地獄하되 名曰諍論이요 復有地獄하되 名曰鐵鈇요 復有地獄하되 名曰多瞋이니다 地藏菩薩이 又言하시되 仁者여 鐵圍之內에 有如是等地獄하되 其數無限이라 更有叫喚地獄과 拔舌地獄과 糞尿地獄과 銅鎖地獄과 火象地獄과 火狗地獄과 火馬地獄과 火牛地獄과 火山地獄과 火石地獄과 火床地獄과 火梁地獄과 火鷹地獄과 鋸牙地獄과 剝皮地獄과 飮血地獄과 燒手地獄과 燒脚地獄과 倒刺地獄과 火屋地獄과 鐵屋地獄과 火狼地獄이 如是等地獄이거든 其中에 各各 復有諸小地獄하되 或一或二며 或三或四로 乃至百千이 其中名號는 各各不同이니다

174

"또 지옥이 있는데 이름을 아주 쉴 틈 없음〔大阿鼻〕이라 하며, 또 지옥이 있는데 이름을 네 모서리〔四角〕라 하며, 또 지옥이 있는데 이름을 나는 칼〔飛刀〕이라 하며, 또 지옥이 있는데 이름을 불화살〔火箭〕이라 하며, 또 지옥이 있는데 이름을 좁은 산〔夾山〕이라 하며, 또 지옥이 있는데 이름을 찌르는 창〔通槍〕이라 하며, 또 지옥이 있는데 이름을 쇠수레〔鐵車〕라 하며, 또 지옥이 있는데 이름을 쇠평상〔鐵床〕이라 하며, 또 지옥이 있는데 이름을 쇠로 된 소〔鐵牛〕라 하며, 또 지옥이 있는데 이름을 쇠로 된 옷〔鐵衣〕이라 하며, 또 지옥이 있는데 이름을 쇠칼〔鐵刃〕이라 하며, 또 지옥이 있는데 이름을 쇠로 된 나귀〔鐵驢〕라 하며, 또 지옥이 있는데 이름을 구리물〔洋銅〕이라 하며, 또 지옥이 있는데 이름을 안는 기둥〔抱柱〕이라 하며, 또 지옥이 있는데 이름을 흐르는 불〔流火〕이라 하며, 또 지옥이 있는데 이름을 밭가는 혀〔耕舌〕라 하며, 또 지옥이 있는데 이름을 목을 자름〔剉首〕이라 하며, 또 지옥이 있는데 이름을 발을 태움〔燒脚〕이라 하며, 또 지옥이 있는데 이름을 눈을 씹어 먹음〔啗眼〕이라 하며, 또 지옥이 있는데 이름을 쇠구슬〔鐵丸〕이라 하며, 또 지옥이 있는데 이름을 말로 다툼〔爭論〕이라 하며, 또 지옥이 있는데 이름을 쇠저울〔鐵鈇〕이라 하며, 또 지옥이 있는데 이름을 많이 성냄〔多瞋〕이라 합니다."

지장보살이 또 말하기를 "어진 이여, 철위산 안에 이와 같은 많은 지옥이 있어 그 수가 한량이 없습니다.

또 소리를 지르는〔叫喚〕 지옥과 혀를 뽑는〔拔舌〕 지옥과 똥 오줌〔糞尿〕 지옥과 구리사슬〔銅鎖〕 지옥과 불코끼리〔火象〕 지옥과

175

불개[火狗] 지옥과 불말[火馬] 지옥과 불소[火牛] 지옥과 불산[火山] 지옥과 불돌[火石] 지옥과 불평상[火床] 지옥과 불대들보[火樑] 지옥과 불매[火鷹] 지옥과 톱이빨[鋸牙] 지옥과 껍질 벗기는[剝皮] 지옥과 피 뽑아 마시는[飮血] 지옥과 손을 태우는[燒手] 지옥과 발을 태우는[燒脚] 지옥과 가시밭에 거꾸로 매다는[倒刺] 지옥과 불집[火屋] 지옥과 쇠집[鐵屋] 지옥과 불이리[火狼] 지옥 등이 있습니다.

이와 같은 많은 지옥이 있고 그 가운데 각각 또 여러 개의 작은 지옥이 있어 혹은 하나, 혹은 둘, 혹은 셋, 혹은 넷에서 백천에 이르며, 그 가운데의 이름도 각각 같지 아니합니다."

강의 여기서 비도지옥은 칼이 날아다니는 지옥이고 화전지옥은 불화살이 날아다니는 그런 지옥을 말합니다. 실제로 칼과 불이 날아다니는 지옥을 형상으로 볼 수는 없지만 우리는 가슴을 칼로 도려내고 불로 지르는 듯한 아픔의 세계를 실제로 경험하고 있습니다.

비도지옥은 결국 칼로 가슴을 오리고 살을 저미는 듯한 그런 아픔을 겪는 지옥을 말합니다. 또 화전지옥은 불화살이 날아다니는 지옥이라 했는데 사노라면 실제로 가슴이 불로 가득 찬 듯한 그런 느낌은 수없이 경험하는 것입니다. 여기에 표현된 비도지옥, 화전지옥은 바로 우리가 경험하는 그런 감정들을 표현하고 있다고 볼 수 있습니다. 그 외의 수많은 지옥의 고통들 역시 사람이 살아가면서 겪는 고통들을 실감나게 그려 놓았으니 독자가 상상하시기를 바랄 뿐입니다.

우리가 살다보면 도망가려고 해도 도망가지 못하고 옴짝달싹할 수도 없게 되어 사정없이 우리의 목을 조여오는 듯한 느낌을 받을 때가 있습니다. 또 누가 몽둥이로 때리거나 쫓아오는 것은 아니지만 그런 상황을 경험하는 경우가 많습니다. 여기에 소개되는 지옥의 세계는 모두 우리들의 세상살이에서 겪는 내용들입니다.

또 통창지옥은 창으로 배를 앞뒤로 쑤셔서 뚫어내는 큰 아픔을 맛보는 그런 지옥을 말합니다. 다시 말해 창으로 배를 찌르는 그런 아픔을 겪는 지옥입니다. 철거지옥은 쇠로 된 수레가 깔아 뭉개는 듯한 그런 느낌을 받는 지옥이며, 철상지옥은 그냥 철이 아니라 시뻘겋게 달아오른 철로 된 상 위에 앉아 있는 것을 말하며, 철우지옥은 시뻘겋게 쇠로 된 소가 와서 사람을 떠받으려고 하는 그런 상황의 지옥이며, 철의지옥는 시뻘겋게 달은 쇠로 된 옷을 입고 천근 만근 같은 무게에 짓눌리는 지옥을 말합니다.

천인지옥은 천 개의 칼날로 살을 저미는 듯한 아픔을 겪는 지옥이며, 철여지옥은 쇠로 된 나귀를 이끌고 가는 지옥이며, 양동지옥은 끓는 구리 속에서 아픔을 겪는 지옥이며, 포주지옥은 불에 달구어진 시뻘건 기둥을 안고 있는 지옥을 말합니다. 포주지옥은 우리의 생활 속에서도 많이 경험하게 됩니다. 집착하고 있는 것을 놓으면 될텐데 명예나 재산이나 욕심을 놓지 못해서 괴로움을 겪는 경우를 많이 볼 수 있습니다.

유화지옥은 화산이 터져서 흘러내리는 상황의 지옥이며, 경설지옥은 혀를 빼서 밭을 갈아야 하는 그런 지옥입니다. 좌수지옥은 머리를 토막내고 자르는 지옥이며, 소각지옥은 끊임없이 다리를 태우는 지옥이며, 담안지옥은 눈알을 씹어 먹는 그런 지옥이며, 철환지옥은 쇠로 된 탄환을 던지게 하는 지옥이며, 쟁론지옥은 끊임없이 다투기만 하는 지옥이며, 철수지옥은 쇠로 무게를 다는 지옥을 말합니다.

다진지옥은 화를 많이 내는 지옥으로서 우리 주변에는 다진지옥에 사는 사람들도 많이 있습니다. 화를 내면 화를 내는 사람의 마음이 편하지 않을 뿐더러 옆에 있는 사람까지 기분이 언짢아집니다. 그래서 한번 화를 내고 나면 뱀의 몸을 받는다는 이야기가 있습니다. 화를 자꾸 내고 있으면 그 사람 옆에는 가고 싶지 않아집니다. 화를 내면 자기와 별 관계가 없는 사람까지도 다치는 경우가 있습니다.

실로 일일이 다 설명할 수가 없으나 지장경에 나오는 지옥의 세계는 결국 인간의 삶의 모습을 그려 놓은 것과 같습니다. 지옥의 이름이 수백 수천에 이르는 것은 인간이 받는 각양각색의 다양한 고통을 지옥의 모습으로 잘 그려놓고 있는 것이라고 할 수 있습니다. 여기에 소개된 지옥 세계는 살아가면서 받는 인간의 고통을 그대로 나타낸 것이라고 할 수 있습니다. 우리가 고통을 받을 때마다 전혀 다른 양상을 느끼는 것처럼 지옥의 숫자도 헤아릴 수 없이 많을 수밖에 없습니다.

3. 지옥의 고통은 업에 의한 느낌〔業感〕

地藏菩薩이 又告普賢菩薩言하되 仁者여 此等은 皆是南閻浮提行惡衆
生의 業感으로 如是라 業力이 甚大하여 能敵須彌하며 能深巨海하며 能障聖
道하나니 是故로 衆生은 莫輕小惡하여 以爲無罪일지니 死後有報하여 纖毫
受之하나니 父子至親이라도 岐路各別하며 縱然相逢하여도 無肯代受나다 我
今에 承佛威力하시어 略說地獄罪報之事하리니 唯願仁者는 暫聽是言하소서
普賢菩薩이 答言하시되 吾以久知三惡道報나 望仁者說은 令後世末法一
切惡行衆生으로 聞仁者說하여 使令歸向佛法게하나이다

지장보살이 또 보현보살에게 말씀하였다.

"어진 이여, 이것은 모두 남염부제의 악을 행한 중생들의 업
으로 느낌이 이와 같습니다.

업력이란 매우 커서 능히 수미산에 대적할 만하며, 능히 큰
바다보다 깊으며, 능히 성스러운 도를 장애합니다. 이러한 까닭
으로 중생들은 작은 악이라고 하여 가볍게 여겨 죄가 없다고 하
지 말지니 사람이 죽은 뒤의 그 갚음은 털 끝만한 것도 다 받게
됩니다.

아버지와 자식은 지극히 친한 사이지만 가는 길이 각각 다르
며 비록 서로 만난다고 하더라도 기꺼이 대신 받을 수가 없습니
다. 내가 지금 부처님의 위신력을 받들어 대략 지옥에서 있는
죄의 과보에 대한 일을 말하겠으니 원컨대 어진 이께서는 이 말
을 잠깐 들으십시오."

보현보살이 대답하여 말하기를, "나는 비록 오래 전부터 삼

악도의 깊음을 알았으나 어지신 이의 설하심을 바라는 것은 후세 말법시대에 일체 악행을 하는 중생으로 하여금 어지신 이의 설하심을 듣고 그들로 하여금 부처님의 법을 향하여 귀의하게 하고자 함입니다."

강의 이와 같이 지옥은 모두 사바세계의 악을 행한 중생들이 업에 대해 느끼는 대로라고 합니다.

업감은 어느 장소에 존재하는 것이 아니고 자기가 죄업을 지어서 그 죄업에 대해서 혼자 느끼는 감정을 말합니다. 같은 자리에 앉아 있다고 해서 똑같은 아픔을 느끼는 것이 아니라 느끼는 것은 항상 당사자일 수밖에 없습니다. 그러니까 개개인은 모두 자기 업대로 느끼는 것입니다.

예를 들어 추운 지방에 있는 사람은 영하의 추운 날씨에도 추운 줄 모르고 잘 지내지만 더운 지방에 사는 사람들 중에 어떤 사람은 영상 5도만 되어도 추워서 죽는 경우가 있다고 합니다. 그러므로 업감이란 결국 개개인의 느낌에 대한 문제입니다. 그 느낌에 따라서 존재하는 고통의 형상들이 바로 지옥인 것입니다.

업력난사의(業力難思議)라는 말이 있습니다. 사람 사람의 업력은 그 누구도 모릅니다. 참으로 헤아리기 어렵습니다. 자신이 낳은 자기 자식이라 하더라도 그 부모가 자식의 업을 모릅니다. 그래서 경전에서는 업력의 크기를 수미산과 바다에 비유하였습니다. 업력이 우리에게 미치는 영향이 얼마나 큰가를 잘 알 수 있습니다. 그러므로 더욱 업력을 잘 극복해야 합니다.

불자라면 누구나 업을 순조롭게 짓는 지혜가 필요한 것입니다. 업이라고 해서 무조건 다 나쁜 것은 아닙니다. 살아가면서 업을 짓지 않을 수는 없지만 가능하면 좋은 업을 짓도록 노력해야 합니다. 흔히 업을 부정적인 측면에서만 이해하려고 합니다. 그러나 선업도 얼마든지 존재합니다. 악업이 있는 반면 선업이 있고, 정업이 있는 반면 부정업이 있습니다. 팔정도에서는 정업이라는 말을 쓰고 있습니다. 그래서 가능하면 선업을 짓고 정업에 힘써야 합니다. 부처님의 업이라 해서 불업(佛業)이라는 말도 있습니다. 업은 털 끝만한 것도 다 받아야 하며 아버지와 아들이 지극히 친하지만 대신 받을 수 없다고 하였습니다. 이런 글이 있습니다.

"가사백천겁(假使百千劫)이라도
소작업불망(所作業不亡)하야
인연회우시(因緣會遇時)에
과보환자수(果報還自受)라.
가령 백겁 천겁이 지난다 해도
자신이 지은 업은 없어지지 아니하여,
인연이 맞아 떨어지는 그날
그 과보를 저절로 받으리라."

업을 받는 것에도 순현보(順現報), 순생보(順生報), 순후보(順後報)의 세 가지 경우가 있습니다.

금생에 업을 지어서 금생에 바로 받는 것을 순현보라 하고,

금생에 지어서 다음 생에 받는 것을 순생보라고 합니다. 또 금생에 지었는데 몇 생이 지난 후에 과보를 받는 것을 순후보라 합니다.

우리가 살아가면서 금생에 잘한 것이 없는데도 불구하고 잘 되는 사람이 있고, 어떤 사람은 금생에 잘한다고 하지만 일이 잘 안 풀리는 경우도 있습니다. 이런 경우에 잘 이해가 되지 않아 인과의 문제에 의혹을 품는 수가 있습니다. 이런 문제는 금생만 가지고 따지면 해답을 얻을 수 없습니다. 불교는 윤회에 근거하기 때문에 숙세의 업을 생각하고 자기의 입장을 바로 이해해야 합니다. 그렇지 않으면 공연히 남을 원망하는 인생을 살게 됩니다.

태어나면서 맹인이거나 병을 앓거나 온갖 불행을 안고 있는 경우도 있습니다. 또 그 반대로 아주 건강하고 좋은 조건에서 태어나는 사람도 있습니다. 이런 문제에 대한 해답을 풀기 위해서는 불교의 전생업설을 잘 이해하지 않으면 안 됩니다.

우리는 똑같은 형제, 똑같은 조건, 똑같은 가정에서 태어나도 사람마다 각자 다른 인생을 살아가는 것을 보게 됩니다. 이와 같이 사람은 누구나 같은 업 속에 있지만 또다른 업을 갖고 살아갑니다. 같은 업을 갖고 같은 환경에서 태어날 수 있는 조건을 공업이라고 합니다. 그런데 아무리 같은 공업(共業)의 조건에서 살지만 개개인의 성품이 다르고 하는 일이 다른 것을 또 이업(異業)이라고 합니다.

예를 들어 대한민국이라고 하는 것은 공업이지만 강원도다, 경기도다 하는 것은 이업에 속합니다. 또 같은 강원도에서 태어나도 다른 환경에서 태어날 수도 있으므로 이것은 또 이업에 속합니다. 업에 대한 문제를 이렇게 세분할 수 있습니다. 그래서 공업 중에 이업이 있고 이업 중에 또 공업이 있습니다.

선업이든 악업이든 우리가 지은 것은 어떤 형태로든지 갚아야 하는데 그 갚음을 업에 끄달리지 않고 나의 의지대로 갚는 길도 얼마든지 있습니다. 나의 의지대로 갚는 길은 오직 크나큰 원력에 의할 수밖에 없습니다.

앞에서 이야기했듯이 큰 바위라도 배에 실으면 물에 가라앉지 않지만 아무리 작은 돌일지라도 그냥 물에 넣으면 가라앉게 마련인 것과 같은 이치입니다. 큰 바위라도 물에 빠지지 않는 도리가 있다는 사실을 알아야 합니다. 그래서 지장보살은 정해진 업까지도 소멸한다고 해서 멸정업이라고 합니다.

불교의 이치는 어느 한 쪽만 이해하면 바른 소견이 될 수 없습니다. 중도정견(中道正見)이 되어야 합니다. 항상 양면성, 즉 부정과 긍정, 쌍차(雙遮)와 쌍조(雙照)의 입장을 이해할 수 있어야 원융자재한 바른 견해가 됩니다. 말하자면 큰 돌은 작은 돌에 비해 무조건 잘 가라앉는 것으로 이해할 것이 아니라 아무리 작은 돌이라도 쉽게 물에 가라앉을 수도 있고 아무리 큰 바위라도 물에 가라앉지 않을 수도 있다는 이치를 바로 이해해야 바른 견해가 됩니다. 돌은 모두 물에 가라앉는다는 식으로 이해해서는 곤란합니다.

4. 지옥의 고통

地藏菩薩이 白言하시되 仁者여 地獄罪報其事如是하니 或有地獄은 取罪
人舌하여 使牛耕之하며 或有地獄은 取罪人心하여 夜叉食之하며 或有地獄
은 鑊湯盛沸하여 煮罪人身하며 或有地獄은 赤燒銅柱로 使罪人抱하며 或
有地獄은 飛猛火聚하여 趁及罪人하며 或有地獄은 一向寒氷이며 或有地
獄은 無限糞尿며 或有地獄은 飛鐵鑗鑗하며 或有地獄은 多攢火槍하며 或
有地獄은 椎撞胸背하며 或有地獄은 俱燒手足하며 或有地獄은 盤繳鐵蛇
하며 或有地獄은 驅逐鐵狗하며 或有地獄은 竝駕鐵驢니다 仁者여 如是等
報로 各各獄中에 有百千種業道之器하되 無非是銅是鐵이며 是石是火니
此四種物은 衆業行感이니다 若廣說地獄罪報等事인대 ――獄中에 更有
百千種苦楚어든 何況多獄이리오 我今에 承佛威神과 及仁者問하여 略說如
是어니와 若廣解說인대는 窮劫不盡이니다

지장보살이 말씀하시기를, "어진 이여, 지옥의 죄보를 받는
일은 이와 같습니다. 혹 어떤 지옥은 죄인의 혀를 뽑아서 소를
시켜 밭을 갈게 하며, 혹 어떤 지옥은 죄인의 심장을 내어서 야
차에게 먹게 하며, 혹 어떤 지옥은 끓는 가마솥에 죄인의 몸을
삶으며, 혹 어떤 지옥은 벌겋게 단 구리쇠 기둥을 죄인을 시켜
껴안게 하며, 혹 어떤 지옥은 맹렬한 불덩이를 날려서 죄인의
몸에 닿게 합니다.

혹 어떤 지옥은 한결같이 찬 얼음으로 되어 있으며, 혹 어떤
지옥은 한량없는 똥과 오줌으로 덮여 있으며, 혹 어떤 지옥은
빈틈없이 쇠뭉치가 날으며, 혹 어떤 지옥은 많은 불창으로 찌르

며, 혹 어떤 지옥은 방망이로 가슴과 등을 치며, 혹 어떤 지옥은 손과 발을 모두 태우며, 혹 어떤 지옥은 쇠뱀이 서리고 감기며, 혹 어떤 지옥은 무쇠 개가 물고 쫓으며, 혹 어떤 지옥은 무쇠 나귀에 끌려 다닙니다.

어진 이여, 이와 같은 많은 과보는 각 지옥마다 백천 가지 업을 다스리는 기구가 있는데 구리나 무쇠와 돌과 불로 된 것이 아님이 없습니다. 이 네 가지 물건은 여러 가지 업행(業行)으로 느끼게 됩니다. 만약 지옥에서 받는 죄보의 일들을 자세히 말씀드린다면 하나하나의 옥마다 또 백천 가지의 고초가 있는데 하물며 어찌 많은 지옥을 말로 다 표현할 수 있겠습니까.

내 지금 부처님의 위신력과 어지신 이의 물으심을 입어 간략하게 이와 같이 말씀드리는 것이지만 만약 자세히 해설한다면 겁을 지내도 다하지 못합니다."

강의 지장보살은 계속해서 업으로 인해 받게 되는 지옥의 과보에 대해서 말합니다. 어떤 지옥은 강한 불덩이를 날려서 죄인의 몸에 닿게 하며, 어떤 지옥은 찬 얼음으로 되어 있으며, 어떤 지옥은 똥과 오줌으로 덮여 있다고 합니다. 우리는 살아가면서 온 세상이 똥오줌으로 꽉찬 느낌을 받을 때가 있습니다. 사람들의 하는 짓이 너무나 더러워서 세상이 오물로, 오염된 사람으로 가득 찬 듯한 느낌을 받을 때가 가끔 있을 것입니다. 그런 세계를 표현한 것이 바로 분뇨지옥입니다. 계속해서 어떤 지옥은 손가락 사이로 쇠뱀이 휘어 감기며, 어떤 지옥은 무쇠 개에 쫓기며, 어떤 지옥은 무쇠 나귀에 끌리게 한다고 했습니다.

지금까지 지옥에 대해서 설명한 것도 상당히 많은데 지옥의 종류가 더 많이 있다는 것입니다. 엄밀히 말해서 지옥의 참상이라는 것은 그 숫자로 헤아릴 수가 없는 문제입니다. 우리가 살아가는 데 있어서 현실의 어떤 참혹한 모습들은 너무나 고통스럽고 불행하여 때때로 말로 다 표현할 수 없는 경우가 허다합니다. 지옥이 이렇게 많은 것은 말로 다 표할 수 없는 지옥의 세계를 우리가 살아가면서 많이 경험한다는 것으로 이해할 수 있습니다.

　　지금까지 지옥명호품에서는 지옥의 여러 가지 이름들을 구체적으로 자세히 소개하고 그것이 모두 개인의 업으로 느끼는 것이라고 설명하였습니다.

[第六]

여래가 찬탄하시다
(如來讚歎品)

제6장 여래가 찬탄하시다(如來讚歎品)

이 품의 해설

여래찬탄품은 석가모니 부처님께서 지장보살의 원력을 찬탄하는 내용을 담고 있습니다. 지장보살을 생각하거나 귀의하거나 공양하는 일 등을 하면 일체의 업장(業障)이 녹아지고 원하는 바가 성취되는 공덕이 있다고 부처님께서 지장보살의 위신력을 찬탄합니다.

여래찬탄품의 대강의 줄거리는 다음과 같습니다.

부처님께서는 보광보살의 요청을 받고 지장보살이 인간세계와 천상세계에서 이익되게 하는 일들을 예를 들어 설명합니다.

지장보살의 이름을 듣고 합장하고 찬탄하고 예배하는 사람은 삼십(三十) 겁의 죄업을 녹인다고 합니다. 또 지장보살에게 공양하면 여자의 몸을 벗어나고 싶은 사람은 벗어날 수 있고 여자로 태어나더라도 왕비나 명문재상의 딸 등과 같은 몸을 갖는다고 말합니다.

반대로 지장보살에게 귀의하고 공양하는 것을 헐뜯거나 훼방하는 사람이 있으면 그 죄보(罪報)는 엄청나게 크다고 합니다. 무량겁 동안 육도를 차례로 겪으면서 고초를 받게 되고 비록 사람의 몸을 받더라도 빈궁하고 하천하며 불구자로 태어나게 된다고 합니다.

또 귀신이 들어와 몸과 마음이 아프고 정신이 흐린 사람, 무서운 꿈을 자주 꾸는 사람, 전생의 부모·형제·자매 등이 제대로 천도되지 않은 까닭으로 그 영향을 받는 사람들은 지장보살이나 지장경을 받아 지니고 읽고 외우고 쓰고 해설하고 예배하면 모든 선망부모가 천도되고 귀신이 물러가게 된다고 합니다.

특히 칠 일 동안 지장보살의 이름을 만 번 이상 부르거나, 십재일(十齋日)에 지장경을 읽으면 다겁(多劫)으로부터 지금까지 내려온 업이 녹아지고 하는 일마다 원하는 대로 성취된다고 합니다.

1. 부처님의 찬탄

爾時에 世尊이 擧身放大光明하사 遍照百千萬億恒河沙等諸佛世界하시며 出大音聲하사 普告諸佛世界 一切諸菩薩摩訶薩과 及天龍鬼神人非人等하시되 聽吾今日에 稱揚讚歎地藏菩薩摩訶薩이 於十方世界에 現大不可思議威神慈悲之力하여 救護一切罪苦之事하고 吾滅度後에 汝等諸菩薩大士와 及天龍鬼神等도 廣作方便하여 衛護是經하며 令一切衆生으로 離一切苦하고 證涅槃樂게하라

그 때에 세존께서는 온 몸으로 큰 광명을 놓으시어 백천만 억 항하 강의 모래와 같이 많은 제불세계를 두루 비추시고 큰 음성을 내시어 제불세계에 널리 이르시었다.

190

"일체의 모든 보살마하살과 천룡과 귀신과 사람인 듯 아닌 듯한 이들은 내가 오늘 지장보살마하살이 시방세계에 크고 불가사의한 위신력과 자비심을 나타내어 일체의 죄고(罪苦)를 구원하는 일을 드날리고 찬탄함을 들어라. 내가 열반한 뒤에 그대들 모든 보살 대사와 천룡과 귀신들은 널리 방편을 지어 이 경을 지키고 보호하여 일체 중생으로 하여금 일체의 고통을 여의게 하고 열반락을 증득하게 하라."

강의 여기서는 부처님께서 지장보살을 찬탄하는 내용을 담고 있습니다.

먼저 부처님께서 대광명을 놓으시는 장면이 나옵니다. 첫 품에서도 설명하였지만 대부분의 경전에서 광명을 놓는 이야기가 등장합니다. 광명은 곧 빛입니다. 여기서 빛이라고 하는 것은 부처님의 지혜의 빛을 말합니다.

불교에서 빛이라고 하는 것은 바로 깨달음의 빛, 지혜의 빛을 말하는 것입니다. 불교에서 빛을 강조하는 것은 어두운 마음에 지혜의 등불을 밝히는 데 의미가 있기 때문입니다. 여기서 부처님이 광명을 놓는다는 의미도 그런 뜻으로 이해할 수 있습니다.

부처님께서는 수많은 제불세계를 두루 비추시고 큰 음성으로 법회에 모인 대중에게 지장보살의 큰 위신력에 대해서 크게 칭찬하는 이야기를 들으라고 말씀하십니다. 또 부처님께서는 자신이 열반한 뒤에 모든 부처님과 보살들은 널리 방편을 지어 지장경의 내용을 잘 이해하여 중생으로 하여금 일체의 고통에서 벗어나게 하고 열반락을 얻을 수 있게 하라고 말씀하십니다. 이

말씀은 곧 지장경의 내용 속에는 업을 극복하는 원력에 대한 이
야기가 담겨 있으므로 지장경의 경문을 잘 새겨들어야 한다는
당부의 이야기입니다.

2. 원력의 위대한 힘

1) 보광보살의 청법(請法)

> 說是語已^{시어늘} 會中^에 有一菩薩^{하니} 名曰普廣^{이라} 合掌恭敬^{하시어} 而白
> 佛言^{하시되} 今見世尊^이 讚歎地藏菩薩^의 有如是不可思議大威神力^{하시오}
> 니 唯願世尊^하 爲未來世末法衆生^{하사} 宣說地藏菩薩^의 利益人天因果
> 等事^{하여} 使諸天龍八部^와 及未來世衆生^{으로} 頂受佛語^{케하소서} 爾時^에 世
> 尊^이 告普廣菩薩^과 及四衆等^{하시되} 諦聽諦聽^{하라} 吾當爲汝^{하여} 略說地藏
> 菩薩^의 利益人天福德之事^{하리라} 普廣^이 白言^{하시되} 唯然世尊^하 願樂欲聞
> 하나이다

이렇게 말씀을 하시고 나니 법회 중에 한 보살이 있어 이름을
보광이라 하는데 합장하고 공경하여 부처님께 말하였다.
"이제 보니 세존께서는 지장보살의 이와 같이 불가사의한 큰
위신력이 있음을 찬탄하시었으니 오직 바라건대 세존이시여!
미래세의 말법중생들을 위하여 지장보살이 인간과 천상을 이익
되게 하는 인과에 관한 일을 설하시어 모든 천룡 팔부와 미래세
의 중생으로 하여금 부처님의 말씀을 이마에 받들어 가지도록

하여 주십시오."

그 때에 세존께서는 보광보살과 사부대중들에게 말씀하셨다.

"자세히 듣고 자세히 들어라. 내 마땅히 그대들을 위하여 간략하게 지장보살이 인간과 천상을 복덕으로 이익되게 하는 일을 말하겠다."

보광보살이 사뢰기를, "예 그렇게 하여 주십시오. 세존이시여, 원컨대 즐거이 듣고자 합니다."

강의 법회대중 가운데서 보광보살이 "지장보살은 인간세상에 어떤 이익을 주는가?"에 대한 가르침을 청하는 내용입니다. 부처님께 법을 청하는 일은 경전에 흔히 있는 일이며 불교인들의 일상에도 종종 있는 일입니다. 불자가 실천해야 하는 열 가지 보살행, 즉 보현보살의 십대행원에도 청전법륜(請轉法輪)이라는 말이 있습니다. 모든 선지식들에게 가르침을 내려주시기를 청하는 일입니다. 좀더 사람다운 사람으로 사는 이들은 언제나 궁금한 것을 해결하고 의문이 나는 것은 아는 사람에게 묻습니다. 알기 위하여 그리고 자신의 발전을 위하여 자주 물어서 자신의 견해를 발전시켜나가야 합니다. 무문자설(無問自說)의 경우도 있으나 실은 청하지 않는데 법을 말하기란 쉽지 않습니다. 자신을 위해서 그리고 청법대중들을 위해서도 법을 설해주시기를 여법하게 청하는 것은 참으로 훌륭한 일입니다.

2) 30겁의 죄업을 초월하다

佛告普廣菩薩하시되 未來世中에 若有善男子善女人이 聞是地藏菩薩摩
訶薩名者와 或合掌者와 讚歎者와 作禮者와 戀慕者는 是人이 超越三十
劫罪하리라 普廣아 若有善男子善女人이 或彩畵形像커나 或土石膠漆과
金銀銅鐵로 作此菩薩하여 一瞻一禮者는 是人이 百返生於三十三天하여
永不墮於惡道하리니 假如天福이 盡故로 下生人間이라도 猶爲國王하여 不
失大利하리라 若有女人이 厭女人身하여 盡心供養地藏菩薩畵像과 及土
石膠漆銅鐵等像하되 如是日日不退하여 常以華香飮食과 衣服繪綵와 幢
幡錢寶等物로 供養하면 是善女人이 盡此一報女身하고 百千萬劫에 更不
生有女人世界어든 何況復受女身이리요 除慈悲願力故로 要受女身하여 度
脫衆生하고 承斯供養地藏菩薩之力과 及功德力故로 百千萬劫에 更不
復受女人之身하리라

　　부처님께서는 보광보살에게 이르시기를, "미래세 중에 만약
선남자와 선여인이 있어서 이 지장보살 마하살의 이름을 듣는
자와 혹 합장하는 자와 찬탄하는 자와 예배하는 자와 생각하고
사모하는 자는 삼십(三十) 겁의 죄업을 뛰어 넘을 것이다.

　　보광이여, 만약 선남자와 선여인이 있어 혹 지장보살의 형상
을 그림으로 그리거나 혹은 흙과 돌과 아교와 칠과 금과 은과
구리와 무쇠로 이 보살을 조성하여 한 번 보고 한 번 예배하는
자가 있으면 이 사람은 백 번이라도 삼십삼천에 태어나고 영원
히 악도에 떨어지지 아니할 것이다. 가령 하늘의 복이 다했기
때문에 인간에 하생(下生)한다고 하더라도 오히려 국왕이 되어

큰 이익을 잃지 아니 할 것이다.

만약 어떤 여인이 여인의 몸을 싫어하여 마음을 다해 지장보
살의 탱화와 흙과 돌과 아교와 칠과 구리와 무쇠 등으로 된 지
장보살상에 공양하되 이와 같이 날마다 물러서지 아니하고 항
상 꽃과 향과 음식과 의복과 수놓은 비단과 깃발과 돈과 보물
등으로 공양하면 이 선여인은 이 한 번의 여자 몸의 과보를 마
치면 백천만 겁이라도 다시는 여인이 있는 세계에도 태어나지
아니 하거든 하물며 어찌 여인의 몸을 받겠느냐. 오직 자비의
원력 때문에 꼭 여자의 몸을 받아서 중생들을 제도하는 경우는
제외된다.

이 공양을 받는 지장보살의 위신력과 공덕력 덕분에 백천만
겁을 지나도록 다시는 여인의 몸을 받지 아니 한다."

강의 "지장보살은 인간에게 어떤 이익을 주는가?"라는 질문에
답하는 내용으로서 실로 상상을 초월하는 공덕을 설하고 있습
니다.

첫째, 미래의 중생 중에 지장보살의 이름을 듣는 자, 합장하
는 자, 찬탄하는 자, 예배하는 자, 생각하고 사모하는 자는 삼십
겁의 죄를 초월한다고 합니다. 즉 삼십 겁 동안 받아야 할 죄를
지장보살에게 귀의함으로 인해서 모두 소멸하고 초월한다고 하
였습니다.

지장보살의 원력이 얼마나 강한지를 잘 나타내는 말입니다.
봄이 되면 딱딱한 흙을 뚫고 아주 연한 새싹이 올라오듯이 지장
보살의 원력, 즉 생명력은 참으로 위대한 것입니다. 시멘트보다

더 딱딱한 업장을 녹일 수 있는 것이 바로 원력의 힘입니다. 지장보살에 대한 아주 작은 찬탄만으로 삼십 겁의 죄를 초월한다는 것은 지장보살의 근본정신인 원력에 대한 깊은 이해와 믿음에서 비롯됩니다.

둘째, 지장보살의 형상을 그림으로 그리거나 흙과 돌과 아교 칠과 금과 은과 구리와 무쇠로 지장보살상을 조성하여 단 한 번이라도 예배하는 자가 있으면 그 사람은 도리천에 태어나고 나중에 인간 세계에 태어나더라도 국왕이 된다고 하였습니다.

이웃나라 일본에서는 지장보살 신앙이 상당히 강하게 퍼져 있습니다. 어느 곳을 가든지 지장보살을 많이 조성해서 지장신앙을 생활화하고 있음을 볼 수 있습니다.

셋째, 어떤 여인이 여인의 몸을 벗기를 원한다면 마음을 다해 지장보살의 탱화와 또는 흙과 돌과 아교 칠과 구리와 무쇠 등의 형상에 공양하고 날마다 물러서지 아니하고 정진하며 항상 꽃과 향과 음식과 의복과 수놓은 비단과 깃발과 돈과 보물 등으로 공양하게 되면 여인의 몸을 벗을 수 있다고 합니다.

거듭 말하지만 지장보살의 공덕과 원력의 힘에 대해서 이해와 믿음이 없으면 잘 납득되지 않는 내용들이나 실은 지극히 합당하고 합리적인 말씀이라는 것도 알아야 합니다.

지장보살의 형상을 그림으로 그리거나 여러 가지 재료로써 만들어 예배하고 공양하는 일은 분명히 그 형상을 숭배하고 예배하는 일입니다. 실은 서예를 배우는 사람의 경우 처음에는 글자를 아주 크게 쓰다가 글자가 익숙하여지면 점점 작게 씁니다. 그러므로 초보자, 즉 새롭게 뜻을 발한(新發意) 신자들은 우선 구체적인 부처님이나 보살들의 형상에 마음을 고정시킴으로써 집중력을 단련하고 형상을 모시게 된 본의를 이해해야 합니다. 이러한 일이 익숙한 뒤에는 그 마음을 형상이 없는 부처님이나 지장보살에게 그리고 지장보살의 정신인 큰 원력에 고정시키게 됩니다. 그래서 결국은 지혜와 자비와 원력이 부처요, 보살이라는 사실을 깨닫게 됩니다.

3) 상호가 원만하고 질병이 없다

> 復次普廣아 若有女人이 厭是醜陋하며 多疾病者하여 但於地藏菩薩像前에 至心瞻禮食頃之間이라도 是人은 千萬劫中에 所受生身이 相貌圓滿하고 無諸疾病하리며 是醜陋女人이 如不厭是女身하면 卽百千萬億劫生中에 常爲王女와 乃及王妃와 宰輔大姓大長者女하여 端正受生하고 諸相이 圓滿하리니 由至心故로 瞻禮地藏菩薩하면 獲福如是하리라

"다시 보광이여, 만약 여인이 있어 이 더럽고 병 많은 것을 싫어하여 다만 지장보살상 앞에 지극한 마음으로 밥을 한끼 먹는 사이만이라도 우러러 예배하면 이 사람은 천만 겁을 지나도록 태어나는 몸의 상호가 원만하여 모든 질병이 없어질 것이며, 추하고 더러운 여인이 여자의 몸을 싫어하지 아니하면 곧 백 천 만 억의 생을 받는 중에서 항상 왕녀와 왕비와 재상과 이름 있는 종족과 대장자의 딸이 되어 단정한 몸을 받고 나서 모든 상호가 원만하게 되리라. 지극한 마음으로 지장보살을 우러러 예배했기 때문에 복을 얻음이 이와 같은 것이다."

강의 지장보살에게 예배를 드리면 그 공덕으로 절세미인의 얼굴을 얻게 되며 공주나 왕비나 귀족의 딸로 태어나리라. 그리고 그 아름다움은 말로는 다 표현할 수 없으리라. 질병은 사라지고 건강이 넘치리라. 건강과 아름다운 얼굴을 위해서 온갖 어려움을 다 겪어가며 몸을 가꾸는 현대인들에게는 이보다 더 좋은 가르침은 없습니다.

4) 신들이 호위한다

復次普廣아 若有善男子善女人이 能對地藏菩薩像前하여 作諸妓樂하며 及歌詠讚歎하고 香華供養하되 乃至勸於一人多人하여도 如是等輩는 現在世中과 及未來世에 常得百千鬼神이 日夜衛護하여 不令惡事로 輒聞其耳케함이온 何況親受諸橫이리오

"또 보광이여, 만약 선남자와 선여인이 있어 능히 지장보살 상 앞에서 여러 가지 악기로 연주하며 노래를 읊어서 찬탄하고 향과 꽃으로 공양하거나, 한 사람이나 많은 사람에게 권하여 하게 하여도 이와 같은 사람들은 현재의 세상이나 미래의 세상에도 항상 백천의 신들이 낮과 밤으로 호위해줄 것이다. 악한 일은 귀에 들리지도 않게 되나니 어찌 하물며 친히 횡액을 받는 일이 있겠는가."

강의 지장보살의 원력을 노래로 찬탄하고 향과 꽃으로 공양하고 많은 사람들에게 권장할 정도로 깊은 이해와 실천이 있는 사

람에 대해서는 신들뿐만 아니라 주위 사람들의 찬사와 격려가 끊이질 않을 것입니다. 그리고 그는 큰 원력을 몸소 실천하는 원력보살이 될 것입니다.

부처님의 형상이나 보살의 형상은 그것이 형상으로 끝나는 것이 아니라 큰 의미를 갖습니다. 형상을 필요로 하는 사람들에게는 그보다 더 중요한 것은 없습니다. 예컨대 빌딩을 지을 동안은 건축장의 발판이 절대 필요합니다. 그러나 공사가 다 끝나게 되면 그것은 더 이상 필요치 않습니다. 불상이나 보살상의 숭배는 그 일이 필요한 사람들에게 있어서는 절대적으로 필요합니다. 대개의 경우 사람들은 형상을 보면 마음이 움직이는 상견중생(相見衆生)들이기 때문입니다.

5) 원력을 등진 삶

復次普廣아 未來世中에 若有惡人과 及惡神惡鬼見有善男子善女人의 歸敬供養讚歎瞻禮地藏菩薩形像하고 或妄生譏毀하며 謗無功德과 及利益事라하여 或露齒笑커나 或背面非커나 或勸人共非하며 或一人非커나 或多人非커나 乃至一念이나 生譏毀者면 如是之人은 至賢劫千佛滅度之後하여도 譏毀罪報로 尙在阿鼻地獄하여 受極重罪하리며 過是劫已코는 方受餓鬼하며 又經千劫하여 復受畜生하며 又經千劫하여 方得人身하나니 縱得人身하여도 貧窮下賤하고 諸根이 不具하며 多被惡業이 來結其身하여 不久之間에 復墮惡道하리니 是故로 普廣아 譏毀他人供養하여도 尙獲此報어든 何況別生惡見毀滅이리요

또 보광이여, 미래 세상에 만약 악한 사람과 악한 신과 악한 귀신이 있어서 선남자와 선여인이 지장보살상에 귀의하여 공경하며 공양하고 찬탄하고 우러러 예배하는 것을 보고 혹 망령되게 꾸짖고 훼방하는 마음이 생겨 공덕과 이익되는 일이 없다고 비방하며, 혹 이를 드러내어 비웃으며, 혹 얼굴을 돌리고 그르다고 하며, 혹 남을 권하여 함께 그르다고 하며, 혹 한 사람에게 그르다고 하며, 혹 많은 사람에게 그르다고 하여 오랫동안이나 한 순간이라도 꾸짖고 훼방하는 자가 있다면 이와 같은 사람은 현겁의 천불이 열반하신 뒤가 되더라도 비방하고 헐뜯은 죄로 오히려 아비지옥에서 극심한 중죄를 받을 것이며, 이 겁을 지난 뒤에 바야흐로 아귀가 되며, 또 천 겁을 지난 뒤에 다시 축생이 되며, 또 천 겁을 지난 뒤에 가서야 바야흐로 사람의 몸을 얻게 되리라.

비록 사람의 몸을 받았다 할지라도 빈궁하고 하천하여 눈 · 귀 · 코 등의 모습들을 제대로 갖추지 못하며, 많은 악업이 몸에 와서 맺어져서 오래지 아니하여 다시 악도에 떨어지게 되리라. 그러므로 보광이여, 타인의 공양을 비난하고 훼방하더라도 오히려 이러한 갚음을 받거든 하물며 어찌 특별히 악한 소견을 내어서 헐뜯고 비방하겠는가."

강의 여기에 소개하는 이야기는 모두 지장보살의 정신을 등진 경우 받게 되는 과보를 말하고 있습니다. 형상에 대한 참다운 뜻을 알지 못한 채 막연히 비방하는 것을 진리를 등지고 원력을 등진 삶이라고 명명하였습니다. 이를테면 장난감 과일이나 장

난감 코끼리는 실제의 과일이나 코끼리 등 살아있는 동물을 알아보게 하는 데 큰 도움이 됩니다. 불보살의 형상을 예배하고 숭상함으로써 우리는 형상이 없는 불보살의 실상을 깨달을 수 있기 때문입니다. 그럼에도 불구하고 그와 같은 깊은 뜻을 헤아리지 못하는 사람들은 막연히 비방만을 일삼습니다. 그런 사람들은 어리석기 그지없으며 무지몽매한 어둠과 고통 속에서 나날을 보낼 수밖에 없습니다.

때때로 불교를 비방하는 사람들이 부처님이나 지장보살의 형상 앞에 절을 하고 공양을 올리는 것을 미신이라고 말하는 경우가 있습니다. 또 어떤 사람은 절에 간다고 하면 비웃고 미개한 사람이라고 취급하는 경우도 있습니다. 그런 사람은 정말 어리석은 사람입니다.

불교를 믿고 정법을 배우며 지혜의 가르침을 공부하고 기도를 통해서 자신의 정신을 강화시키는 일이야말로 가장 값진 일입니다. 불교를 믿는다거나 절에 다니는 것을 이상하게 여기는 사람들을 잘 이해시켜야 합니다.

본문에서 불교를 잘못 이해하여 불상에 예배하는 일에 대해 놀리고 훼방하는 그런 사람은 아비지옥에서 극심한 중죄를 받고 아귀가 된다고 합니다. 오랜 세월 뒤에는 다시 축생이 되며 또다시 세월을 지낸 뒤에야 사람의 몸을 받게 된다고 합니다. 그리고 비록 사람의 몸을 받아도 그런 사람은 빈궁하거나 하천하고 불구자로 태어나며 또다시 악도에 떨어진다고 합니다. 모두가 바른 이치를 등지고 진리의 광명을 등진 삶이기 때문입니다.

6) 병자를 위해 경을 읽어라

復次普廣아 若未來世에 有男子女人이 久患狀枕하여 求生求死호대 了不
可得하며 或夜夢에 惡鬼乃及家親하며 或遊險道하며 或多魘寐魅하여 共鬼
神遊하며 日月歲深하되 轉復尫瘵하여 睡中叫喚하며 悽慘不樂者는 此皆是
業道論對에 未定輕重하여 或難捨壽하며 或不得愈하여 男女俗眼이 不辨
是事하나니 但當對諸佛菩薩像前하여 高聲轉讀此經一遍커나 或取病人의
可愛之物이어나 或衣服寶貝와 莊園舍宅을 對病人前하여 高聲唱言하되 我
某甲等이 爲是病人하여 對經像前하여 捨하되 諸等物하되 或供養經像커나
或造佛菩薩形像커나 或造塔寺커나 或燃油燈커나 或施常住하거나 如是三
白病人하여 遣令聞知하면 假令諸識이 分散하여 至氣盡者라도 一日二日三
日四日로 乃至七日히 但高聲白事하며 高聲讀經하면 是人은 命終之後에
宿殃重罪로 至于五無間罪라도 永得解脫하며 所受生處에 常知宿命하리니
何況善男子善女人이 自書此經커나 或敎人書하며 或自塑畵菩薩形像커
나 乃至敎人塑畵이리요 所受果報는 必獲大利하리니 是故로 普廣아 若見有
人이 讀誦是經커나 乃至一念이나 讚歎是經하며 或恭敬是經者어든 汝須百
千方便으로 勸是等人하되 勤心莫退하면 能得未來現在에 百千萬億不可
思議功德하리라

"다시 또 보광이여, 만약 미래 세상에 남자나 여인이 있어 오
랜 병으로 침상에 누워서 살기를 구하거나 죽기를 구해도 마침
내 마음대로 될 수가 없고, 혹 꿈에 악한 귀신과 또는 일가 친족
들이 나타나며, 혹은 험한 길에서 놀며, 혹은 많은 도깨비와 귀
신과 함께 놀아서 세월이 오래 되어 점점 몸이 마르고 야위어서

202

잠자다가도 괴로워 소리를 지르며, 처참하게 괴로워하는 것은 이것은 모두 업장의 경중을 정하지 못하여 그런 것이다. 목숨을 버리기도 어렵고 병이 나을 수도 없으니 보통 남녀의 속된 안목으로는 도저히 이 일을 알지 못한다.

이러한 때는 다만 마땅히 부처님이나 보살상 앞에서 소리를 높여 이 경문을 한 번 읽고 혹은 병인이 가장 아끼는 물건이나 혹은 의복과 보석, 패물과 동산과 사택으로써 병든 사람 앞에서 소리 높여 불러서 말하기를, '나 아무개가 이 병든 사람을 위하여 경전과 형상 앞에서 모든 물건을 희사한다'고 할 것이며, 혹은 '경전과 형상에 공양한다'고 하며, 혹은 '부처님과 보살의 형상을 조성한다'고 하며, 혹 '탑과 절을 이룩한다'고 하며, 혹은 '기름으로 등을 켠다'고 하며, 혹은 '상주물로 보시한다'고 하며 이와 같이 병든 사람에게 세 번을 말해주어 그로 하여금 알아듣게 하라.

가령 모든 의식이 분산되어 기운이 다한 데 이른다 하더라도 하루 이틀 사흘 내지는 칠 일이 될 때까지 다만 소리를 높여 이 일을 말하여 주고 소리를 높여 경을 읽어 주면 이 사람은 명이 다한 뒤에 숙세(宿世)의 재앙과 무거운 죄와 5무간지옥에 이를 죄라 할지라도 영원히 해탈을 얻고 다시 태어나는 곳에서 항상 숙명(宿命)을 알게 되거든 하물며 선남자와 선여인이 자기가 이 경을 쓰거나 혹 사람을 시켜 쓰게 하며, 혹 자기가 보살의 형상을 조성하거나 그림으로 그리든지, 또는 사람을 시켜서 조성하게 하고 그리게 하면, 그가 받는 과보는 반드시 크게 이로움을 얻을 것이다.

그러므로 보광이여, 만약 어떤 사람이 이 경문을 독송하거나 또한 한순간이나마 이 경을 찬탄하며, 혹 이 경을 공경하는 자를 보거든 그대는 모름지기 백천 가지 방편으로 이러한 사람들을 권하여 부지런한 마음이 퇴전(退轉)치 않게 하라. 그렇게 한다면 능히 미래와 현재에 백천만 억의 불가사의한 공덕을 얻게 되리라."

강의 죽음에 임하여 자신이 가졌던 것을 모두 다른 사람에게 준다는 것은 매우 어려운 일입니다. 평소에 베푸는 일을 연습하여 두지 않으면 거의 할 수 없는 일입니다. 죽음에 임하여 열 번만 아미타불을 부를 수 있으면 그는 반드시 극락왕생한다고 합니다. 그것 역시 평소에 염불을 열심히 해야 가능한 일입니다. 목숨이 끝나려는 순간에 염불을 하고 가진 것을 다 나누어 줄 수 있는 사람은 그 수행이 이미 상당한 경지에 오른 사람입니다.

지장보살의 정신을 등진 사람의 삶은 아무 의욕이 없고 생명력이 없으며 희망도 없고 꿈도 없는데 지장경에서는 이런 사람들의 삶을 자세히 소개하고 있습니다.

지장보살의 마음을 등진 사람이란 지장보살의 마음과 전혀 반대의 길로 가는 사람을 말하는 것입니다. 지장보살을 훼방하고 헐뜯고 욕하고 비방한다는 말은 지장보살의 정신을 등지고 지장보살의 사상과 반대로 살아간다는 뜻입니다. 지장보살의 정신은 바로 원력이요, 꿈과 희망이라고 이미 말했습니다.

유유생일색(唯唯生一色) 팔면기청풍(八面起淸風), 지장보살의 정신을 달리 표현하면 생기 넘치는 인생을 사는 것이라고 말할 수 있습니다. 자신의 처지나 자신의 사회적 위치나 학력이나 재산에 관계없이 꿈에 부풀어 있고 기대감에 충만해 있고, 생기 넘치는 인생이 바로 지장보살의 원력입니다. 그런 사람은 오직 생기로 가득 찬 생기의 화신이라고 할 수 있습니다.

그런 사람의 영향력은 사방팔방에서 맑은 바람을 일으킵니다. 다시 말해 생기에 넘치는 사람을 보면 옆에서 보는 사람까지 웬지 기분 좋고 힘이 솟구치게 됩니다. 그런 사람이 옆에 있으면 덩달아서 신바람이 나고, 그런 사람이 가정에 한 명만 있어도 집안의 분위기가 달라집니다. 전부 그 사람의 영향을 받기 때문입니다. 그와 반대로 생명력도 없고 희망도 없고 꿈도 없는 사람의 주위에는 결코 맑은 바람이 불지 않습니다.

불교의 정신이 바로 거기에 있습니다. 불교에서는 나이를 인정하지 않습니다. 왜냐하면 세세생생 거듭거듭 윤회를 되풀이하며 살아가기 때문입니다. 세속의 나이가 이십대라고 하더라도 전생 나이와 합치면 달라집니다. 불교는 근본적으로 불성인간의 영원한 삶만을 인정하기 때문입니다. 죽는 순간까지 생명력 넘치는 그런 기대감과 꿈으로 살아가야 합니다.

다시 본문으로 돌아가 지장보살의 인과의 이야기가 이어집니다. 만약 어떤 사람이 오래 병상에 누워서 살려고 해도 안 되고 죽으려고 해도 마음대로 죽을 수 없는 경우와 꿈에 악한 귀신과 집안의 친족들이 나타나며 험한 길을 헤매며 많은 도깨비와 귀신과 함께 놀아서 세월이 흘러 몸이 점점 마르고 야위어서 잠을 자다가 부르짖으며 괴로워하는 자는 모두 업보 때문이라고 말합니다.

사람들은 악몽을 많이 꿉니다. 그런데 꿈자리를 시끄럽지 않게 하는 비법이 있습니다. 그것은 바로 지장보살의 염불 녹음을 틀어 놓고 생활하는 것입니다. 지장보살과 늘 가까이하면 악몽이란 존재할 수 없습니다. 지장경에서는 업과 인연에 대한 이야기가 많이 나옵니다. 그리고 그것을 극복하게 합니다. 그것은 지장보살이 원력의 화신이기 때문입니다. 어떤 어려움과 힘겨운 고난일지라도 극복할 수 있는 것은 우리들의 저 마음 깊은 곳에서 일어나는 무한한 힘의 원천을 이끌어 낼 수 있는 열쇠가 바로 원력이기 때문입니다.

또 본문에서는 업으로 인해서 일어나는 여러 가지에 대해서 제불보살의 형상 앞에서 소리를 높여 지장경을 읽거나 병든 사람이 가장 아끼는 공양물을 경전과 형상 앞에 희사하면서 보살의 형상을 조성하고 공양물을 보시한다고 병자가 알아듣도록 세 번은 말하라고 설명합니다. 우리가 현금을 바치든지 또는 경전을 배포하든지 보시를 할 때는 조건 없이 희사할 줄 알아야 합니다. 이처럼 상주물로 보시하는 것은 사찰의 공동재산이 되게 하는 것입니다. 다시 말해 보시물은 공적으로 많은 대중에게 이익이 되도록 하는 데 궁극적인 목적이 있습니다.

이와 같이 세 번을 병든 사람에게 말해주어 그로 하여금 알아듣게 하면 그 사람이 생명을 다한 뒤 숙세의 허물과 무거운 죄업이 무간지옥에 떨어질 죄라도 영원히 해탈을 얻고 태어나는 곳마다 항상 숙명을 알게 된다고 말했습니다.

그런데 이 지장경을 직접 쓰거나 혹은 사람을 시켜서 쓰게 하거나 자기가 스스로 보살의 형상을 조성하거나 그림을 그리든지 사람을 시켜서 그리거나 조성하면 반드시 큰 이로움을 얻을 것이라고 말했습니다. 어떤 사람은 온갖 값이 많이 나가는 것을 방에 가득 쌓아 놓고 늘 병고에 시달리는 경우도 있습니다. 만약 그 재산을 남에게 보시하면 분명히 몸이 가벼워지는 것을 경험하게 될 것입니다. 그런 경우에는 자기가 갖고 있는 재산에 짓눌려서 병이 생겼다고 할 수 있습니다.

우리는 때때로 자신의 재산에 손해를 입게 되어 죽을 사람이 살아나는 경우를 볼 수 있습니다. 그런데 재산에 너무 집착하면 그 재산 때문에 사람을 잃기도 하고 병이 나기도 합니다. 많은 재산을 갖고 있다가 병이 생겼을 때는 자기의 재산을 기꺼이 희사할 줄 알아야 합니다. 또 그렇게 하면 병이 낫는다고 하면 그 말을 믿을 수 있어야 합니다. 희사는 기꺼이 주는 것을 말합니다. 불교에서는 희사함이라는 말을 쓰고 있습니다. 다시 말해 버리는 마음으로 기쁘게 주는 것이 바로 희사정신입니다. 희사는 헌신짝을 버리듯 아무 미련 없이 주는 것입니다.

7) 꿈자리가 어지러운 이유

復次普廣아 若未來世界에 諸衆生等이 或夢或寐에 見諸鬼神과 乃及諸形의 或悲或啼하며 或愁或歎하며 或恐或怖하나니 此는 皆是一生十生과 百生千生의 過去父母와 男女弟妹와 夫妻眷屬이 在於惡趣하여 未得出離로되 無處希望福力으로 救拔苦惱일새 當告宿世骨肉하여 使作方便하여 願離惡道하나니 普廣아 汝以神力으로 遣是眷屬하여 令對諸佛菩薩像前하여 至心으로 自讀此經커나 或請人讀하여 其數三遍커나 或至七遍하면 如是惡道眷屬이 經聲의 畢是遍數하면 當得解脫하여 乃至夢寐之中에 永不復見하리라

"그리고 또 보광이여, 만약 미래 세상에 모든 중생들이 혹은 꿈꾸거나 혹은 잠잘 때에 모든 귀신들이 여러 가지 형상으로 변하여 혹 슬퍼하거나, 혹 울기도 하며, 혹 근심하고, 혹 탄식하며, 혹 두려워하고, 혹 겁을 내는 모습이 보이기도 한다. 이것은 모두 일 생이나 십 생 또는 백 생이나 천 생의 과거의 부모와 자녀와 형제 자매와 남편, 아내 등 권속들이 악도에서 벗어나지 못해서이다. 복력으로 고뇌에서 구원하여 줄 사람이 아무 데도 없으므로 어쩔 수 없이 숙세의 가족들에게 호소하여 그들로 하여금 방편을 지어 악도를 벗어나게 하여 주기를 원하는 것이다.

보광이여, 그대는 신통력으로 이 권속들을 시켜서 그들로 하여금 부처님과 보살의 형상 앞에 나아가 지극한 마음으로 스스로 이 경을 독송하거나 혹은 사람을 청하여 읽게 하여 그 수가 세 번 혹 일곱 번에 이르게 되면, 이와 같은 악도의 권속들은 경을 읽는 소리가 이 횟수를 마칠 때에 마땅히 해탈을 얻어 꿈속이라도 영원토록 다시는 보이지 아니하리라."

강의 경을 열심히 읽고 지장보살의 염불을 열심히 하여 그 횟수가 많아질수록 영험이 크다는 뜻을 담고 있습니다. 염불을 하는 데는 신심이 나서 자발적으로 하는 이도 있고 남에게 이끌려 하는 경우도 있습니다. 신심이 나든 나지 않든, 알게든 모르게든, 의식적으로든 무의식적으로든, 어떤 경지에 있든지 간에 불보살의 이름을 소리내어 반복해서 염불해야 합니다. 그로 인하여 경전에서 말한 대로 아주 좋은 결과를 얻게 됩니다. 자발적으로 강에 가서 목욕을 하는 사람은 목욕이라는 혜택을 입습니다. 그

러나 쿨쿨 잠을 자던 사람이 누군가에게 끌려가서 목욕을 하게
되더라도 역시 마찬가지로 목욕의 혜택을 입게 됩니다. 이처럼
신심의 유무를 따지지 말고 어찌 됐든 많이 해야 합니다.

본문에서 지장보살은 보광보살에게 만약 어떤 사람이 꿈꾸거
나 잠잘 때 귀신들이 여러 가지 형상으로 변하여 슬퍼하거나 울
기도 하며 수심하고 탄식하며 두려워하며 겁나는 것을 보이게
되는 것은 모두 오래 전 과거의 부모나 형제자매, 권속이 악도
에서 벗어나지 못하고 희망을 둘 곳이 없으므로 마땅히 살아있
는 일가친척에게 호소하여 그로 하여금 방편을 지어 악도에서
벗어나게 해달라고 소원하는 것이라고 말합니다.

대부분의 사람들은 정상적으로 죽으면 사십 구일 안에 자기
가 태어날 곳으로 다시 가게 됩니다. 그런데 여기서 어떤 사람
은 과거의 삶에 따라 죽어서 새롭게 태어나서 정상적인 인생을
살아가는 사람도 있고 그렇지 못한 사람도 있다는 것입니다. 또
그 동안 자신을 구원해 줄 어떤 힘을 가진 사람이 없을까 하고
생각하기도 합니다.

사람이 어려운 처지에 놓이면 온갖 방법을 다 동원해 보게 됩
니다. 그와 마찬가지로 정상적으로 죽어서 정상적인 몸을 받아
이 세상에 왔다면 별다른 문제가 없지만 그렇지 못하고 악취에
서 고통을 받고 있다면 어떻게 해서라도 자기를 구원해 줄 사람
을 찾게 됩니다. 그래서 조금이라도 가까운 인연이 있는 사람이
자기를 구원해 주기를 원하는 것입니다. 그래서 꿈에 나타나기
도 하고 혹은 잠자리가 어지럽기도 하는 등 여러 가지 징조로
보여준다는 것입니다.

오랜 세월을 살아오면서 맺은 인연들이 너무나 많습니다. 맨 처음 태어나자마자 만나는 부모는 말할 것도 없고, 형제 자매 친척 등 수많은 사람들과 별의별 인연관계가 있습니다. 또 성장하면서 멀고 가깝게 맺은 인연들이 수도 없이 많습니다. 그런 온갖 인연들이 태어남과 동시에 한꺼번에 다 딸려 오는 것입니다.

일생을 살아가면서 수천 수만 명의 인연을 맺는데 그것이 수없이 많은 세월이 흐르게 되면 그 인연들은 헤아릴 수 없이 많습니다. 그 중에는 잘 된 인연도 있을 것이고 못 된 인연도 있을 것입니다. 그래서 어려운 상황에 있는 사람들은 이런 저런 생각을 하게 되는 것입니다.

사람이 죽은 뒤 49일 동안 천도재를 지내는데 천도재를 지낸 공덕을 칠부로 나눌 때 그 일부는 돌아가신 분에게 가고 나머지 육부는 천도재를 지낸 사람에게 돌아온다고 합니다. 비록 돌아가신 분이 정상적인 사람으로 다시 이 세상에 태어나서 잘 살고 있다 하더라도 공덕은 알게 모르게 그 사람에게 돌아갑니다.

우리는 눈앞에 보이는 것만 가지고 살아온 습관이 있어서 보이지 않는 세계에 대해서는 의심을 갖는 경우가 많습니다. 지장경에서는 아직도 악도에서 고통받고 헤매는 중생이 꿈이라든지 좋지 않은 형상으로 나타난다고 말했습니다. 그런데 지장경을 독송하면 그 힘을 받아서 다시는 꿈에 나타나거나 좋지 않은 형상이 사라진다고 말했습니다.

경전에 대한 영험록을 보면 부모를 천도하기 위해서 경을 한번 써야 되겠다는 마음을 갖고 시장에 가서 종이를 샀는데 종이를 사는 그 순간 벌써 그 부모가 천도가 되었다고 합니다. 그리고 어떤 경우에는 여시아문(如是我聞)이라는 경전의 첫 글자를 쓰는 순간에 벌써 천도가 되었다는 이야기도 있습니다.

8) 미천한 이는 존귀하게 된다

復次普廣아 若未來世에 有諸下賤等人의 或奴或婢와 乃至諸不自由之
人이 覺知宿業하고 要懺悔者至心瞻禮地藏菩薩形像하여 乃至於一七日
中에 念菩薩名하여 可滿萬遍하면 如是等人은 盡此報後千萬生中에 常生
尊貴하여 更不經歷三惡道苦하리라

"다시 또 보광이여, 만약 미래 세상에 모든 미천한 사람이거나 혹은 남자 종이나 혹은 여자 종이나 또는 부자유한 사람이 되어 숙세의 업을 깨달아서 참회하고자 하거든, 지극한 마음으로 지장보살의 형상을 우러러서 칠 일 동안 보살의 명호를 외워서 만 번을 채우게 되면 이 사람은 이 과보를 다 받은 뒤에는 천만 번을 태어나도 항상 존귀한 데 태어나고 다시는 삼악도의 고통을 겪지 아니할 것이다."

강의 가능하면 기도를 할 때 열렬한 마음으로 지장보살의 이름을 부르십시오. 태산 같은 숙세의 죄업이 사라질 것입니다. 산더미처럼 쌓인 옷감도 단 한 개의 성냥불에 모두 타서 재가 되어 사라져 버리는 것과 같습니다. 하천한 무리의 사람이나 혹은 종으로 태어난 숙세의 업을 깨닫는다는 이야기가 나오는데, 여기서 숙세의 업을 깨닫는다는 말은 과거 생의 인연으로 인해서 현재의 모습으로 태어났다고 생각할 줄 아는 것을 의미합니다. 종으로 태어난다는 것은 자신이 지은 숙세의 업으로 종노릇을 할 수밖에 없는 과보가 있거나 복을 짓지 못하는 등의 원인이 있기 때문입니다. 그렇게 이해하는 바로 그 순간부터 자신도 종에서 벗어날 수가 있고 자기도 종을 두고 살 수 있는 이치를 알게 됩니다.

"전생에 어떻게 살았는지 알고자 하는가. 금생에 내가 누리는 것이 바로 그것이요〔欲知前生事 今生受者是〕, 내생에 어떻게 살 것인지 알고자 하는가. 금생에 내가 하고 있는 것이 바로 그것이다〔欲知來生事 今生作者是〕."라고 하였습니다.

9) 숙세의 재앙에서 벗어난다

復次普廣아 若未來世中閻浮提內에 刹利婆羅門長者居士一切人等과 及異姓種族에 有新生者或男或女어든 七日之中에 早與讀誦此不可思議經典하고 更爲念菩薩名號하되 可滿萬遍하면 是新生子或男或女의 宿有殃報를 便得解脫하여 安樂易養하고 壽命이 增長하리며 若是承福生者면 轉增安樂하며 及與壽命하리라

"다시 또 보광이여, 만약 미래 세상 가운데 염부제 안에서 찰제리나 바라문이나 장자나 거사 등 일체의 사람들과 다른 성을 가진 종족에게 새로 태어나는 자가 있어서 혹은 남자거나 혹은 여자거나를 막론하고 칠 일 안에 일찍이 이 불가사의 경전을 독송하고 다시 보살의 명호를 외워서 만 번을 채우게 되면, 이 새

로 태어난 아이가 혹은 남자거나 혹은 여자거나 숙세의 재앙의 과보를 곧 해탈하게 되어 안락하게 잘 자라며 수명이 더욱 길어질 것이다. 만약 이러한 복을 받아서 태어난 자는 더욱더 안락하게 되고 수명이 길어질 것이다."

강의 아침에도 지장보살, 저녁에도 지장보살, 오로지 지장보살을 부르십시오. 모든 죄업과 불행이 떠나갈 것입니다. 나무 밑에서 소리를 지르면 나무 위에 앉아있던 새들이나 주변의 온갖 짐승들이 모두 도망가고 흩어져버릴 것입니다. 대원력의 지장보살을 부르면 그 원력으로 인해서 내 인생이라는 나무에 앉아 있던 온갖 업장과 불행의 새와 짐승들이 다 날아가고 떠나갈 것입니다. 죄업과 불행이 사라지고 나면 행복하고 평화로운 삶을 저절로 누리게 됩니다. 특히 집안에 새로 태어나는 아이가 있다면 최상의 가르침인 대승경전을 독송하고 지장보살의 원력을 배우십시오.

불교의 가르침은 어떤 신분이든 가리지 않습니다. 그리고 사람들이 정한 잘못된 신분의 차별은 지극한 모순이라는 것을 가장 절실하게 인식하신 분이 부처님입니다. 실로 오늘날의 만민평등의 정신은 부처님께서 3천년 전에 이미 주장하셨던 바입니다. 그러므로 경전에서는 한결같이 사람에 대해 차별을 두지 않고 누구나 똑같이 가능한 일이라고 가르치고 있습니다.

지장경을 독송하고 보살의 명호를 만 번을 부르면 새로 태어난 아이가 남자거나 여자거나 숙세의 허물이 있어 죄보가 있더라도 과보에서 해탈을 얻어 안락하게 되며 수명이 길어질 것이라고 말합니다. 지장보살을 염하고 지장경을 독송하면 만사형통이며 만병통치라는 것입니다. 말하자면 지장보살만 열심히 외우고 지장보살의 원력을 마음에 담고 지장경을 숭상하고 지장경의 가르침대로 실천하면 안 될 일이 아무 것도 없습니다. 그것은 바로 지장보살의 원력 때문입니다.

10) 10재일에 지장경을 읽어라

復次普廣아 若未來世衆生이 於月一日八日과 十四日十五日과 十八日
二十三과 二十四二十八日과 二十九日 乃至三十日인 是諸日等은 諸罪
結集하여 定其輕重하나니 南閻浮提衆生의 擧止動念이 無不是業이며 無不
是罪어든 何況恣情으로 殺生竊盜하며 邪淫妄語하는 百千罪狀이리오 若能
於是十齋之日에 對佛菩薩과 及諸賢聖像前하여 轉讀是經一遍하면 東西
南北百由旬內에 無諸災難하며 當此居家에 若長若幼거나 現在未來百千
世中에 永離惡趣할것이니 能於十齋日에 每轉一遍하면 現世에 令此居家로
無諸橫病하고 衣食이 豊溢할것이니 是故로 普廣아 當知하라 地藏菩薩이 有
如是等不可說百千萬億大威神力利益之事하니 閻浮衆生이 於此大士에
有大因緣하니 是諸衆生이 聞菩薩名거나 見菩薩像거나 乃至聞是經三字
五字어나 或一偈一句者는 現在에 殊妙安樂하며 未來之世百千萬生에 常
得端正하여 生尊貴家하리라

"다시 또 보광이여, 만약 미래 세상의 중생들은 달마다 1일·8일·14일·15일·18일·23일·24일·28일·29일·30일 등 이런 날에 모든 죄업을 모아서 그 경중(輕重)을 정하게

된다. 남염부제 중생들의 걷고, 서고, 움직이고, 생각하는 것이 업(業)이 아닌 것이 없고 죄가 아닌 것이 없다. 어찌 하물며 마음 내키는 대로 산 생명을 죽이며 도적질하고 사음하며 거짓말하는 백천 가지 죄상들을 다 열거할 수 있겠는가.

만약 능히 이 십재일(十齋日)에 부처님과 보살과 모든 성현의 형상 앞에 나아가 이 경을 한 번 읽으면 동·서·남·북의 백 유순 안에서는 모든 재난이 없어질 것이며, 또 그 집에 있는 어른이나 어린이도 현재와 미래의 백천 세 가운데 영원히 악도를 여읠 것이다. 능히 십재일마다 이 경을 한 번씩 읽으면 현세에 그가 사는 집에 모든 횡액과 질병이 없어지고 의식이 풍족하게 넘칠 것이다. 이러한 까닭으로 보광이여, 지장보살에게는 이와 같은 말로써는 도저히 표현할 수 없는 백천만 억의 큰 위신력으로 이익이 되는 일이 있다는 것을 알아야 한다.

염부제 중생들이 이 보살에게 큰 인연이 있기 때문이니 이러한 여러 중생들은 보살의 명호를 듣거나 보살의 형상을 보거나 이 경의 세 글자나, 다섯 글자나, 혹 한 게송이나 한 구절을 듣는 자는 현재에는 특별히 빼어나고 묘한 안락을 얻을 것이며, 미래의 세상에도 백천만 생 동안 항상 단정함을 얻어 존귀한 집안에 태어나리라."

강의 매달 1일, 8일, 14일, 15일, 18일, 23일, 24일, 28일, 29일, 30일에는 죄를 모아서 그 경중을 정하게 된다고 합니다. 여기 나오는 이러한 날들을 십재일이라고 합니다. 한달 내내 거의 하루 걸러서 재일이 있게 됩니다. 재일이 이렇게 많이 들어있는

것은 늘 근신하고 삼가고 조심하여 항상 성인을 닮으려는 마음
으로 살라는 것입니다.

재일(齋日)이란 모든 만물과 사람들을 공경하는 마음으로 대
하며, 엄숙한 자세로 조심하고 말과 행동과 생각을 삼가고 신중
히 하라는 뜻입니다. 주역(周易)에서도 "늘 삼가면 길(吉)하리
라. 조심하면 길하리라. 바르게 하면 길하리라."라고 가르치고
있습니다. 사람이 바르게 살고 언제나 조심하고 신중하면 잘못
될 까닭이 없습니다.

한 달에 열흘 동안 재일이 들어있어 그 재일에 참석하여 기도
를 하면 우리의 생활을 반성하게 하고 풀려 있는 나사를 조이는
의미가 있습니다. 말하자면 정신이 꼿꼿이 살아있는 그런 삶을
살 수 있는 것입니다. 그런 의미에서 이런 재일에 모든 죄를 모
아서 그 경중을 정하게 된다는 것입니다.

3. 지장경의 세 가지 이름

爾時에 普廣菩薩이 聞佛如來의 稱揚讚歎地藏菩薩하시옵고 胡跪合掌하여
復白佛言하시되 世尊하 我久知是大士의 有如此不可思議神力과 及大誓
願力하옵고 爲未來衆生하여 遣知利益故問如來하옵나니 世尊하 當何名此
經이며 使我로 云何流布하오리까 唯願頂受하나이다 佛告普廣하시되 此經이 凡
有三名하니 一名은 地藏本願이요 亦名地藏本行이며 亦名地藏本誓力經이
니 緣此菩薩이 久遠劫來에 發大重願하여 利益衆生하나니 是故로 汝等은
依願流布하라 普廣菩薩이 聞已信受하고 合掌恭敬하시어 作禮而退하니라.

216

그 때에 보광보살이 부처님께서 지장보살을 칭찬하고 찬탄하시는 말씀을 듣고 호궤(胡跪)합장하여 다시 부처님께 말씀드렸다.

"세존이시여, 저는 오래 전부터 이 보살의 이와 같은 불가사의한 위신력과 큰 서원력이 있음을 알았습니다만 미래 세상의 중생들을 위하여 그 이익을 알려 주고자 하므로 짐짓 여래께 묻습니다. 세존이시여, 이 경의 이름은 무엇이라 하며, 저로 하여금 어떻게 유포하라 하십니까? 오직 원컨대 머리에 받들어 가지겠습니다."

부처님께서 보광보살에게 이르시기를, "이 경의 이름은 세 가지가 있는데, 한 이름은 지장본원(地藏本願)이요, 또 한 이름은 지장본행(地藏本行)이요, 또 한 이름은 지장본서력경(地藏本誓力經)이다. 이 보살이 오랜 겁으로부터 중대한 서원을 발하며 중생들을 이익되게 함이다. 그러므로 그대들은 서원대로 유포하도록 하라."

보광보살이 부처님의 말씀을 다 듣고 나서, 믿고 받아 가지고, 합장하고 공경히 예배한 다음 물러갔다.

강의 법문의 중요한 부분이 어느 정도 진행이 되고 나면 언제든지 그 가르침의 내용들을 묶어서 하나의 경전으로 세상에 남기고자 하는데 그 이름을 무엇으로 짓는 것이 좋겠는지 질문이 나옵니다. 불교의 경전 이름들은 그 경전이 담고 있는 내용들을 축약해서 이름을 짓기 때문에 이름 속에 경전의 내용이 거의 담겨 있기 마련입니다. 장(章)이나 편(篇)을 뜻하는 품(品)의 이름도 역시 같습니다. 그러므로 경전을 다 읽지 못할 경우 그 경전의 이름만이라도 외우면 한 권의 경을 다 읽는 효과가 있다고 하기도 합니다. 그래서 나무묘법연화경이나 나무대방광불화엄경 등의 경전 이름들은 부처님이나 보살의 명호를 부르는 것과 같은 공덕이 있다고 생각합니다.

지장경의 많은 내용을 다 표현하려니 이름이 셋이 소개되었습니다. 지장본원(本願)경, 지장본행(本行)경, 지장본서력(本誓力)경이 그것입니다. 지장보살은 본생담에서 살펴보았듯이 과거 생에 일찍이 세운 원력이 자신의 본래의 삶이 되었고 그것은 곧 서원의 힘이라는 뜻으로 해석할 수 있습니다.

[第七]

산 사람과 죽은 사람이 모두 이익함
(利益存亡品)

제7장 산 사람과 죽은 사람이 모두 이익함
　(利益存亡品)

이 품의 해설

　이익존망품은 사람이 죽은 다음에 죽은 사람을 위해서 천도
하면 죽어서 천도를 받는 사람이나 살아서 천도를 해 주는 사람
이 다 같이 이익을 받는다는 가르침의 내용을 담고 있습니다.

　그런데 천도를 받는 사람에게 돌아가는 이익보다는 천도를
해주는 사람에게 돌아가는 이익이 1대 6으로 훨씬 많다고 했습
니다. 죽은 사람은 칠 분의 일을 받는 반면 천도해주는 사람은
칠 분의 육에 해당하는 이익을 얻는다고 합니다.

　이익존망품의 대강의 줄거리를 요약하면 다음과 같습니다.

　지장보살이 부처님에게 사뢰고 한 장자의 질문에 지장보살이
대답하는 순서로 이익존망품은 펼쳐지고 있습니다. 부처님께
말씀드리는 내용은 이러합니다.

　이 염부제, 즉 사바세계의 중생들은 옮기는 발자국마다 그리
고 생각하는 것마다 죄가 되는 일만을 한다는 것입니다. 중생들
은 오랜 세월을 살아오면서 업을 짓는 습성에 의해서 악을 짓기
때문에, 사람이 임종할 때에 이르면 그를 위해 불공을 드리고
불보살의 명호를 불러서 악업에 떨어질 죄를 소멸시켜 주어야

221

한다는 것입니다. 사람이 죽은 뒤에 칠칠일〔49일〕 내에 갖가지 공덕을 지어 주면 돌아가신 분이 악도를 벗어나서 천상에 태어나게 된다는 것입니다. 반대로 임종을 당해 귀신과 도깨비들에게 제사를 지내거나 살생 등의 죄업을 지으면, 돌아가신 분이 좋은 곳에 태어나는 기간이 늦어지게 됩니다.

대변(大辯)이라는 장자가 지장보살에게 사후에 천도재를 베풀면 망인(亡人)이 이익을 얻고 해탈하게 되는지를 묻습니다. 그러니까 지장보살은 임종에 이른 사람의 귀에 한 불보살의 이름이 스치기만 해도 생전에 지은 죄에 관계없이 해탈을 얻게 된다고 대답합니다. 반면에 천도재를 올려 주지 않으면 천도를 바라던 망인이 갈 길을 찾지 못하여 헤매게 됩니다.

천도재를 올릴 때는 행동을 삼가고 부처님과 스님께 지극한 정성으로 공양을 올려야 합니다. 그러면 망인과 생존한 사람이 1대 6의 비율로 다같이 천도공덕의 이익을 얻게 됩니다. 여기서 1대 6의 비율이란 아마도 "가능하면 모든 문제는 자신이 해결하도록 하라. 금생의 삶이나 내생의 삶이나 자신의 인생은 결국 자신만이 책임질 수밖에는 없다."라는 뜻이 담겨 있으리라 생각합니다. 그렇다면 자신의 천도 문제는 자신이 살아 있을 때 해결하고 가야 한다는 뜻이 됩니다. 그래서 미리 자신의 천도를 자신이 해두는 예수재(豫修齋)가 있습니다.

여기서 중생과 부처님의 움직임이 어떻게 다른지 살펴볼 필요가 있습니다. 부처님의 움직임은 발길마다 선행이요, 해탈행이 되지만 중생들의 움직임은 발길마다 죄악행이요, 윤회행이 됩니다. 그래서 중생들의 육체적 행동이나 정신적인 생각은 모두 죄가 됩니다. 설사 처음에는 선행으로 시작되는 경우가 있다고 하더라도 악한 인연을 만나면 미혹하고 흔들리기 때문에 결국 죄업이 되고 마는 것입니다. 지장경에서 중생들의 움직임이 모두 죄라는 것을 강조하는 이유는 사람이 죽으면 누구나 천도가 필요하다는 것을 말하기 위해서입니다.

이익존망품은 결국 살아 있는 사람이나 돌아가신 사람이나 모두 이익이 있는 그런 내용을 담고 있습니다. 부처님께서 돌아가신 분을 위한 천도재를 지내거나 공덕을 닦으면 살아있는 사람에게 분명히 이익이 크다고 말씀하시고 계십니다.

1. 임종하는 이를 위해 경전을 읽어라

爾時에 地藏菩薩摩訶薩이 白佛言하시되 世尊하 我觀是閻浮提衆生하니 擧足動念이 無非是罪라 若遇善利라도 多退初心하며 或遇惡緣하면 念念增益하나니 是等輩人은 如履泥塗하며 負於重石하며 漸困漸重하여 足涉深邃하나니 若得遇善知識하면 替與減負커나 或全與負하나니 是善知識이 有大力故로 復相扶助하며 勸令牢脚하여 若達平地하여는 須省惡路하여 無再經歷입니다 世尊하 習惡衆生은 從纖毫間하여 便至無量하나니 是諸衆生이 有如此習일새 臨命終時에 男女眷屬이 宜爲設福하여 以資前路하되 或懸幡盖하고 及然油燈하며 或轉讀尊經하고 或供養佛像과 及諸聖像하며 乃至念佛菩薩과 及辟支佛名字를 一名一號하여 歷臨終人耳根커나 或聞在本識하면 是諸衆生의 所造惡業을 計其感果하여 必墮惡趣라도 緣是眷屬의 爲其臨終之人하여 修此聖因일새 如是衆罪悉皆消滅하리니

그 때에 지장보살 마하살이 부처님께 말씀드렸다.

"세존이시여, 제가 관찰하니 이 염부제 중생들이 발을 옮기고 생각을 움직임이 죄 아님이 없습니다. 설사 좋은 이익을 만나더라도 처음 먹은 마음이 흔히 물러납니다. 그래서 혹 나쁜 인연을 만나게 되면 순간 순간마다 죄가 더하여 지게 됩니다. 이러한 사람은 마치 진흙길을 가는데 무거운 돌을 짊어진 것과 같아서 갈수록 피곤하고 갈수록 무거워져서 발이 점점 깊이 빠져드는 것과 같습니다. 다행히 선지식을 만나면 그 무거운 짐을 덜어서 대신 져다주거나 혹은 전부 다 져다주게 됩니다. 이 선지식은 큰 힘이 있기 때문에 서로 도와주며 붙들어 주고 권해서 그로 하여금 다리를 굳건하게 해 줍니다. 그러다가 만약 평지에 이르게 되면 걸어온 험한 길을 돌아보고는 다시는 험한 길을 지나가지 아니합니다.

세존이시여, 악을 익히는 중생들은 작은 털 끝만한 것에서 시작하여 곧 한량없는 데까지 이르게 되는데 이 모든 중생들이 이와 같은 습관이 있으므로 목숨이 다할 때에 남녀의 권속이 마땅히 그를 위해 복을 베풀어 앞길을 도우며 혹 깃발과 일산을 달며, 혹 기름 등잔을 켜며, 혹 좋은 경전을 독송하며, 혹 불상과 여러 성상(聖像)에 공양을 올리며, 혹 부처님과 보살과 벽지불의 이름을 하나하나 분명하게 불러서 임종하는 사람의 귀에 들리게 하거나, 혹은 근본식(根本識)에 남아 있게 합니다. 그렇게 하면 이 모든 중생들이 자신이 지은 악업으로 그 과보를 느끼게 됨을 헤아려보아 반드시 악취에 떨어지게 될지라도 권속들의 그 임종하는 사람을 위하여 이러한 성스러운 인연을 닦음으로써 이와 같이 많은 죄가 모두 소멸될 것입니다."

강의 지장보살은 사바세계의 중생은 선한 이익을 만나더라도 처음 먹은 마음이 흔들려서 악연을 만나게 되면 죄가 더하게 된다고 말합니다. 우리가 살아가면서 선한 인연을 만나면 거기다가 온힘을 쏟고 그 쪽으로 마음을 기울여야 하는데 그렇지 못하고 좋은 기회를 놓치게 되는 경우가 많습니다. 그래서 악한 사람도 선한 인연을 만나는 경우가 있고 선한 사람도 악한 인연을 만나는 경우가 있습니다. 그럴 경우 자기가 어떻게 판단을 하고 어떤 의지를 갖고 행동하느냐에 달려 있습니다. 그래서 악한 사람이 되기도 하고, 선한 사람이 되기도 합니다.

경에서는 계속해서 말하고 있습니다. 이러한 무리의 사람은 진흙길을 가는데 무거운 돌을 짊어진 것과 같아서 갈수록 무거워져서 발이 점점 깊이 빠진다고 합니다. 그냥 진흙길을 가도 발이 빠지는데 무거운 돌을 짊어졌으니 더욱 깊게 빠지는 것은 당연한 일입니다.

그럴 때 선지식을 만나면 무거운 짐을 덜게 되는 것입니다. 여기서 선지식은 좋은 인도자라고 할 수 있습니다. 인생에 대해서 잘 아는 사람, 인생의 바른 이치에 대해서 꿰뚫어 아는 사람을 선지식이라고 할 수 있습니다. 그 선지식이 악연과 선연에 대해서 자세히 설명해주어 그대로 따라가면 자기의 짐을 들 수 있습니다. 불교의 어떤 이치를 만나서 인생이라는 것을 이해하게 된다면 우리는 그 순간 마음이 홀가분해지는 경우가 많습니다.

선지식은 큰 힘이 있기 때문에 서로 도와주며 붙들어 주고 권해서 다리를 굳게 해준다고 합니다. 또 평지에 이르게 되면 나쁜 길로 갔던 것을 반성해서 다시는 그런 길로 가지 못하도록 합니다.

화엄경 입법계품에 "선지식은 나의 사부(師傅), 나에게 진리의 가르침을 보여주고 인도해주신다. 선지식은 나의 안목, 부처님을 저 텅 빈 허공과 같이 보게 하신다. 선지식은 나의 항구, 그 항구를 통해서 여래의 연꽃 못으로 들어가게 하신다."라고 하였습니다.

경문에서 부처님과 보살, 벽지불의 한 이름과 한 호를 임종하는 사람의 귀에 들리게 하면 좋은 결과를 얻을 수 있다고 합니다. 명호를 외운다는 것은 지장경 전체를 통해 여러 번 나오는 이야기입니다. 여기서 임종하는 사람의 귀에 들리게 한다는 말은 임종하는 사람에게 부처님의 말씀을 들려준다는 것입니다. 그런데 흔히 임종을 앞두고 가족들이 자꾸 울고불고 야단법석을 떠는 것은 임종을 앞둔 사람에게는 좋은 일이 아닙니다. 부처님 말씀을 들려주고 염불을 해 주어서 잠재의식 속에 남아 있게 하면 이 인연으로 죄가 소멸되어 좋은 곳에 태어난다고 합니다. 본식(本識)이라는 것은 아뢰야식이라고 해서 결코 없어지지 않는 우리의 잠재의식을 말합니다. 귀에는 들리거나 들리지 않거나 상관없이 우리의 제8식인 아뢰야식은 모든 것을 저장하여 다음의 생으로 전이됩니다.

그래서 임종을 앞둔 사람에게 염불을 해 주면 그 사람의 귀를 통해서 제8식에 저장됩니다. 이것이 바로 본식에 남아 있다는 말의 의미입니다. 우리가 윤회하는 것도 그 식이 없어지지 아니하는 의식 세계가 있어서 윤회를 하게 되는 것입니다.

중생이 지은 악업으로 과보를 느끼게 될 때 임종하는 사람을 위하여 선근을 닦았으므로 죄의 과보에서 벗어날 수 있다는 것입니다. 만약 다시 몸이 죽은 뒤 사십구일 이내에 여러 가지 선한 일을 짓게 되면 마찬가지로 좋은 과보를 받게 됩니다.

망인을 위해 사십구일 이내에 복을 지어 주는 게 가장 효과가 큽니다. 왜냐하면 보통 사십구일은 유예 기간에 속합니다. 우리가 보통 꿈을 꾸어도 그 꿈의 내용에 따라서 잊혀지지 않는 경우가 있습니다. 그래서 험하기도 하고 슬프기도 하며 한편 좋기도 한 세상에서 숱한 인연들을 맺으며 살아왔는데 죽었다고 당장 사바세계를 떠날 수는 없습니다. 우리가 꿈을 꾸어도 우리의 기억 속에 머물러 있는데 목숨이 다했다고 쉽게 떠날 수는 없는 것입니다. 그래서 사십구재에서 염불과 법문을 해 주어 인생의 실상을 깨우쳐주는 것입니다.

육체만으로 이야기할 때 태어나는 것은 푸른 하늘의 한 조각 구름이 일어나는 것과 같으며 또 죽음이라 하는 것은 일어난 구름이 정처 없이 사라지는 것과 다를 바가 없습니다. 우리의 삶은 변화무쌍한 것입니다. 생과 사, 가고 옴, 이 세상에 우리가 태어났다가 죽는 것이 구름의 현상과 조금도 다르지 않습니다. 죽은 자는 본식인 아뢰야식을 통해 염불하는 사람의 마음을 읽는다고 합니다. 다시 말해 마음의 소리를 듣습니다. 그러니까 살아 있는 사람은 망인을 위해 간절한 마음으로 염불을 해야 합니다.

2. 49재의 유래

若能更爲身死之後七七日內에 廣造衆善하면 能使是諸衆生으로 永離惡
趣하고 得生人天하여 受勝妙樂하며 現在眷屬도 利益無量할것이니 是故로
我今에 對佛世尊과 及天龍八部人非人等하여 勸於閻浮提衆生하되 臨終
之日에 愼勿殺生하고 及造惡緣하며 拜祭鬼神하여 求諸魍魎하라하노니 何以
故오 爾所殺害와 乃至拜祭히 無纖毫之力도 利益亡人하고 但結罪緣하여
轉增深重하나니 假使來世이나 或現在生에 得獲聖分하여 生人天中이라도
緣是臨終에 被諸眷屬의 造是惡因으로 亦令是命終人이 殃累對辯하여 晚
生善處게함이온 何況臨命終人이 在生에 未曾有少善根하면 各據本業하여
自受惡趣하리오 何忍眷屬이 更爲增業이어뇨 譬如有人이 從遠地來에 絶糧
三日이요 所負擔物이 强過百斤이어늘 忽遇隣人하여 更附小物하면 以是之
故로 轉復困重인듯합니다 世尊하 我觀하니 閻浮衆生이 但能於諸佛教中에
乃至善事를 一毛一滴과 一沙一塵이라도 如是利益을 悉皆自得할것입니다

"만약 육신이 죽은 뒤 사십구(四十九)일 이내에 여러 가지 선한 일을 하게 되면, 능히 이 모든 중생으로 하여금 영원히 악취를 여의고 인간이나 하늘에 태어남을 얻어 수승한 즐거움을 받게 될 것입니다. 지금 살아 계신 권속들의 이익도 한량이 없을 것이니 이러한 까닭으로 제가 지금 부처님과 천룡 팔부와 사람인 듯 아닌 듯한 이들의 증명하에 염부제 중생들에게 권하기를, 임종하는 날 산목숨을 죽이지 말고, 나쁜 인연을 짓지 말며, 귀신에게 절하여 제사하지 말고, 모든 도깨비들에게 구하는 일을 하지 말도록 합니다.

왜냐하면 산목숨을 죽이고 내지 귀신에게 절하여 제사 지낸
다고 하는 것은, 작은 먼지만큼도 돌아가신 분에게 이익이 없으
며 다만 죄악의 인연만 더욱 깊이 맺어집니다. 가령 내생이나
혹은 현생에 성인의 힘을 입어 인간이나 하늘에 태어나게 된다
할지라도 임종 때 여러 권속들이 이러한 나쁜 인연을 지은 관계
로 목숨을 마친 사람이 여러 가지 허물들을 변명하느라고 좋은
곳에 태어나는 것이 늦어집니다. 하물며 목숨을 마치는 사람이
살아 있을 때 조그마한 선근도 쌓지 못하였다면 자신이 지은 업
에 의하여 스스로 악도에 떨어지는 과보를 받게 될 것입니다.
이치가 그러하거늘 어찌 차마 권속마저 다시 업을 더 무겁게 해
서야 되겠습니까?

비유하자면 어떤 사람이 먼 곳에서 오는데 식량이 떨어진 지
사흘이나 되고, 지고 있는 짐은 백 근이 넘는데, 문득 이웃에 사
는 사람을 만나서 다시 작은 물건을 부탁받게 되면 이것 때문에
점점 더 피곤하고 짐은 더욱 무거워 지는 것과 같습니다.

세존이시여, 제가 살펴보니 염부제 중생들이 다만 부처님의
가르침 가운데서 선한 일을 터럭 하나, 물 한 방울, 모래알 하
나, 먼지 하나만큼만 했어도 이와 같은 이익을 모두 다 자기 자
신이 얻게 될 것입니다."

강의 여기서도 사십구재에 대한 이야기가 계속됩니다. 사람이
죽은 뒤 사십구일 이내에 널리 선한 일을 지으라고 했습니다.
재를 지낼 때 일곱 번을 지내기 때문에 칠칠재라고 말합니다.
사십구재를 지내는 동안 망자를 위해 주옥 같은 법문과 염불을

들려드림으로써 돌아가신 사람이 그 소리를 듣고 지혜가 열리고 좋은 과보를 받게 된다는 것입니다.

사십구재의 첫째 의미는 죽은 사람의 마음을 깨우쳐 주는 것입니다. 삶과 죽음의 이치를 가르쳐 주고 모든 존재의 실상이 무엇인지를 깨우쳐 주는 것입니다. 다시 말해 죽은 사람에게 인생의 실상이 무엇인지, 죽음의 실상이 무엇인지를 깨닫게 해주는 것이 사십구재의 첫 번째 목적입니다.

사십구재를 지내는 두 번째 이유는 죽은 사람이 못 다한 복짓는 일을 대신 지어주는 것입니다. 그래서 죽은 사람을 위해서 경을 읽어주고 염불을 해 주고 그리고 죽은 사람의 이름으로 크게 보시를 해 드립니다. 사십구일 동안 그 사람의 이름으로 그 사람을 위해서 불우한 사람들에게 보시도 하고, 책도 간행해 주고, 집도 지어주고, 절도 지어주고, 법당도 잘 만들어 주는 등등의 일을 하는 것입니다.

또 중생이 임종하는 날 생명을 죽이거나 악연을 짓지 말고 귀신에게 제사 지내거나 도깨비들에게 구하지 말라고 권하고 있습니다. 여기서 귀신이라고 하는 것은 영가를 지칭하는 말이 아니라 다른 잡된 신을 말하는 것입니다. 임종 무렵에 귀신에게 제사 지내거나 생명을 죽이는 일은 망인에게 어떤 이익도 없을 뿐만 아니라 오히려 죄의 인연만 깊게 하는 것이라고 말하고 있습니다.

요즘은 돌아가신 분을 위해서 이미 죽은 것을 사오지만 옛날에는 임종 날에 소나 돼지 등 생물을 잡는 일도 있었습니다. 그런 일을 하는 것은 중생의 어리석음 때문입니다. 그런 일은 망자에게는 오히려 큰 손해를 입히는 결과가 됩니다. 부모를 도리어 지옥으로 빠뜨리는 일이 됩니다.

또 대부분 망자를 위한다고 하면서 자식된 도리를 앞세워 잘 못을 저지르는 수가 많습니다. 망자를 위하려면 살생을 할 것이 아니라 방생을 해야 합니다. 망자를 위해서 묘비를 화려하게 하는 것도 오히려 돌아가신 분에게 빚이 됩니다. 돌아가신 분을 위해 묘비를 잘 만드는 것은 자기 자랑을 하려는 것이지 결코 돌아가신 분을 위하는 행위가 되지 못합니다.

예를 들어 내세나 혹은 현재의 생에서 어떤 성스러움을 얻어서 인간이나 하늘에 태어난다 할지라도 임종 때 모든 권속이 악연을 지으면 망자가 선한 곳에 태어나는 것이 오히려 늦어진다고 하였습니다. 다시 말해 망자 자신이 지은 업만으로도 벌써 악도에 떨어지는데 자식이 또 다른 업을 지어 망자가 그 과보까지 받느라고 시간은 더욱 늦어지게 되는 것입니다.

3. 49재 공덕의 비율

說是語時에 會中에 有一長者하니 名曰大辯이라 是長者久證無生하여 化度十方할새 現長者身이러니 合掌恭敬하시어 問地藏菩薩言하시되 大士여 是南閻浮提衆生이 命終之後에 大小眷屬이 爲修功德하되 乃至設齋하여 造衆善因하면 是命終人이 得大利益과 及解脫不잇가 地藏菩薩이 答言하시되 長者여 我今에 爲未來現在一切衆生하여 承佛威力하시어 略說是事하리다 長者여 未來現在諸衆生等이 臨命終時에 得聞一佛名커나 一菩薩名커나

一辟支佛名하면 不問有罪無罪하고 悉得解脫하리다 若有男子女人이 在生에 不修善因하고 多造衆罪하면 命終之後에 眷屬大小爲造福利一切聖事하여도 七分之中에 而乃獲一하고 六分功德은 生者自利하나니 以是之故로 未來現在善男女等이 聞健自修하면 分分全獲하리다 無常大鬼不期而到하면 冥冥遊神이 未知罪福하여 七七日內에 如癡如聾하며 或在諸司하여 辯論業果하고 審定之後에 據業受生하나니 未測之間에 千萬愁苦어든 何況墮於諸惡趣等이리오 是命終人이 未得受生하고 在七七日內하여 念念之間에 望諸骨肉眷屬의 與造福力救拔하다가 過是日後에 隨業受報하나니 若是罪人이면 動經千百歲中하여도 無解脫日이요 若是五無間罪로 墮大地獄하면 千劫萬劫에 永受衆苦하나니라

이 말씀을 설하실 때에 법회 중에 한 장자가 있어 이름을 대변(大辯)이라 했는데, 이 장자는 오래 전부터 생사가 없는 도리를 깨달아서 시방의 중생들을 교화하다가 지금은 장자의 몸을 나타낸 분이다. 합장 공경하고 지장보살에게 물었다.

"지장보살이시여, 이 남염부제의 중생들이 목숨을 마친 뒤에 그의 권속들이 그를 위하여 공덕을 닦고 재를 베풀어서 많은 선한 일을 하면 이 목숨을 마친 사람이 큰 이익과 해탈을 얻게 됩니까?"

지장보살이 대답하였다.

"장자여, 내 지금 미래와 현재의 일체 중생들을 위하여 부처님의 위신력을 받들어 간략하게 이 일에 대해 설명하겠습니다.

장자여, 미래와 현재의 모든 중생들이 목숨을 마치는 날에 한 부처님의 명호나 한 보살의 명호나 한 벽지불의 명호를 얻어 들

게 되면 죄가 있고 죄가 없고를 불문하고 모두 해탈을 얻게 됩니다.

만약 어떤 남자나 여인이 살아 있을 때 좋은 일을 하지 않고 여러 가지 죄를 많이 지으면 목숨을 마친 뒤에 그의 여러 권속들이 그를 위하여 여러 가지 성스러운 일을 지어서 복되게 하더라도 7분 가운데 그 1분만을 얻게 되고, 나머지 6분의 공덕은 살아 있는 사람의 이익이 됩니다. 이러한 까닭으로 미래와 현재의 선남자와 선여인들은 잘 들어서 스스로 닦으면 그 낱낱의 공덕을 온전히 얻게 됩니다.

덧없음〔無常〕의 큰 귀신이 기약 없이 닥쳐오면 어둠 속을 헤매는 혼령들은 자신의 죄와 복을 알지 못하여 49일 동안 바보와 같고 귀머거리와 같이 있다가, 염라대왕 앞에서 업의 과보를 변론하여 판정한 뒤에는 업에 따라 태어나게 됩니다. 자신은 알지도 못하는 사이에 천만 가지 근심과 고통이 따릅니다. 하물며 다른 여러 곳의 악도에 떨어진다면 어찌 되겠습니까.

목숨을 마친 사람이 아직 태어나기 전 49일 안에 순간 순간마다 모든 골육과 권속이 복을 지어 구원하여 줄 것을 바라다가 이 날이 지난 뒤에는 오직 자신이 지은 업에 따라 과보를 받을 뿐입니다.

만약 이러한 죄인이라면 천 세를 지내더라도 해탈할 날이 없을 것이며, 만약 그가 5무간죄를 지어서 큰 지옥에 떨어지게 되면 천 겁이나 만 겁 동안 여러 가지 고통을 영원히 받을 것입니다."

강의 설사 유족들이 돌아가신 분을 위해서 천도재를 지내고 복을 지어 드린다고 하더라도 그것은 7분의 1만 망자에게 돌아가고 나머지는 유족에게 돌아온다는 내용입니다. 앞에서도 이야기한 바가 있습니다만 반복해서 가슴에 깊이 새겨둘 필요가 있습니다. 결국 그 교훈은 자신의 업은 자신이 소멸하고 자신의 복과 지혜는 자신이 닦아야 한다는 뜻입니다. 자작자수(自作自受), 자업자득(自業自得)의 원리를 벗어날 수는 없다는 뜻입니다. 설사 그러하더라도 유족은 망자를 위해서 지혜의 말씀을 들려드리고 복을 지어드려야 한다는 의미도 함께 내포하고 있습니다.

경문에서는 사십구일 안에 순간 순간마다 모든 골육과 권속이 복을 지어서 구원해 주기만을 바라다가 칠칠일이 지난 뒤에는 업에 따라 갈 길을 가게 된다고 합니다. 골육과 권속들이 자기 대신 복을 지어서 구원해 주기를 바라고 있다는 것은 그야말로 물에 빠진 사람이 지푸라기라도 잡기를 원하는 것과 같습니다. 우리는 망자가 어둠의 저승길을 가는데 지푸라기라도 잡고 싶은 심정을 이해할 수 있을 것입니다. 이와 같은 상황에서 가까운 사람들이 조금이라도 도와주면 악도에서 떨어지는 것을 벗어날 수 있습니다.

우리가 여행할 때에는 호텔을 예약하거나 비행기를 예약할 수 있지만 죽음의 길은 예약할 수 없습니다. 설사 예약이 되었다 하더라도 그 예약 상황을 모르는 상태에서 출발합니다. 그런 상황이라면 무엇이든지 의지하고 싶은 것이 인지상정입니다. 그래서 여기서 그런 심정을 잘 그려놓고 있습니다.

4. 재를 지낼 때의 주의사항

復次長者여 如是罪業衆生은 命終之後에 眷屬骨肉이 爲修營齋하여 資助業道하되 未齋食竟과 及營齋之次에 米泔菜葉을 不棄於地하며 乃至諸食히 未獻佛僧하고 勿得先食하리니 如有違食거나 及不精勤하면 是命終人이 了不得力하리라 若能精勤護淨하여 奉獻佛僧하면 是命終人이 七分에 獲一하리라 是故로 長者여 閻浮衆生이 若能爲其父母와 乃至眷屬하여 命終之後에 設齋供養하되 至心勤懇하면 如是之人은 存亡獲利하리라 說是語時에 忉利天宮에 有千萬億那由他閻浮鬼神이 悉發無量菩提之心하며 大辯長者는 歡喜奉者하고 作禮而退하니라

"다시 또 장자여, 이와 같은 죄업의 중생들은 목숨을 마친 뒤에 권속이나 골육이 그를 위해서 재를 올려서 복을 닦아 그의 업을 돕되 잿밥을 마치기 전과 재를 올리고 있을 때에도 쌀뜨물이나 채소 잎들을 땅에 버리지 말고, 모든 음식을 부처님과 스님에게 드리지 아니했거든 먼저 먹지 말아야 합니다.

만약 먹는 순서를 어겨서 먼저 먹거나 정미롭고 성실하게 하지 아니하면 목숨을 마친 사람이 마침내 구원의 힘을 얻지 못하게 됩니다. 만약 정미롭게 하고 청정하게 해서 부처님과 스님에게 받들어 올리면 이 목숨을 마친 사람은 7분 중에 하나를 얻게 됩니다. 그러므로 장자여, 염부제 중생들이 만약 그의 부모와 권속을 위하여 목숨을 마친 뒤에 재를 베풀어서 공양을 올리되 지극한 마음으로 부지런히 정성껏 하면 이러한 사람은 살아있는 사람도 돌아가신 분도 다 함께 이익을 얻게 됩니다."

이 말씀을 설하실 때에 도리천궁에 천만 억 나유타나 되는 염부제의 귀신들이 모두 한량없는 보리심을 발하였으며, 대변장자도 환희하는 마음으로 가르침을 받들어 예배를 올린 뒤에 물러갔다.

강의 이익존망품의 마지막 대목을 살펴보도록 하겠습니다. 만약 죄인이 오무간죄를 지어서 대지옥에 떨어지게 되면 천백 세가 지나도 해탈할 날이 없고 영원히 여러 가지 고통을 받게 된다고 했습니다. 재를 지낼 때의 주의사항으로서 죄업중생은 명을 마친 뒤에 골육이나 권속이 그를 위해서 재를 올려서 복을 닦아 업도를 도와야 하는데 재식을 마치기 전이나 재를 올린 다음에도 쌀뜨물과 나물 잎사귀 등을 땅에 버리지 말고, 음식을 부처님과 스님에게 먼저 올리기 전에는 먹지 말라고 했습니다.

또 순서를 어겨서 먼저 먹거나 깨끗하게 하지 아니하면 이 명을 마친 사람이 마침내 구원의 힘을 받지 못한다고 합니다. 예를 들어 누군가의 재를 지낼 때 순서가 뒤바뀌면 다른 사람들이 얼굴을 찌푸릴 것이고 급기야는 화를 내는 사람도 있을 것이고 그러다가 돌아가신 부모를 위해 복을 지으러 왔다가 오히려 복을 감하는 것이 되어 버릴 수가 있습니다. 그렇게 되면 돌아가신 분에게 오히려 짐만 더 지워 드리는 것이 됩니다.

우리가 엄숙한 어떤 의식을 올릴 때에는 우리의 몸가짐, 마음가짐 등에 대해서 신경을 써야 합니다. 사람이 살아가는 일 중에서 가장 엄숙하고 존귀한 일이 생사에 대한 문제입니다. 죽음보다 더 엄숙한 일은 이 세상에 없습니다. 그래서 재를 지내는 사람도 마음을 닦아서 지내야 되고 유족들도 온갖 정성을 들여야 합니다. 그렇게 했을 때 재를 지낸 복이 살아나게 됩니다.

이웃 나라 일본 사람들은 불교가 생활화되어 있습니다. 그 사람들은 천하의 못된 짓을 해서 지탄받던 사람이라도 그 사람이 죽으면 그 순간부터 모두 꿇어앉아서 그 사람을 향해서 예배하고 성불을 기원한다고 합니다. 말하자면 천하의 악독한 사람도 죽으면 열반에 들었다거나, 성불했다는 그런 표현을 쓰는 것입니다. 그런 마음들은 바로 이 지장경의 영향이라고 볼 수 있습니다.

또 본문에서 정근하고 스님에게 받들어 올리면 목숨을 마친 사람이 칠 분의 일을 얻게 된다고 합니다. 다시 말해 재를 지내면 돌아가신 분에게 이익이 되니 마땅히 돌아가신 부모와 친척을 위하여 재를 베풀어야 합니다. 또한 공양을 올리되 지극한 마음으로 공양을 올리면 살아있는 사람과 죽은 사람에게 이로움이 있다고 말하고 있습니다. 이 말씀을 설하실 때 도리천궁에 있던 염부제의 모든 귀신들이 한량없는 보리심을 발하였으므로 대변 장자도 환희하는 마음으로 가르침을 받고 예배를 올린 뒤에 물러갔다고 합니다.

그런 맥락에서 재를 지내는 일은 하나에서 열까지 모두가 진지하고 엄숙하고 정숙하고 성의를 다해야 합니다. 재법문을 하는 스님들 중에 간혹 웃음을 자아내게 하려는 경우도 있습니다만, 반드시 그것은 삼가야 합니다. 지나치게 열광하는 말투도 맞지 않습니다. 법력이 없으면 성의를 다하여 간절하게라도 해야 하는 것이 법사된 도리입니다. 재를 지내는 데 대한 주의사항은 무엇보다 재를 주관하는 스님들이 모범을 보여야 합니다.

[第 八]

염라왕들이 찬탄하다
(閻羅王衆讚歎品)

제8장 염라왕들이 찬탄하다(閻羅王衆讚歎品)

이 품의 해설

　염라왕중찬탄품은 부처님께서 염라왕들이 업으로 태어난 귀신들이 아니라 이미 오래 전에 불도를 이루고 중생교화의 원력으로 화현(化現)하였다고 찬탄하시므로 이 같은 명칭이 붙었습니다.

　이 품의 줄거리를 대강 살펴보면 다음과 같습니다.

　부처님께서 지장경을 설하시는 도리천에 수많은 귀왕과 염라천자가 부처님과 지장보살의 위신력을 힘입어서 자리를 같이하게 되었습니다. 염라천자는 부처님께 지장보살은 육도 중에 계시면서 불가사의한 갖가지 방편으로 중생들을 제도함에도 불구하고, 왜 중생들은 죄의 과보에서 잠시 벗어났다가는 다시 악도에 떨어지는지, 그리고 왜 한 번의 구제로 영원한 해탈을 얻지 못하느냐고 물었습니다.

　이 질문에 대해서 부처님께서는 중생들의 악습, 즉 업으로 설명하십니다. 예컨대 어떤 길을 잃은 사람이 올바른 인도를 받더라도 그가 정신을 바짝 차리지 않으면 다시 길을 잃는 수가 있는 것처럼, 지장보살도 중생들을 교화하지만 중생들이 깨침의 눈을 얻지 못해서 다시 미혹의 길로 들어갈 수 있다는 것입니

241

다. 그래서 지장보살은 한 번의 구제로 자신의 일이 끝났다고 생각하지 않고 끊임없이 교화를 계속합니다.

귀왕들의 대표격인 악도 귀왕이라는 이가 부처님께 이런 말을 합니다. "어떤 이가 당장에는 완전한 해탈을 얻지 못했을지라도 단 한 가지의 불도를 향한 선행만 있으면 귀왕들이 그들을 보호한다."고 말합니다. 이 말을 듣고 부처님께서는 염라 천자와 귀왕들이 중생들을 보살피는 일을 칭찬하십니다.

이 때 다시 수명을 주관(主命)하는 귀왕이 나서서 부처님께, "중생들은 좋은 일이 있을 때면 착한 일로 보답해야 하거늘, 그와 반대로 오히려 산목숨을 죽이는 일 등을 저지르니 재앙을 스스로 부르는 것과 같다."고 말합니다. 그렇지만 귀왕들은 중생들이 불심을 갖기만 해도 선악을 묻지 않고 구원하려 하는데, 만일 선행을 한다면 귀왕들이 중생들을 구원하는 일은 마땅한 도리라고 말합니다.

이 말을 듣고 부처님께서는 주명 귀왕에게 미래세에 큰 원을 세우고 생사윤회의 중생들을 보호하라고 타이릅니다. 부처님께서는 다시 지장보살의 증명하에 귀왕들에게 수기를 설하십니다.

"주명 귀왕은 무량겁의 긴 세월 동안 중생들을 옹호해 오고 있으니, 그들은 평범한 귀신이 아니라 중생들을 구제할 원력으로 화현하여 나타났으므로, 백칠십 겁을 지나서 마땅히 성불하리라."는 것입니다.

염라왕중찬탄품에서는 지옥을 관장하는 왕을 소개하고 있는데 사후세계를 관장하는 왕으로 10대왕을 들 수 있습니다. 그

10대왕은 각각 분담하는 역할이 다릅니다.

제1 진광대왕은 죄인을 추려내는 일을 맡으면서도 중생들을 구하겠다는 본래의 서원을 지키려고 합니다.

제2 초강대왕은 아비규환의 지옥중생에게 자비심을 심어 줍니다.

제3 송제대왕은 중생들이 원을 따라 왕생하게 하는 일을 합니다.

제4 오관대왕은 중생들의 업을 저울질하는 일을 합니다.

제5 염라대왕은 화엄이라는 이름의 국토에 중생들을 보살로 만들어 그 곳을 꽉 차게 하는 일을 합니다.

제6 변성대왕은 지옥 고통이 아무리 길다고 하더라도 반드시 끝이 있으므로, 중생들이 기한을 채우고 출옥하게 하는 일을 합니다.

제7 태산대왕은 공양을 청하고 극락세계로 갈 좋은 안을 내놓는 일을 합니다.

제8 평등대왕은 겉으로 드러나지 않으면서 중생들을 구하는 일을 숨어서 합니다.

제9 도시대왕은 날마다 직접 극락의 길로 가는 예를 보이면서 지옥의 불을 끕니다.

제10 오도전륜대왕은 자비심을 일으켜서 자신을 낮추고 중생들이 불도 이루기를 권합니다.

1. 염라왕의 대중들

爾時鐵圍山內에 有無量鬼王하니 與閻羅天子로 俱詣忉利하여 來到佛所
하니 所謂惡毒鬼王과 多惡鬼王과 大爭鬼王과 白虎鬼王과 血虎鬼王과
赤虎鬼王과 散殃鬼王과 飛身鬼王과 電光鬼王과 狼牙鬼王과 千眼鬼王
과 噉獸鬼王과 負石鬼王과 主耗鬼王과 主禍鬼王과 主福鬼王과 主食鬼
王과 主財鬼王과 主畜鬼王과 主禽鬼王과 主獸鬼王과 主魅鬼王과 主産
鬼王과 主命鬼王과 主疾鬼王과 主險鬼王과 三目鬼王과 四目鬼王과 五
目鬼王과 祁利失王과 大祁利失王과 祁利叉王과 大祁利叉王과 阿那吒
王과 大阿那吒王과 如是等大鬼王이 各各與百千諸小鬼王으로 盡居閻
浮提하여 各有所執하며 各有所住하니 是諸鬼王이 與閻羅天子로 承佛威
神과 及地藏菩薩摩訶薩力하사와 俱詣忉利하여 在一面立이러라

　그 때에 철위산 안의 많은 귀왕들이 염라천자와 함께 도리천
에 와서 부처님이 계신 곳에 이르렀다.

　이른바 악독귀왕과 다악귀왕과 대쟁귀왕과 백호귀왕과 혈호
귀왕과 적호귀왕과 산앙귀왕과 비신귀왕과 전광귀왕과 낭아귀
왕과 천안귀왕과 담수귀왕과 부석귀왕과 주모귀왕과 주화귀왕
과 주복귀왕과 주식귀왕과 주재귀왕과 주축귀왕과 주금귀왕과
주수귀왕과 주매귀왕과 주산귀왕과 주명귀왕과 주질귀왕과 주
험귀왕과 삼목귀왕과 사목귀왕과 오목귀왕과 기리실왕과 대기
리실왕과 기리차왕과 대기리차왕과 아나타왕과 대아나타왕이
었다.

　이러한 대귀왕들이 각각 백천이나 되는 여러 소귀왕을 거느

리고 모두 염부제에 살고 있으면서 각각 맡은 것이 있고, 각각 머무르는 곳이 있었는데, 이러한 모든 귀왕들이 염라천자로 더불어 부처님의 위신력과 지장보살마하살의 힘을 받들어 함께 도리천에 참예하여 한 쪽에 공손히 서 있었다.

강의 명부전에 가면 귀왕도 있고 염라대왕도 있고 수많은 대왕들이 있습니다. 여기에 수많은 귀신의 왕이 소개되는데 저승 세계 이야기이기 때문에 귀왕이라고 표현하고 있습니다.

말을 하자면 저승과 이승을 나눠 놓고 이야기하지만 실은 저승 세계와 이승 세계가 둘이 아님을 나타냅니다. 우리도 이승에 살고 있지만 어떤 면에서 보면 저승에 가 있다고 할 수 있습니다. 전생에서 죽은 입장에서 보면 이승은 저승이 됩니다. 다시 말해 다음 생을 받는 그런 입장으로 생각하면 우리는 모두 저승에 와 있는 것입니다.

그런데 우리는 지금 저승이 아니고 이승에 있다고 말합니다. 또 우리만 그런 것이 아니고 우리가 죽어서 저승에 가게 됩니다. 그러면 이 자리에 우리가 다시 태어납니다. 우리를 보내는 사람은 저승에 갔다고 합니다. 그러나 우리는 이승에 와 있습니다.

그러면 여기서 귀왕이라고 하는 것은 유명 세계나 저승에 가 있다고 하지만 따지고 보면 우리의 현실 속에 있는 여러 요소들을 그렇게 표현해서 부른다고 할 수 있습니다. 비단 지장경에서 뿐만 아니라 천수경에서도 지옥 이야기가 나오는데 그것도 지옥을 따로 떼어서 이야기하는 것이 아니라 현실의 문제를 지옥에 비유했다고 볼 수 있습니다.

지장경에서는 지옥의 이야기가 중심을 이루고 있고 명부전에는 그림으로 나타내기도 합니다. 그러나 그처럼 형상화되어 있는 그런 지옥은 어디에도 없습니다. 그런 형상화된 지옥은 부정해도 좋지만 우리가 겪는 일상 속에는 지옥이 엄연히 존재합니다.

예를 들어 불로써 가슴을 지지는 듯한 그런 분노와 울화를 비롯하여 죽을 것 같은 분노심 등은 화탕지옥보다 더 실감나는 화탕지옥이라고 할 수 있습니다. 이러한 사실들은 아무도 부정할 수 없습니다.

또 경전에서는 칼산지옥을 말하고 있습니다. 칼산지옥이 실제로 존재하지는 않지만 칼로 가슴을 도려내는 듯한 쓰라린 아픔과 고통은 우리가 더러 겪는 일입니다. 실제로 칼이 삐죽삐죽 서 있는 그런 지옥이 어디에 있는지 알 수는 없지만 우리들이 스스로 겪는 칼산지옥은 아무도 부정할 수 없습니다.

그래서 여기에 나오는 귀왕도 그런 식으로 이해할 수 있습니다. 흔히 경전을 가리키는 말로 심불반조(心不返照), 간경무익(看經無益)이란 말이 있습니다. 경전의 말씀을 마음에 비춰보지 아니하면 경을 아무리 공부해도 이익이 없다는 것입니다. 왜냐하면 부처님의 말씀은 마음의 세계, 우리들 마음이 겪는 세계를 그리고 있기 때문입니다. 경전의 원형은 우리가 겪는 마음, 우리들 마음 속에서 일어나는 온갖 심리작용입니다. 그런 심리작용을 경전이 설명하고 있다고 볼 수 있습니다.

국가나 민족, 시대, 습관이 다 다르기 때문에 경전에서는 어떤 원형만 설명해 놓은 것입니다. 그래서 경전은 그 시대상황에 따라서 이해하고 설명해야 하는 것입니다. 경전에서 말한 사실들을 우리가 액면 그대로 본다면 경전을 바르게 소화할 수 없습니다.

본문에서 수많은 귀왕이 소개되어 있는 것은 우리들 삶 속에서 있을 수 있는 요소들로 보아야 합니다. 그것을 구체적인 어떤 귀신 그 자체로 보는 것은 올바른 해석이 아닙니다. 여기에 나오는 수많은 귀신들은 각각 맡은 바 소임을 가지고 있는 그런 귀신이라고 볼 수 있습니다.

2. 염라천자의 의문

爾時에 閻羅天子胡跪合掌하여 白佛言하시되 世尊하 我等이 今者에 與諸鬼王으로 承佛威神과 及地藏菩薩摩訶薩力하사 方得詣此忉利大會하시오며 亦是我等이 獲善利故이다 我今에 有小疑事하와 敢問世尊하사옵나니 唯願世尊하 慈悲로 爲我宣說하소서 佛告閻羅天子하되 恣汝所問하나니 吾爲汝說하리라 是時에 閻羅天子瞻禮世尊하시옵고 及廻視地藏菩薩하오며 而白佛言하시되 世尊하 我觀하오니 地藏菩薩이 在六道中하사 百千方便으로 而度罪苦衆生하시되 不辭疲倦하시나니 是大菩薩이 有如是不可思議神通之事시어늘 然諸衆生이 脫獲罪報하였다가 未久之間에 又墮惡道하나니 世尊하 是地藏菩薩이 旣有如是不可思議神力이어늘 云何衆生이 而不依止善道하여 永取解脫하나이까 唯願世尊하 爲我解說하소서

그 때에 염라천자가 호궤 합장하고 부처님께 말씀드렸다.

"세존이시여, 저희들은 지금 여러 귀왕과 더불어 부처님의

위신력과 지장보살마하살의 힘을 받들어 바야흐로 이 도리천의 큰 법회에 참례함은 이 또한 저희들이 좋은 이익을 얻었기 때문입니다. 제가 지금 약간 의심스러운 일이 있어 감히 세존께 여쭈오니 원컨대 세존께서는 자비로 여기시고 저희들을 위하여 말씀하여 주십시오."

부처님께서 염라천자에게 이르시었다.

"그대는 마음대로 물어 보라. 내 그대를 위해 말하리라."

이 때에 염라천자가 세존을 우러러 예배를 드린 후 지장보살을 돌아보면서 부처님께 말씀드렸다.

"세존이시여, 제가 살펴보니 지장보살께서는 육도 중에 계시면서 백천 가지 방편으로 죄를 지어 고통받는 중생들을 제도하시느라고 피곤하신데도 그 괴로움을 사양하지 아니 하십니다. 이 대보살에게는 이와 같은 불가사의한 신통이 있습니다만 그러나 모든 중생들이 죄의 과보에서 벗어남을 얻었다가 오래지 아니하여 다시 악도에 떨어지곤 합니다.

세존이시여, 이 지장보살에게 이미 이와 같은 불가사의한 신통력이 있는데 어찌하여 중생들은 옳은 법에 의지하여 영원한 해탈을 얻지 못합니까? 원컨대 세존이시여, 저를 위하여 해설하여 주십시오."

강의 염라천자는 부처님께 지장보살은 육도에 계시면서 백천 가지 방편으로 중생을 제도하느라 피곤하지만 모든 중생들이 죄보의 벗어남을 얻었다가 오래지 아니하여 다시 악도에 떨어지는데 왜 그렇게 되며, 중생들은 선도에 의지하여 영원한 해탈

248

을 하지 못하는지 궁금해하면서 묻습니다. 다시 말해 지장보살의 위신력과 원력은 정말 위대한데 왜 한 번 제도하면 끝이 아니라 다시 악도에 떨어지는지 궁금해하는 것입니다. 이것은 왜 자기 업을 완전히 버리지 못하고 다시 되풀이하는지에 대해서 안타까워하면서 질문하는 것입니다.

이 부분은 인간의 심리를 잘 대변해 주고 있습니다. 흔히 우리는 작심삼일이라고 해서 한번 마음을 다져서 새로이 출발하지만 얼마 못 가서 다시 본래의 모습으로 돌아오고 맙니다. 한번 제도되었으면 그 사람은 영원히 악도에 떨어지지 아니하고 나쁜 짓을 하지 않고 좋은 일만 하는 보살의 삶을 살아가야 하는데 그렇지 못하다는 것입니다. 한번 정도 보살이 되었다가는 곧 지옥 · 아귀 · 축생 · 인도 · 천도 · 아수라의 육도에 떨어지고 마는 것입니다.

우리의 삶을 보면 어쩌다 한번씩은 보살 노릇도 하고 부처 노릇도 할 때가 있습니다. 그러다가 또 한번씩 지옥 노릇도 하고, 아귀 · 축생 노릇도 스스럼없이 하게 됩니다. 천태학에서는 한 인간이 한 찰나, 한 순간 속에 삼천 가지의 요소를 가지고 있다고 합니다. 삼천 가지 요소를 크게 말하면 열 가지 모습의 사성육범(四聖六凡)으로 나뉘는데 네 가지는 성인의 요소를 가지고 있고 나머지 여섯 가지는 범부의 요소를 가지고 있다는 것입니다.

다시 말해 삼천 가지를 축소하면 사성육범의 열 가지로 요약할 수 있습니다. 중생이 갖고 있다는 네 가지 성인의 요소 중 첫째는 부처님의 요소입니다. 우리는 부처님의 요소를 갖고 있기 때문에 가끔 부처의 행동을 한다는 것입니다. 24시간 내내 꾸준하게 부처의 행동을 할 수는 없지만 하루에 한 번 정도는 부처의 행동을 하면서 살아갑니다. 또한 아무리 착한 사람이라 할지라도 한번씩 아수라나 아귀의 모습을 나타낼 때가 있습니다. 착한 사람도 상상할 수 없는 일을 저지르는 경우가 있는 것입니다. 사람들에겐 모두 그런 요소를 다 가지고 있습니다.

네 가지 성인의 요소 중 두 번째는 보살의 모습이고 그 다음은 성문과 연각의 모습입니다. 이렇게 네 가지 성인의 요소를 우리가 갖고 있다고 합니다.

또 육범은 흔히 육도라고 하는데 지옥 · 아귀 · 축생 · 인도 · 천도 · 아수라의 여섯 가지 요소를 말합니다. 이상의 열 가지 요소를 우리가 다 함께 지니고 있는 것입니다. 그 열 가지 요소 중에서 밖으로 표현될 때 어떤 요소가 나오느냐에 따라 우리의 모습은 달라집니다. 그래서 사람은 한 가지 모습이 아닌 여러 가지 모습을 하면서 살아갑니다. 착한 사람이라고 해서 다 착하다고 생각하는 것도 잘못이고, 나쁜 사람이라고 해서 다 나쁘다고 결론짓는 것도 잘못입니다. 우리 인간의 내부에 존재하고 있는 열 가지 요소가 어떤 인연을 만나느냐에 따라 각기 다른 모습으로 표출되는 것입니다.

한 가지로만 그 사람을 단정짓는 것은 잘못된 판단입니다. 우리는 경우에 따라서 수천 가지의 모습으로 변할 수 있습니다. 이와 같이 불교의 교리는 우리의 현실을 잘 반영하고 있습니다. 불교 교리가 우리의 생활 속에서 매순간 확인되고 있다고 해도 과언이 아닙니다.

한 가지 예를 들어보면 우리의 하루생활 속에서도 수천 가지

의 마음이 오고 가는 것을 얼마든지 느낄 수 있습니다. 아침에
는 기분이 좋았지만 회사에 나가서 잘못된 일이 있으면 그 순간
부터 우리의 마음은 지옥처럼 괴로워집니다. 그래서 우리는 부
처님의 가르침을 잘 이해하고 마음관리를 잘 해야 합니다. 굳이
마음관리자를 두지 않고도 마음을 잘 다스리려면 깨달음에 대
한 확신이 있어야 합니다. 깨달음을 얻기 전에는 자기 자신을
끊임없이 관리해야 합니다. 스스로 자신의 관리자가 되어야 하
는 것입니다. 우리는 마음관리를 잘 하기 위해서 불교공부를 하
는 것입니다.

3. 악업의 인연을 반복하다

佛告閻羅天子하시되 南閻浮提衆生이 其性이 剛强하여 難調難伏커늘 是大
菩薩이 於百千劫에 頭頭救拔如是衆生하여 早令解脫게하며 是諸罪人도
乃至墮大惡趣히 菩薩이 以方便力으로 拔出根本業緣하여 而遣悟宿世之
事게하건마는 自是閻浮衆生이 結惡習重하여 旋出旋入하여 勞斯菩薩하고 久
經劫數하여 而作度脫게하나니 譬如有人이 迷失本家하고 誤入險道할새 其
險道中에 多諸夜叉와 及虎狼獅子와 蚖蛇蝮蠍하였더니 如是迷人이 在險
道中하여 須臾之間에 即遭諸毒커늘 有一知識이 多解大術하여 善禁是毒과
乃及夜叉諸惡毒等이러니 忽逢迷人이 欲進險道어늘 而語之言하되 咄哉라
男子여 爲何事故로 而入此路하며 有何異術인대 能制諸毒이어냐 是迷路人
이 忽聞是語하고 方知險道하여 即便退步하며 求出此路어늘 是善知識이 提
携接手하고 引出險道하여 免諸惡毒하고 至于好道하여 令得安樂게하고 而

語之言하되 咄哉迷人아 自今以後에 勿履此道하라 此路入者는 卒難得出하며 復損性命하리라하거든 是迷路人도 亦生感動하며 臨別之時에 知識이 又 言하되 若見知親과 及諸路人이 若男若女어든 言於此路에 多諸惡毒일새 喪失性命이라하여 無令是衆으로 自取其死하라하나니

부처님께서 염라천자에게 이르셨다.

"남염부제의 중생들은 그 성질이 억세고 거칠어서 다스리기도 어렵고 길들이기도 어렵다. 이 대보살은 백천겁을 지내오면서 이러한 중생들을 하나하나 구제하여 빼내고 해탈하게 하였다. 죄보(罪報)를 받은 사람이나 큰 악도의 사람까지도 보살이 방편력을 가지고 근본 업의 인연에서 빼내어 숙세의 일을 깨닫게 하였건만, 이 염부제의 중생들이 스스로 악습을 무겁게 맺어 업의 인연에서 나오자마자 곧 되돌아 들어가서 이 보살을 수고롭게 하고 오랜 겁을 지낸 뒤에 가서 제도하여 해탈하게 된다.

비유하자면 어떤 사람이 정신이 흐려서 자기의 집을 잃어버리고 잘못 험한 길로 들어갔는데 그 험한 길 가운데는 온갖 야차와 호랑이와 사자와 뱀과 독사, 살무사와 전갈이 많았다. 이와 같이 길을 잃은 사람이 험한 길 가운데서 잠깐 사이에 곧 여러 가지 독을 만나게 된다. 어떤 지식이 있는 사람이 큰 술법을 많이 알아 이러한 독과 야차와 모든 악독한 것들을 잘 금지시키다가 문득 길을 잃은 사람을 만났다. 그가 험한 길로 나아가고자 하므로 그에게 말하기를 '이 딱한 사람아, 무슨 일 때문에 이 길로 들어가며 어떤 특별한 술법이라도 있어서 능히 이 모든 독을 막아내겠는가?' 하니, 이 길 잃은 사람이 문득 이 말을 듣고

252

비로소 험한 길인 줄 알고 곧 물러나서 이 길에서 벗어나고자 하였다.

그 때 이 선지식이 손을 잡아 인도하여 험한 길에서 끌어내어 모든 악독한 것을 면하게 하고 좋은 길에 이르게 하여 그로 하여금 편안함을 얻게 하고는 말하기를, '이 딱한 사람아, 다음부터는 이 길로 들어가지 마라. 이 길로 들어가는 자는 마침내 나오기가 어려울 뿐 아니라 또한 생명조차 잃게 된다'고 하니 이 길 잃은 사람도 또한 감동하는 마음이 생겼다.

이별할 때에 선지식이 또 말하기를, '만약 길을 가는 사람이 친한 사람이거나 아니거나 또 남자거나 여자거나 이 길에는 여러 가지 사납고 독한 것들이 많아서 생명을 잃게 된다고 말하여 이러한 무리들로 하여금 스스로 죽음의 길로 들어서지 않게 하라.'고 하는 것과 같다."

강의 염라천자는 부처님께 지장보살이 한번 제도해 놓으면 처음에는 제도된 것처럼 보이다가 중생이 어느덧 또다시 죄악의 길로 빠지니까 거기에 대해서 의심스러워 질문하는 것입니다. 부처님께서는 염라천자에게 남염부제의 중생들은 그 성질이 굳세고 거칠어서 다스리기도 어렵고 복종시키기도 어렵다고 말씀하십니다. 앞에서도 여러 번 강강(强剛)중생이라는 말이 나왔습니다. 강강중생을 교화하는 것이 바로 경전의 가르침입니다. 따지고 보면 강강중생 때문에 지장경이 필요하다고 할 수 있습니다.

최근에 지장보살이 굉장히 인기가 있고 지장경도 사람들이 선호하는 경전이 되었습니다. 그것은 아마 지장경 속에 강강중생을 제도하기 위한 여러 가지 방편설이 들어 있기 때문일 것입니다. 본문에서도 그런 강강중생은 제도하기 어렵다고 표현하고 있으며 또 오랜 세월을 지나면서 하나하나 구원하여 악도에서 빼내었다고 말하고 있습니다.

또 지장보살이 계속 가르치고 다독거리고 제도하여 인과의 도리를 깨닫게 했지만 악습을 무겁게 맺어 또다시 과보를 짓게 된다고 말했습니다. 중생은 선업을 짓다가도 악한 인연을 만나면 또 악한 업을 짓고 좋은 행동을 하다가도 악행을 저지르는 것을 되풀이합니다. 우리의 마음은 경전에서 밝힌 것처럼 늘 변화무쌍한 것입니다.

경전에서는 지장보살의 가르침을 통해서 모두 제도되었는데 또다시 죄업의 윤회에 빠지고 만다는 것입니다. 그런 인간의 속성 때문에 지장보살과 같은 강한 원력이 필요한 것입니다. 말하자면 인간들은 오랜 세월을 지나면서 끊임없이 선업과 악행의 굴레에서 벗어나지 못하고 있습니다.

그래서 부처님께서는 또 다른 비유를 들어서 설명하고 있습니다. 영리한 사람, 지혜로운 사람은 비유로써 깨닫는다고 말씀하고 있습니다. 불교의 경전에는 비유가 매우 많습니다. 우리가 사는 모습을 불난 집에 비유한 것은 정말 실감나는 비유인 것입니다.

경문에서 비유하기를 어떤 사람이 정신이 흐려서 본집을 잃어버리고 험한 길로 들어갔는데 야차와 호랑이와 사자와 뱀과 독사가 많아 길을 잃은 사람이 잠깐 사이에 여러 가지 독을 만나게 된다고 하였습니다. 그런데 어떤 지식이 있는 사람이 있어

술법을 많이 알고 이러한 독과 야차와 모든 악독한 것들을 잘 금지시키다가 문득 길 잃은 사람을 만나니 험한 길로 나아가고자 하므로 그 길로 가지 못하도록 일러줍니다.

우리가 사는 세상은 야차·호랑이·사자·뱀·독사가 우글거리는 것으로 표현되듯이 두렵고 위험할 때가 많습니다. 법화경에서 불난 집이라고 표현한 것도 바로 그런 이유 때문입니다.

지금 여기에서는 사바세계를 야차·호랑이·사자·뱀·독사 등이 가득한 곳으로 표현해 놓았습니다. 이러한 험한 세상에서 한 선지식을 만나게 되면 어떤 어려움과 고통도 극복할 수 있는 길이 열린다고 했습니다. 우리가 선지식의 손을 잡고 그 인도대로 따라 가면 악과 독을 면하여 좋은 길로 접어들 수 있습니다.

선지식은 바로 부처님과의 인연이라고 할 수 있습니다. 부처님의 가르침을 만나서 뭔가 깨달음을 얻고 마음에 이익됨이 있고, 이 세상에서 제일 훌륭한 가르침이라는 확신이 생기면 그것을 꼭 다른 사람에게 이해시키고 설득시켜 불교를 통해서 삶의 바른 길을 제대로 가도록 이끌어 줄 의무가 있습니다. 아무리 좋은 가르침이라도 그것을 널리 알려서 모든 사람들이 더불어 함께 이익을 얻도록 하지 않는다면 별 가치가 없습니다. 우리가 잘 알지 못한다고 겸손할 것이 아니라 조금 알아도 그것을 전할 수 있고 행동으로 실천할 수 있어야 합니다.

경전에는 부처님에게 공덕을 짓겠다고 부처님을 머리에 이고 수많은 세월을 지내거나 부처님의 평상이 되어서 온 지구를 다 덮을 수 있다 하더라도 불교의 가르침을 전하고 사람들을 깨우치는 일을 하지 않는다면 이것은 부처님께 공양하고 부처님의 은혜를 갚는다고 할 수 없다고 하였습니다.

불교의 요체 중의 하나가 바로 중생제도입니다. 어떤 면에서 불교는 처음부터 끝까지 중생제도가 목적이기 때문에 자기가 아는 만큼만 이웃에게 베풀어도 그것은 큰 제도가 됩니다. 본문에서 잘못 길을 든 사람이 선지식을 만나서 그 길을 잘 빠져 나왔듯이 그 또한 다른 사람이 잘못된 길을 가는 것을 일러줄 의무가 있다고 말하고 있습니다. 이 부분에서는 우리는 부처님께서 태자의 몸으로서 그 값진 태자의 지위를 버리고 출가한 것은 이 세상에서 가장 가치 있고 소중한 일을 위해서이며, 자신의 온몸을 던져 중생을 구제하겠다는 원력에서 비롯되었음을 기억해야 할 것입니다.

4. 악업의 인연을 반복하는 까닭

是故로 地藏菩薩이 具大慈悲하여 救拔罪苦衆生하여 欲生天人中하여 令受妙樂거든 是諸罪衆이 知業道苦하여 脫得出離하여 永不再歷하나니 如迷路人이 誤入險道라가 遇善知識하여 引接令出하여 永不復入하며 逢見他人하여 復勸莫入하면 自然히 因是迷故로 解脫離竟하며 更不復入이라하리라 若再履踐하여 猶尙迷誤하여 不覺舊曾所落險道하고 或致失命하면 如墮惡趣衆生을 地藏菩薩이 方便力故로 使令解脫하여 生人天中케하여도 旋又再入하나니 若業結重하면 永處地獄하여 無解脫時리라

"그러므로 지장보살이 대자비를 갖추어서 죄를 지어 고통받

는 중생들을 구제하여 천상과 인간 중에 나게 하여 그들에게 즐거움을 받게 하고자 하거든, 이 모든 죄지은 무리가 업보의 괴로움을 알아서 벗어나서는 다시는 그 길을 밟지 않게 할 것이다. 이것은 마치 저 길을 잃은 사람이 잘못 험한 길로 들어갔다가 선지식의 인도를 얻어 밖으로 나오게 되어 다시는 들어가지 않고, 또 그가 다른 사람을 만나면 다시 그를 권하여 들어가지 않게 하는 것은 저절로 미혹에 의한 어리석음으로부터 벗어나 다시는 들어가지 않는 것과 같다.

만약 두 번 다시 그 길을 밟게 된다면 그는 아직도 미혹한 데 있어서 옛날에 일찍이 험한 길에 떨어졌던 것을 깨닫지 못하고 목숨을 잃어버리는 것이 되는데, 그것은 마치 악도에 떨어진 중생들을 지장보살의 방편력으로 해탈케 하여 인간과 천상에 나게 하였으나 또다시 들어감과 같은 것이다. 만약 업을 다시 맺게 되면 영원히 지옥에서 해탈할 때가 없을 것이다."

강의 본문에서 지장보살이 대자비를 갖추고 중생을 구하여 천상이나 인간에 태어나게 하여 훌륭한 즐거움을 받도록 해주는 것은 길을 잃은 사람이 다시는 험한 길에 들어가지 않도록 함과 같다고 합니다. 우리가 악도에 들락날락하면서 최종적으로 불교를 만나 다시는 악에 빠지지 않게 된다는 것인데, 그러나 만약 업을 거듭 맺게 되면 지옥에서 해탈할 때가 없을 것이라고 경고하고 있습니다. 잘못인 줄 알면서도 그 업을 다시 짓는 경우는 너무나 허다한 일입니다. 그것은 투철한 깨달음이 없이 머리나 생각으로 이해하였기 때문입니다.

실은 머리로 이해하는 것이 아니고 투철한 깨달음이 있어야
됩니다. 깨닫지 못하고 머리로나 생각으로 이해된 것은 재차 범
하기가 일쑵니다. 불교에서 확실한 깨달음을 강조하는 이유가
여기에 있습니다.

5. 부처님과 같이 공경하리다

爾時에 惡毒鬼王이 合掌恭敬하여 白佛言하시되 世尊하 我等諸鬼王이 其
數無量이라 在閻浮提하여 或利益人하며 或損害人하여 各各不同은 然是業
報입니다 使我眷屬으로 遊行世界에 多惡少善이라 過人家庭커나 或城邑聚
落莊園房舍에 或有男子女人이 修毫髮善事하되 乃至懸一幡一盖하며 少
香少華로 供養佛像과 及菩薩像하며 或轉讀尊經하며 燒香供養一句一偈
라도 我等鬼王이 敬禮是人하되 如過去現在未來諸佛하여 勅諸小鬼에 各
有大力과 及土地分하여 便令衛護하여 不令惡事橫事와 惡病橫病과 乃至
不如意事近於此舍等處케하거든 何況入其門戶리까 佛讚鬼王하시되 善哉
善哉라 汝等과 及與閻羅天子로 能如是擁護善男子善女人하나니 吾亦令
於梵王帝釋하여 衛護汝等하리라

그 때에 악독귀왕이 합장하고 공경히 부처님께 말씀드렸다.
"세존이시여, 저희들 모든 귀왕은 그 수가 한량이 없습니다.
염부제에서 혹 사람을 이익되게도 하며 혹 사람을 손해보게도
하여 각각 같지 아니함은 업의 과보 때문에 그런 것입니다. 저
희 권속들이 세계를 돌아다녀 보니 악함은 많고 선함은 적었습

258

니다. 사람들의 가정이나 혹 성읍이나 마을이나 장원이나 주택을 지날 때, 혹 어떤 남자나 여인이 털 끝만한 작은 선이라도 닦으면서 한 개의 깃발이나 한 개의 일산이나 적은 향과 적은 꽃으로 불상과 보살상에 공양을 올리고, 혹 훌륭한 경문을 독송하거나, 향을 사루어 법문의 한 구절 한 게송에 공양한다면 저희들 귀왕은 이 사람에게 공경하기를 과거·현재·미래의 모든 부처님과 같이 합니다. 그리고 모든 작은 귀신들로서 각각 큰 힘이 있고 토지를 맡은 이들에게 명령하여 즉시 호위하도록 하고 나쁜 일이나 횡액이나 몹쓸 병이나 마음에 맞지 아니한 일들이 이 사람의 집 근처에 얼씬거리지도 못하게 할 것입니다. 그런데 어찌 그 문 안에 들어가게 하겠습니까."

부처님께서 귀왕을 칭찬하여 말씀하셨다.

"훌륭하고 훌륭하구나. 그대들 염라천자는 능히 이와 같이 선남자와 선여인을 옹호하니 내 또한 범천왕과 제석천에게 명령하여 그대들을 호위하게 하리라."

강의 귀왕들이 여러 곳을 돌아다니다 보면 악함은 많고 선함이 적은 것을 보게 된다고 말합니다. 그렇지만 어떤 사람이 털 끝만한 작은 선이라도 있으면 귀왕은 이 사람을 공경하여 과거·현재·미래의 모든 부처님과 같이 대하겠다고 말합니다. 선한 일은 적고 악한 일은 많은 사람들에게 상당한 희망을 주는 말씀입니다. 부처님 앞에 깃발을 하나 올린다든지 작은 꽃송이를 올린다든지 하는 조그마한 선행이라도 그것을 확대시키고 그 선행에 초점을 맞추어서 그 사람들을 제도하는 그런 일을 하겠다고 말하는 것입니다.

앞에서도 이와 같은 내용의 이야기가 나와 있습니다. 작은 선, 작은 선행, 착한 일 한 가지만 있어도 하루에 백 가지 악한 일을 한 것이 다 소멸되는 길이 있다는 말씀입니다. 악한 일을 많이 하는 사람들에게 매우 고무적인 말씀입니다. 다시 말해 선한 일을 확대시켜 거기에다 어떤 무게를 싣고 그것을 중심으로 부각시키면 차츰차츰 악한 일은 줄어들고 착한 일은 확대되어 악은 순식간에 선으로 반전되어 버릴 수 있다는 뜻입니다. 성냥한 개비로 태산을 태울 수 있는 이치와 같습니다.

평생을 악한 일을 하는 사람도 처음에는 아주 작은 좋지 않은 일 한 가지에서 비롯되었습니다. 예를 들어 어느 상점에서 과자를 하나 집어먹었는데 주인으로부터 아주 호된 꾸지람을 듣고 난 후 그것이 상처가 되어 평생을 악한 생활을 하는 조건이 되어 버릴 수도 있습니다. 이처럼 아주 하찮은 일로 인하여 엄청난 결과를 가져오게 합니다. 착한 일도 마찬가지입니다. 어느 소설가는 문인이 되게 된 동기가 초등학교 선생님의 작은 칭찬에서 비롯되었다는 회고록을 써 놓은 것을 본 적이 있습니다.

6. 나고 죽음에 임해서 꼭 지켜야 할 일

說是語時에 會中에 有一鬼王하니 名曰主命이라 白佛言하시되 世尊하 我本業緣으로 主其閻浮提人壽命하여 生時死時를 我皆主之하나니 在我本願하여는 甚欲利益이언마는 自是衆生이 不會我意하여 致令生死하여 俱不得安케

하나니 何以故오 是閻浮提人의 初生之時에 不問男女하고 將欲生時에 但
作善事하여 增益舍宅하면 自令土地로 無量歡喜하여 擁護子母하여 得大安
樂하여 利益眷屬케하리니 或已生下하여는 愼勿殺生이어늘 取諸鮮味하여 供給
産母하며 及廣聚眷屬하여 飮酒食肉하며 歌樂絃管하여 能令子母로 不得安
樂케하나니 何以故오 是産難時에 有無數惡鬼 及魍魎精魅가 欲食腥血
커든 是我早令舍宅土地靈祇로 荷護子母하여 使令安樂하여 而得利益케하
니 如是之人이 見安樂故로 便合設福하여 答諸土地어늘 翻爲殺生하여 集
聚眷屬할새 以是之故로 犯殃自受하여 子母俱損케하나이다 又閻浮提臨命
終人을 不問善惡하고 我欲令是命終之人으로 不落惡道케하거든 何況自修
善根하여 增我力故리까 是閻浮提行善之人이 臨命終時에도 亦有百千惡
道鬼神이 或變作父母하며 乃至諸眷屬하여 引接亡人하여 令落惡道케하나니
何況本造惡者리까 世尊하 如是閻浮提男子女人이 臨命終時에 神識이
惛昧하여 不辨善惡하며 乃至眼耳히 更無見聞커든 是諸眷屬이 當須設大
供養하며 轉讀尊經하여 念佛菩薩名號하면 如是善緣으로 能令亡者로 離諸
惡道하고 諸魔鬼神이 悉皆退散하리다 世尊하 一切衆生이 臨命終時에 若
得聞一佛名커나 一菩薩名하며 或大乘經典一句一偈하면 我觀如是輩人
은 除五無間殺生之罪하며 小小惡業으로 合墮惡趣者라도 尋卽解脫하리다
佛告主命鬼王하시되 汝大慈故로 能發如是大願하여 於生死中에 護諸衆
生하나니 若未來世中에 有男子女人이 至生死時어든 汝莫退是願하고 總令
解脫하여 永得安樂케하라 鬼王이 白佛言하되 願不有慮하소서 我畢是形토록
念念擁護閻浮衆生하여 生時死時에 俱得安樂케하려니와 但願諸衆生이 於
生死時에 信受我語하여 無不解脫하여 獲大利益이니다

이 말씀을 하실 때에 법회 중에 한 귀왕이 있는데 이름을 수

명을 맡은[主命] 귀왕이라 하였다. 그가 부처님께 말씀드렸다.

"세존이시여, 저는 본래 업연으로 염부제 사람들의 수명을 맡아 날 때와 죽을 때를 제가 모두 알아서 주관합니다. 제 본래의 원은 사람들에게 매우 큰 이익을 주고자 한 것이지만 이 중생들이 제 뜻을 알지 못하고 사람들의 나고 죽음을 이루게 한다 하여 모두 불안해합니다.

왜냐하면 이것은 염부제 사람들이 처음 태어날 때에 남자나 여자를 불문하고 다만 착한 일을 하게 되면 집안에 이익이 더하고 토지신도 절로 기뻐함이 한량없을 것입니다. 자식과 어머니를 보호하여 큰 안락을 얻고 가족도 이로울 것입니다.

혹 아이를 낳은 뒤에도 조심하여 생명을 죽이지 말아야 됩니다. 그런데 여러 가지 비린 것들을 가져다가 산모에게 먹이며, 널리 친척들을 모아놓고 술을 마시고 고기를 먹으며, 노래하고 거문고 타며 피리 불어서 자모(子母)로 하여금 안락하지 못하게 합니다. 그렇게 하면 아이를 낳을 때에 무수한 악귀와 도깨비들이 비린내나는 피를 먹고자 하는데 내가 미리 사택과 토지의 신들에게 지시하여 아이와 어머니를 옹호하여 그들로 하여금 안락하고 이익하게 합니다. 이와 같이 안락함을 입었으므로 곧 복을 베풀어 모든 토지신들에게 보답해야 하거늘 도리어 산 것을 죽여 놓고 권속들을 모았으니 이것 때문에 재앙을 범하여 스스로 받으므로 자식과 어머니가 함께 손상을 입습니다.

또한 염부제에서 목숨을 마침에 이른 사람이 있으면 선악을 불문하고 저는 그 목숨을 마치는 사람으로 하여금 악도에 떨어지지 않도록 하고자 하는데, 하물며 스스로 선근을 닦으면서 제

힘을 도와주는 것이 되니 얼마나 다행이겠습니까.

그러나 이 염부제에서 선을 행한 사람도 목숨을 마칠 때 또한 백천의 악도(惡道)의 귀신들이 혹은 부모로 변신하고 또는 여러 권속으로 변하여 돌아가신 분을 인도하여 악도에 떨어지게 하거든 하물며 본래 스스로 악을 지은 사람이겠습니까.

세존이시여, 이와 같이 염부제의 남자나 여인이 명이 마칠 때를 당하면 정신이 혼미하여 선악을 분별하지 못하고, 또한 눈과 귀로 아무 것도 보고 들을 수 없습니다. 이 때 그의 가족들이 마땅히 큰 공양을 베풀고 좋은 경문을 읽으며 부처님과 보살의 명호를 외워야 합니다. 이와 같은 선한 인연은 능히 망자로 하여금 모든 악도를 여의게 하며 모든 마와 귀신을 모두 흩어져 사라지게 합니다.

세존이시여, 일체의 중생들이 목숨을 마칠 때가 되어 만약 한 부처님의 명호나 한 보살의 명호나 혹 대승경전의 한 구절이나 한 게송을 얻어들을 수 있다면 제가 보기로는 이와 같은 사람들은 5무간지옥에 떨어질 살생의 죄를 제하고는 소소한 악업으로 악도에 떨어질 사람은 곧 해탈을 얻게 하겠습니다."

부처님께서 주명귀왕에게 말씀하셨다.

"그대는 크게 사랑하는 마음으로 능히 이와 같은 큰 원을 발하여 생사 중에서도 모든 중생들을 보호하니 만약 미래 세상 중에 남자나 여인이 있어 태어나거나 죽을 때에 그대는 이 원력에서 물러서지 말고 모두 해탈시켜 영원히 안락을 얻게 하도록 하라."

귀왕이 부처님께 여쭈었다.

"원컨대 심려하지 마십시오. 저는 이 몸이 마치도록 순간 순간이라도 염부제 중생들을 옹호하여 태어날 때나 죽을 때에 모두 안락을 얻도록 하겠습니다. 다만 바라는 바는 모든 중생들이 나고 죽을 때에 제 말을 믿고 받아들이면 해탈하지 못할 사람이 없을 것이며 큰 이익을 얻을 것입니다."

강의 사람이 일생을 통해서 행하는 수많은 일들 중에 가장 신중하게 생각하고 해야 할 일은 곧 나고 죽음에 임해서 지켜야 할 일입니다. 사람의 생명을 맡은 주명귀왕은 그 문제에 대해서 대단히 의미 있고 중요한 말씀을 하고 있습니다. 좀 부연해서 정리를 하면,

"태어날 때에 남녀를 불문하고 선한 일을 많이 행하라. 그리하면 주위의 신들이 기뻐하여 보호하리라. 어머니와 가족들이 편안하고 이익이 있을 것이다. 다음으로 생명을 죽이지 말라. 생명을 죽이면 산모와 가족들이 불행해질 것이다. 새로 태어나는 생명을 위해 방생을 행하라. 그리하면 수명이 길어지며 건강한 일생이 되리라.

죽음에 이른 사람들은 선을 행하면 선이 더욱 증장하여 복이 많을 것이고, 악을 행하는 사람은 악이 더욱 증장하여 악도에 떨어지리라. 선을 행하는 일은 주명귀왕의 일을 덜어주는 일이 되고 악을 행하는 일은 악한 귀신들이 더욱 기뻐하는 일이기 때문이다. 특히 선한 일에 있어서는 가족들이 염불을 들려드리고 경전을 읽어드리며 보시와 공양을 베푸는 일이다."라고 하였습니다.

선과 악의 문제는 태어나고 죽음을 막론하고 언제나 행해야

할 일이겠으나 사람이 죽을 때와 태어날 때는 특별히 주의해야 할 일임을 강조하고 있습니다. 왜냐하면 모든 일이 그렇듯이 시작하는 순간이 제일 중요하기 때문입니다. 죽음도 실은 새로운 삶이 시작되는 순간이요, 태어나는 일은 그야말로 새 생명의 출발점입니다. 그런 까닭에 어느 때보다도 그 순간을 특별히 주의를 기울여야 한다는 것입니다.

실로 새 인생의 출발점에 서서 그 감동과 경이로움은 이루 다 말할 수 없을 것입니다. 사람들 앞에서 노래를 한 곡 불러도 그 시작은 떨리기 마련인데 새로운 인생이라고 하는 크나큰 무대 위에 올라 한 생애의 공연을 시작하는 순간인데 얼마나 중요한 순간입니까? 참으로 정성을 다하고 지혜를 다 동원하며 신중에 신중을 다하여 모든 것을 완벽하게 진행하려는 마음자세를 가져야 합니다. 경전은 아마도 그러한 마음에서 결집(結集), 편찬되었으리라고 생각합니다.

우리의 삶이라고 하는 것은 가능하면 사는 방향으로 나아가려 합니다. 살아있는 모든 생명체는 삶에 대한 본능적인 집착이 있는 것입니다. 그래서 이 세상에 살아 있는 것은 모두 사는 방향으로 나아가려고 하는 것입니다. 이러한 이치를 깨우쳐 주고자 하는 것이 지장경의 뜻입니다.

누구나 이 세상에 태어나서 살아가면서 업을 짓도록 조건지워져 있습니다. 그렇지만 부득이한 경우를 제외하고 일부러 죄업을 지어서는 안 되는 것입니다. 아이를 축하하기 위해서 모인 자리라면 아이에게 이득이 되는 일을 해야 합니다. 오히려 건강과 생명에 해를 입히는 방향으로 모임을 갖고 축하를 한다는 것은 잘못된 것입니다. 한 생명의 탄생을 축하하거나 제사를 지내면서 돌아가신 이를 추모하기 위해서 생명을 죽이는 일은 너무나 잘못된 일입니다. 어리석은 중생들이 업을 짓는 모습을 보면 안타까울 때가 많습니다. 자기가 살려고 하면서 오히려 죽을 짓만 골라서 정반대의 행동을 하고 있는 것입니다. 사업의 경우에도 자신은 흥하려고 한다지만 제 삼자의 입장에서는 망하려고 하는 것처럼 보일 때가 있습니다.

지혜의 눈이 없으면 그런 실수를 범하게 됩니다. 자신에게 지혜가 부족하면 지혜 있는 사람의 지혜를 빌려 쓸 줄도 알아야 합니다. 그러다 보면 그것이 자기의 지혜로 만들어지는 것입니다. 불교의 교주이신 부처님의 지혜는 한량이 없습니다. 그 무한한 부처님의 지혜를 우리가 배워서 자기 것으로 만들어야 합니다. 본문에서 생명을 주관하는 주명귀신이 볼 때 중생들의 행동이 참으로 어리석게 보이는 것입니다.

7. 수명을 주관하는 귀왕이 성불의 수기를 받다

爾時에 佛告地藏菩薩하시되 是大鬼王主壽命者는 已曾經百千生中하여 作大鬼王하여 於生死中에 擁護衆生하나니 如是大士慈悲願故로 現大鬼王身이언정 實非鬼也라 却後過一百七十劫하여 當得成佛하리니 號曰無相如來며 劫名은 安樂이요 世界名은 淨住라 其佛壽命은 不可計劫이니라 地藏菩薩아 是大鬼王의 其事如是하여 不可思議며 所度天人도 亦不可限量이니라

266

그 때에 부처님께서 지장보살에게 이르시었다.

"이 대귀왕은 수명을 맡은 자로 이미 백천 생을 지내면서 대귀왕이 되어서 삶과 죽음 가운데를 오가면서 중생들을 보호하고 있다. 이와 같이 보살의 자비스러운 원력 때문에 대귀왕의 몸을 나타냈을지언정 실상은 귀신이 아니다. 이후 일백 칠십 겁이 지나면 마땅히 불도를 성취할 것이니 명호는 무상여래(無相如來)라 하고, 겁의 이름은 안락이며, 세계의 이름은 정주(淨住)라 할 것이며, 그 부처님의 수명은 가히 겁으로 헤아리지 못할 것이다.

지장보살이여, 이 대귀왕에 관한 일은 이와 같이 불가사의하며 그가 제도한 하늘과 사람들의 수는 또한 헤아릴 수가 없다."

강의 사람의 수명을 주관하는 주명귀왕은 다른 보살들이 하지 않는 특별하고도 뛰어난 보살행을 하는 그 공덕으로 미래에 성불하리라는 수기(授記)를 받습니다. 수기라는 말은 일종의 예언으로서 부처님께서 제자들에게 수행의 결과로서 미래에 언제, 어느 곳에서, 어떤 이름의 여래가 되어, 얼마 동안 법을 펴는 일이 있게 되리라는 말씀을 하시는 것입니다. 부처님의 제자로서는 최상의 영광입니다. 수행자로서 신명을 다 바쳐서 불도를 닦아서 그 결과를 부처님으로부터 보장받는다는 것은 무어라 형용할 수 없는 기쁨입니다.

법화경에 특별히 수기하시는 일이 많이 나옵니다. 다른 제자들은 수기를 받는데 자신은 수기가 없거나 수기가 늦어지면 염려하고 낙심하는 모습들을 보여주기도 합니다. 그만큼 수기는 부처님의 제자로서는 더없이 중요한 일이기 때문입니다.

　다행히 주명귀왕은 무상여래라는 이름으로 성불하리라는 수기를 받습니다. 주명귀왕은 아주 특별한 보살행을 통하여 수많은 사람들을 제도하여 선도에 들게 하고 결국에는 성불하여 또다시 무량중생들을 건지게 된다는 아름다운 이야기 염라왕중찬탄품은 여기서 끝을 맺습니다.

[第九]

부처님의 명호를 부르라
(稱佛名號品)

제9장 부처님의 명호를 부르라(稱佛名號品)

이 품의 해설

칭불명호품은 '부처님의 명호를 부르다' 라는 뜻으로 지장보
살이 부처님께 만약 사람들이 한 부처님의 명호만을 외우더라
도 그 공덕이 무량한데 많은 부처님의 명호를 외운다면 그 공덕
은 사람의 말로 다 표현하지 못하고 사람의 생각으로 미치지 못
할 정도로 많다고 말씀하십니다.

칭불명호품의 대강의 줄거리를 살펴보면 다음과 같습니다.

지장보살이 부처님께 생사고해(生死苦海)에 허덕이는 중생들
에게 이익이 되는 말을 사뢰어도 되느냐고 묻습니다. 부처님께
서는 지장보살에게 육도 중생들을 제도하기 위해서 불가사의한
일을 말하게 하고 모든 중생들을 구제하겠다는 지장보살의 원
이 성취되면 과거 · 현재 · 미래의 중생들에 대해서 걱정을 하지
않겠다고 말씀하십니다.

이어서 지장보살은 과거 오랜 겁 전에 여러 부처님 시대에 각
기 부처님의 명호를 듣고 공경심을 내어서 그 공덕으로 오랜 기
간 동안 육도에 윤회해야 할 죄업을 소멸하였다고 말합니다. 과
거의 부처님으로는 무변신(無邊身)여래 · 보승(寶勝)여래 · 보상
(寶相)여래 등을 예로 들어 설명하십니다.

그런데 한 부처님의 명호만 외워도 공덕이 한량없는데 여러 부처님의 명호를 외우고 귀의하는 마음을 내면 그 공덕은 헤아릴 수 없이 많다고 합니다. 그 공덕은 산 사람이나 죽은 사람에게 다같이 큰 이익을 주는데, 만약 어떤 사람이 죽음에 다다라서 그를 위해서 한 부처님의 명호만 큰 소리로 외워도 그 사람이 받아야 할 죄업이 모두 소멸된다고 합니다. 남을 위해서 부처님의 명호를 외워도 그 공덕이 큰데 중생들이 스스로 외운다면 그 공덕은 더욱 클 것이라고 합니다.

칭불명호품은 부처님의 명호를 일컫는 공덕과 거기에 따르는 수행법에 대하여 이야기하고 있습니다. 오늘날 불자들이 불보살의 명호를 외우는 것은 여기에서 비롯되었습니다. 칭불명호품에서 부처님 명호를 부르거나 불상을 조성하거나 그림을 그리거나 공양을 올리는 선근을 통해서 공덕이 있다는 이야기는 곧 우리가 부처님의 명호뿐 아니라 여러 성인들의 이름을 부르면서 기도하는 그 원형이 바로 관음보살보문품과 아울러 이 지장경에서 찾을 수 있다는 뜻입니다.

그러면 여기서 부처님의 명호를 듣고 공경해서 귀의하면 무량겁의 죄업이 녹을 수 있는 이유를 살펴보기로 하겠습니다.

첫째, 명호라는 그 자체가 매우 심오한 상징적인 의미를 가지고 있습니다. 부처님의 명호는 어느 하나라도 그가 가지고 있는 심오한 뜻을 마음과 행동을 통해서 성취할 수 있다면 우리들의 욕망의 세계와 고통의 세계와 윤회의 세계를 벗어나서 해탈과 열반의 세계에 충분히 들어갈 수 있습니다.

가령 경전에서 무변신(無邊身)여래 · 보승(寶勝)여래 · 보상

(寶相)여래를 이야기하고 있는데 무변한 몸을 얻거나, 참으로 수승한 보배, 즉 깨달음과 열반을 얻거나, 부처님이 증득하신 지혜를 성취한다면 무량겁의 죄업을 녹이는 일은 실로 아무 것도 아닐 것이며, 거기에는 이미 죄업이란 존재하지 않는 경지일 것입니다.

둘째, 우리의 한 마음에 십계(十界), 즉 열 가지의 세계가 모두 갖춰져 있는 성구(性具)의 관점에서 볼 때, 만선성불(萬善成佛), 즉 아무리 사소한 수행이나 선행이라고 하더라도 누구나 성불할 수 있습니다.

업장을 녹여 완전한 사람〔부처님〕이 되는 일은 없는 것을 새로 지어내는 것이 아니라, 이미 자신 속에 갖춰져 있는 것을 행동으로 옮기는 것이기 때문에, 지금 이 자리에서 부처님의 삶을 실천하면 바로 부처가 되고 지옥의 삶을 실천하면 곧 지옥이 됩니다. 일반 불자들로서는 부처님의 법을 수행한다고 해서 가족을 버리고 산 속으로 들어갈 수도 없고, 오매불망 참선을 하거나 경전만을 읽을 수도 없습니다. 또 선방에 들어가거나 불교의 경전연구에 전념할 것도 아닙니다. 업장이 두텁고, 어리석고, 신심이 미약한 우리들로서는 지금 당장 할 수 있는 가장 손쉬운 수행법이 오직 부처님의 명호를 외우고 생각하는 일입니다.

불교적인 삶은 어느 곳에 이르렀느냐에 있지 않고 어느 쪽을 향해서 가느냐에 있습니다. 동쪽으로 기운 나무는 언젠가는 반드시 동쪽으로 넘어지듯이, 부처님의 명호를 듣고 공경하는 데서부터 불도를 닦기 시작하면 차츰 깊은 경지의 부처님의 법에 들어서 마침내 궁극의 깨달음까지 얻을 수 있습니다. 그러므로 부처님의 명호를 듣고 공경하고 외우면 그 무엇도 성취하지 못할 것이 없습니다.

또 일행일불(一行一佛) 사상에서 볼 때 한 가지 좋은 일을 하고 한 가지의 부처님 명호를 생각할 때 그 순간 그는 곧 부처님의 삶을 사는 사람이며 따라서 그 순간의 그는 곧 부처님입니다. 예컨대 어떤 사람이 5분간 맹인의 흉내를 낸다면 그의 5분간의 삶은 맹인입니다. 따라서 5분간 부처님의 흉내, 즉 부처님의 행을 한다면 그 사람의 5분간의 삶은 바로 부처님입니다. 이러한 원리가 곧 하나의 행동이 부처님의 행동이면 그 하나의 행동을 하는 사람은 곧 부처님이라는 일행일불(一行一佛) 사상입니다.

사람은 누구나 원래로 부처님입니다. 그러므로 새삼스럽게 부처가 되려는 생각을 하지 말고 이미 부처이니까 부처로 살려는 생각을 하는 것이 바람직합니다. 하루 생활의 천 가지 행동이 모두 부처이기를 기대하지 말고 하루에 한 가지씩이라도 부처행을 하다 보면 어느 날 거의 모두가 부처의 행동을 하고 있음을 깨닫게 될 것입니다.

1. 무변신(無邊身)여래와 보승(寶勝)여래

爾時에 地藏菩薩摩訶薩이 白佛言하시되 世尊하 我今에 爲未來衆生하여
演利益事하여 於生死中에 得大利益게하나니 唯願世尊은 聽我說之하소서
佛告地藏菩薩하시되 汝今에 欲興慈悲하여 救拔一切罪苦六道衆生하려하여
演不思議事라하니 今正是時라 唯當速說하라 吾卽涅槃하여 使汝로 早畢是

願하며 吾亦無憂現在未來一切衆生하리라 地藏菩薩이 白佛言하시되 世尊
하 過去無量阿僧祇劫에 有佛出世하시니 號는 無邊身如來시라 若有男子
女人이 聞是佛名하고 暫生恭敬하면 卽得超越四十劫生死重罪어든 何況
塑畵形像하여 供養讚歎하면 其人獲福이 無量無邊하리라 又於過去恒河沙
劫에 有佛出世하시니 號는 寶勝如來시라 若有男子女人이 聞是佛名하고 一
彈指頃이나 發心歸依하면 是人은 於無上道에 永不退轉하리라

그 때에 지장보살 마하살이 부처님께 말씀드리기를, "세존이
시여, 저는 지금 미래세의 중생을 위하여 이익되는 일을 연설하
여 생사 중에서 큰 이익을 얻게 하고자 합니다. 다만 원컨대 세
존이시여, 제 말씀을 들어 주십시오."

부처님께서 지장보살에게 이르시기를 "그대는 지금 자비심
을 내어 육도에서 죄고를 받는 일체의 중생을 구제하고자 불가
사의한 일을 연설하려고 하느냐. 지금이 바로 그 때이니 다만
속히 말하여라. 나는 곧 열반에 들어갈 것이니 그대로 하여금
이 원을 일찍이 마치게 한다면 나 또한 현재와 미래의 일체 중
생들에 대해 근심함이 없을 것이다."

지장보살이 부처님께 말씀드리기를 "세존이시여, 과거세의
무량 아승지겁에 부처님이 계셔서 세상에 나오셨으니 호를 무
변신여래라 하였습니다. 만약 어떤 남자나 여인이 이 부처님의
이름을 듣고 잠깐 사이라도 공경심을 내게 되면 곧 사십 겁의
생사의 무거운 죄고를 뛰어넘을 것입니다. 하물며 그 부처님의
형상을 조성하고 그림으로 그려서 공양하고 찬탄하는 일이겠습
니까. 그 사람이 얻은 복은 한량이 없고 끝이 없습니다. 또한 과

거세의 항하사겁에 부처님이 계셔서 세상에 나오셨으니 호를 보승여래라 하였습니다. 만약 어떤 남자나 여인이 이 부처님의 이름을 듣고 손가락을 한 번 튕길 사이라도 발심하여 귀의하면 이 사람은 무상도에서 영원히 퇴전하지 아니 할 것입니다."

강의 지장보살은 "부처님의 증명 하에 미래의 중생들을 위하여 큰 이익이 되는 일을 설하려 하니 허락하여 주십시오."라는 청을 하자 부처님께서는 그 청을 허락하시면서 "그대는 육도 중생들을 제도할 훌륭한 법을 설하라. 지금이 바로 그 때이다. 그리고 나는 곧 열반에 들어야 한다. 그대를 믿고 미래의 모든 중생들을 염려하지 않고 편안히 눈을 감으리라."는 말씀까지 덧붙입니다.

부처님이 열반에 드시는 그 중요한 시기에, 그리고 부처님이 지장보살의 가르침을 믿고 미래의 중생들을 염려하지 않을 수 있는 위대한 법문이란 칭불명호, 즉 부처님께 귀의하고, 부처님을 모시고 예배드리며, 부처님께 공양하고 존중 찬탄하는 일입니다.

무변신여래로부터 불가설의 무량한 부처님을 열거하였습니다. 도대체 불가설의 한량없는 부처님이란 누구를 뜻하겠습니까? 그것은 곧 많고 많은 무량 불가설의 사람들을 위시한 모든 생명들을 뜻한다고 봐야 합니다.

모든 사람들은 본질적으로 부처님의 성품을 지닌 순수한 부처님이기 때문입니다. 사람들을 존중 찬탄하고 예배 공경 공양하는 일이야말로 가장 큰 복전입니다. 더 이상의 복전도 없고 더 이상의 공덕도 있을 수 없습니다.

화엄경에도 인시복전(人是福田)이라 하여 인간이야말로 모든 행복의 원천이며 공덕의 어머니며, 그 터전이라는 표현을 하고 있습니다. 그렇습니다. 사람이야말로 진정한 부처님입니다. 사람 이외에 달리 다른 부처가 있을 수 없습니다. 그러므로 모든 공덕과 행복과 최상의 도란 곧 사람을 존중 찬탄하고 예배 공경 공양하는 데서부터 비롯됩니다.

경전에서 소개하고 있는 그 많고 많은 부처님은 곧 많고 많은 사람들을 의미합니다. 법화경 상불경보살품에는 이런 이야기가 있습니다.

상불경보살은 석가모니 부처님의 전신으로서 과거 오랜 세월 전에 상불경(常不輕)이라는 비구가 되어 수행을 하였는데 이 비구는 경을 읽거나 염불을 하지도 않고 다만 만나는 사람들마다 그들을 향해 "나는 여러분들을 깊이 존경합니다. 감히 가볍게 여기거나 업신여기지 아니하겠습니다. 왜냐하면 여러분들은 다 보살도를 행하여 성불할 것이기 때문입니다."라고 외치며 또 그들을 향해 예배하는 일로 수행을 삼았습니다.

멀리서 사부대중이 보이면 언제나 달려가서 또다시 "나는 여러분들을 깊이 존경합니다. 감히 가볍게 여기거나 업신여기지 아니하겠습니다. 왜냐하면 여러분들은 다 보살도를 행하여 성불할 것이기 때문입니다."라고 하며 예배를 올렸습니다. 그들이 욕하거나 때리거나 상관하지 않고 언제나 그와 같은 수행을 일관하였습니다.

법화경의 이 말씀이 곧 모든 사람들을 부처님으로 보아야 하고, 사람들의 실상을 바로 알면 결국은 부처님일 수밖에 없다는 뜻을 보여주고 있는 것입니다. 그러므로 부처님을 공경 공양하고 존중 찬탄한다는 것은 곧 사람들을 공경 공양하고 존중 찬탄한다는 의미입니다.

사람들을 존중 찬탄하고 공경 공양할 때 모든 일이 성취되고 성인의 과위에까지 오를 수 있습니다. 보살의 경지와 부처의 경지까지 보장됩니다. 실은 사람들을 존중 찬탄하고 예배 공양하는 일이 곧 부처님이 중생들을 위해 대자비를 베푸는 일입니다. 사람들을 위해 대자비를 베푸는 일을 하는 사람이라면 그가 곧 부처님이요, 보살님이지 달리 부처님이 있고 보살님이 있지 않습니다. 설명이 좀 비약된 듯하나 실로 경전의 진정한 뜻이 여기에 있습니다.

선문(禪門)에서는 구류동거일법계(九類同居一法界) 자라장리살진주(紫羅帳裏撒眞珠)라는 말이 있습니다. "이 세상에 그 많고 많은 생명들 우리 모두 함께 이 땅에 살고 있음이여, 자금색 비단 위에 진주 구슬을 뿌려놓은 것과 같이 아름답고 사랑스러워라."라는 뜻입니다. 이 얼마나 사람들을 그리고 모든 생명들을 긍정적으로 보았습니까? 정말이지 세상에서 가장 소중하고 값지고 아름답고 어여쁜 존재로 보았습니다. 깨달음의 안목으로 보면 분명히 모든 사람들은 그와 같이 소중하고 존경할 부처님들입니다.

2. 파두마승(波頭摩勝)여래, 사자후(獅子吼)여래, 구류손불 (狗留孫佛)

又於過去에 有佛出世하시니 號는 波頭摩勝如來시라 若有男子女人이 聞
是佛名하고 歷於耳根하면 是人은 當得千返을 生於六欲天中하리니 何況至
心稱念이리까 又於過去不可說不可說阿僧祇劫에 有佛出世하시니 號는 獅
子吼如來시라 若有男子女人이 聞是佛名하고 一念歸依하면 是人은 得遇
無量諸佛하여 摩頂受記하리다 又於過去에 有佛出世하시니 號狗留孫佛이시
다 若有男子女人이 聞是佛名하고 至心瞻禮거나 或復讚歎하면 是人은 於
賢劫千佛會中에 爲大梵王하여 得授上記하리다

"또한 과거에 부처님이 계셔서 세상에 나오셨으니 호는 파두
마승여래였습니다. 만약 어떤 남자나 여인이 이 부처님의 이름
을 듣고 귓가에 스치기만 해도 이 사람은 천 번이나 육욕천 가
운데 태어남을 얻거든 하물며 어찌 지극한 마음으로 이름을 부
르는 사람이겠습니까.

또한 과거 말로는 표현할 수 없는 아승지겁에 부처님이 계셔
서 세상에 나오셨으니 호는 사자후여래였습니다. 만약 어떤 남
자나 여인이 이 부처님의 이름을 듣고 한 순간이나마 귀의하면
이 사람은 한량없는 여러 부처님을 만나서 마정수기를 얻을 것
입니다.

또한 과거세에 부처님이 계셔서 세상에 나오셨으니 호는 구
류손불이었습니다. 만약 어떤 남자나 여인이 이 부처님의 이름
을 듣고 지극한 마음으로 우러러 예배하거나 혹 찬탄하면 이 사

람은 현겁 천불의 회중에 대범왕이 되어 부처님이 된다는 수기를 얻을 것입니다."

강의 지극한 마음으로 염불하면 좋은 과보를 받습니다. 남이 부르는 이름을 귓가에서 듣기만 해도 천상에 나는 큰 복을 얻는데 지극한 마음으로 스스로 부르면 그 공덕은 말할 수 없이 크다는 것입니다. 불교에서는 이근공덕(耳根功德)이라는 말이 있습니다. 이 말은 귓가에 스치기만 해도 공덕이 있다는 뜻입니다.

불교수행의 단계를 말할 때 문사수(聞思修)의 삼혜(三慧)를 드는데 먼저 많이 들어야 한다는 뜻입니다. 듣고 나서 깊이 사유하고 그리고 몸소 실천에 옮기게 되는 순서를 말한 것입니다. 첫째는 법문을 많이 들어야 합니다. 들어서 깨우치고 나서 그것을 깊이 사유하여 마음속에서 정리를 해야 합니다. 경험과 생활에 대비시켜 여과하고 재정리한 뒤에 몸소 실천에 옮기는 순서가 바람직합니다.

나무 파두마승(波頭摩勝)여래불, 나무 사자후(獅子吼)여래불, 나무 구류손(狗留孫)여래불.

불교 공부를 하다 보면 이해하기 쉬운 경전도 있고 이해하기 어려운 경전도 접하게 됩니다. 그 중에서 이해가 잘 안 되는 내용이라 하더라도 비록 그 경전의 소리가 귓속으로 지나가기만 해도 공덕이 어마어마하게 크다는 사실을 알아야 합니다. 그러니까 자꾸 듣는 공부는 매우 효과적입니다. 경전 내용을 자꾸 들으라는 말은 마치 콩나물을 기르는 것과 같은 이치입니다. 콩나물을 기를 때 물을 부어주면 물은 고이지 않고 흘러내려 버리지만 그래도 콩나물은 자라게 됩니다. 그 원리처럼 부처님의 말씀을 백 마디를 들어서 한 마디만 이해한다 해도 그것은 값지고 훌륭한 것입니다. 그리고 성불의 씨앗이 됩니다.

3. 비바시불(毗婆尸佛), 다보(多寶)여래, 보상(寶相)여래, 가사당(袈裟幢)여래, 대통산왕(大通山王)여래

又於過去에 有佛出世하시니 號는 毗婆尸佛이시라 若有男子女人이 聞是佛名하면 永不墮於惡道하고 常生人天하여 受勝妙樂하리다 又於過去無量無數恒河沙劫에 有佛出世하시니 號는 多寶如來시니 若有男子女人이 聞是佛名하면 畢竟不墮惡道하고 常在天上하여 受勝妙樂하리다 又於過去에 有佛出世하시니 號는 寶相如來시라 若有男子女人이 聞是佛名하고 生恭敬心하면 是人은 不久에 得阿羅漢果하리다 又於過去無量阿僧祇劫에 有佛出世하시니 號는 袈裟幢如來시라 若有男子女人이 聞是佛名하면 超一百大劫生死之罪하리다 又於過去에 有佛出世하시니 號는 大通山王如來시라 若有男子女人이 聞是佛名者는 是人이 得遇恒河沙佛하사 廣爲說法하면 必成菩提하리다

"또 과거에 부처님이 계셔서 세상에 나오셨으니 이름은 비바시불이었습니다. 만약 어떤 남자나 여인이 이 부처님의 이름을 들으면 영원히 악도에 떨어지지 아니하고 항상 인간과 천상에 나서 뛰어나고 묘한 즐거움을 받습니다.

또한 과거의 한량없고 셀 수 없는 항하사 겁에 부처님이 계셔

서 세상에 나오셨으니 이름은 다보여래였습니다. 만약 어떤 남자나 여인이 이 부처님의 이름을 듣게 되면 마침내 악도에 떨어지지 아니하고 항상 천상에 나서 뛰어나고 묘한 즐거움을 받습니다.

또한 과거에 부처님이 계셔서 세상에 나오셨으니 이름은 보상여래였습니다. 만약 어떤 남자나 여인이 이 부처님의 이름을 듣고 공경심을 내게 되면 이 사람은 오래지 아니하여 아라한과를 얻습니다.

또한 과거의 무량 아승지겁에 부처님이 계셔서 세상에 나오셨으니 이름은 가사당여래였습니다. 만약 어떤 남자나 여인이 이 부처님의 이름을 듣게 되면 일백 대겁의 생사의 죄를 초월합니다.

또한 과거에 부처님이 계셔서 세상에 나오셨으니 이름은 대통산왕여래였습니다. 만약 어떤 남자나 여인이 이 부처님의 이름을 듣게 되면 이 사람은 항하사 수만큼의 부처님을 만나 널리 설법함을 듣고 반드시 보리도를 성취합니다."

강의 부처님의 이름을 듣기만 해도 악도에 떨어지지 않고 천상에 태어난다고 강조하고 있습니다. 여기에서 계속 천상에 태어난다는 표현을 하고 있는데 그러나 불교에서는 천상에 태어나는 것이 궁극적 목표는 아닙니다.

그것은 인천인과교(人天因果敎)라고 해서 교리적으로 말하면 불교 안에 들지 않습니다. 다른 종교에서는 천상에 가는 것을 목표로 삼지만 불교에서는 천상에 가는 것을 목표로 하지 않습니다.

진부한 이야기지만 약간만 언급하면, 화엄경에서는 불교를 오교십종(五敎十宗)으로 분류하는데 오교는 소승교(小乘敎), 대승시교(大乘始敎), 대승종교(大乘終敎), 대승돈교(大乘頓敎), 일승원교(一乘圓敎)를 말합니다. 그 밑에 인천인과교라고 해서 사람으로 태어난다든지 천상에 태어나는 것을 목표로 하는 가르침입니다. 천상에 태어나는 것은 열반도 아니고 해탈도 아니요, 중생으로서 다소 복을 누리는 삶이기 때문에 불교의 오교 안에 들어가지 않습니다. 그러나 복을 좋아하는 중생들의 성향에 맞추어서 유인한 뒤에 보다 높은 부처의 경지로 인도합니다.

불교에서는 열반과 해탈을 증득하여 중생들을 제도하는 것을 궁극의 목표로 하고 있습니다. 궁극 목표인 열반을 증득하려면 소승교라도 되어야 열반에 들 수 있습니다. 소승교 다음은 차례대로 대승시교, 대승종교, 대승돈교, 일승원교의 순으로 올라갑니다.

계속해서 일곱 번째 이야기가 이어집니다. 이번에는 다보여래가 등장합니다. 다보여래는 법화경에도 나옵니다. 우리가 잘 아는 불국사의 다보탑은 다보여래의 이름에서 따온 것입니다. 법화경을 보면 한쪽은 석가여래, 다른 한쪽은 다보여래가 있어서 이 두 분이 공중에서 설법하는 내용을 담고 있습니다. 그것을 지상에 형상화한 것이 불국사의 도량입니다. 사찰을 지을 때는 이처럼 경전의 내용을 모델로 해서 건물을 짓습니다. 다시 말해서 불국사는 법화경에 근거를 두고 지어 졌고, 해인사 같은 사찰은 화엄경에 근거를 두고 지어 졌습니다. 이처럼 사찰을 지을 때는 경전이 일종의 설계도가 되는 것입니다. 경전이라는 설계도에 의해 법당을 하나하나 배열하며 심지어 계단까지도 경전에 나오는 숫자를 근거로 해서 배열합니다.

사찰의 일주문에 들어서는 것은 바로 경전 속으로 들어가는 것과 같습니다. 사찰을 방문하는 것은 경전 속에 있는 내용의 일부분이 되어 가는 과정이라고 생각할 수 있습니다.

4. 임종을 맞이하여 염불하라

又於過去에 有淨月佛과 山王佛과 智勝佛과 淨名王佛과 智成就佛과 無
上佛과 妙聲佛과 滿月佛과 月面佛인 有如是等不可說佛이러시니 世尊하
現在未來一切衆生의 若天若人과 若男若女로 但念得一佛名號하여도 功
德이 無量이어든 何況多名이리까 是衆生等은 生時死時에 自得大利하여 終
不墮惡道하리다 若有臨命終人의 家中眷屬이 乃至一人이나 爲是病人하여
高聲으로 念一佛名하면 是命終人이 除五無間大罪하고 餘業報等은 悉得
消滅하리니 是五無間大罪가 雖至極重하여 動經億劫하여 了不得出이건마는
承斯臨命終時에 他人이 爲其稱念佛名하야 於是罪中도 亦漸消滅이어든
何況衆生의 自稱自念이리까 獲福無量하고 滅無量罪하리이다

"또한 과거에 정월불과 산왕불과 지승불과 정명왕불과 지성취불과 무상불과 묘성불과 만월불과 월면불과 같이 말로는 다 할 수 없는 부처님이 계셨습니다.

세존이시여, 현재와 미래의 일체 중생들이 만약 천상이나 인

284

간이나 남자나 여인이나를 막론하고 다만 한 부처님의 명호를 불러도 그 공덕이 한량없거늘 하물며 많은 부처님의 이름을 부르는 것이겠습니까? 이러한 중생들은 날 때와 죽을 때에 스스로 큰 이로움을 얻어서 마침내 악도에 떨어지지 아니합니다.

만약 어떤 임종하는 사람의 집안 권속이 한 사람이라도 병든 사람을 위하여 높은 소리로 한 부처님의 이름을 부르게 되면 이 목숨을 마치는 사람의 다섯 가지 무간지옥에 들어갈 죄를 제하고 나머지 업보들은 모두 소멸함을 얻을 것입니다. 이 다섯 가지 무간지옥에 들어갈 죄가 비록 지극히 무거운 것이어서 억겁을 지나도 마침내 벗어나지 못하는 것이지만 이 사람이 임종할 때에 다른 사람이 그를 위하여 부처님의 이름을 부르게 되면 이 무거운 죄업도 점점 소멸할 것입니다. 그런데 하물며 중생들이 스스로 부르고 스스로 생각하는 것이겠습니까. 무량한 복을 얻고 무량한 죄업도 소멸하게 될 것입니다."

강의 계속해서 여러 부처님의 명호가 나오는 것은 자기의 인연에 따라 기도하고 수행하라는 뜻입니다. 효과가 더 있고 덜 있고의 다른 점은 없습니다. 흔히 어줍잖은 생각을 하는 불자들은 지장기도는 강하고 세다고 표현하기도 합니다. 그것은 이치에 맞지 않는 말입니다. 무엇이든지 약하게 하면 설사 아무리 센 기도라 해도 강하게 와 닿지 않습니다. 예를 들어 맨손체조를 아주 세게 하면 그것은 큰 운동이 됩니다. 그러나 운동 도구를 갖고도 힘을 전혀 쓰지 않고 아무렇게나 하면 아무런 운동도 되지 않는 것과 같습니다.

불교에는 참으로 다양한 불보살님이 등장합니다. 또 진언이나 다라니의 종류도 무수히 많습니다. 이처럼 다양한 방편과 여러 가지 수행법이 많은 것은 중생의 근기에 따라 선택할 수 있는 길을 열어 놓은 것입니다. 게다가 경전의 종류도 어마어마하게 많습니다. 그 많은 것 중에서 자기의 마음에 맞고 인연이 맞는 것을 선택해서 수행하면 궁극적으로 모두 함께 통하게 되어 있습니다. 다른 어떤 종교에서도 불교처럼 다양한 수행방법을 갖고 있지는 못합니다.

여기에 나오는 여러 부처님의 이름은 백팔참회문에도 소개되어 있습니다. 천불명호경(千佛名號經), 만불명호경(萬佛名號經)도 있습니다. 이렇게 많은 부처님의 이름이 등장하는 것은 모든 사람이 다 부처라고 하는 의미가 담겨 있습니다. 더 나아가 사람만 부처가 아니라 일체 삼라만상 모든 존재 하나하나가 모두 부처 아닌 것이 없다는 그런 뜻까지 내포되어 있습니다. 이렇게 부처님의 이름이 수없이 등장하는 것은 각각의 중생에게 부처님의 이름이 있다고 하는 뜻입니다. 우리는 이와 같은 아주 깊은 속뜻이 있음을 이해해야 합니다.

또 임종하는 사람의 집안 권속이 부처님의 이름을 부르게 되면 목숨을 다하는 사람이 다섯 가지 무간지옥에 들어갈 죄를 제외하고 나머지 죄업은 다 소멸할 것이며 그 다섯 가지 무간지옥에 들어갈 죄도 점점 가벼워져서 끝내는 모두 다 소멸하리라고 하였습니다. 다섯 가지 무간지옥에 들어갈 죄란 아버지를 죽이고, 어머니를 죽이고, 성인을 죽이고, 부처님의 몸에 피를 내고, 단체의 화합을 깨뜨리는 것입니다.

죽음을 앞둔 사람이 큰 죄를 지었는데 남이 해주는 염불이라도 많이 들으면 그 죄가 가벼워집니다. 그런데 자기 입으로 직접 부처님의 명호를 부른다면 죄가 소멸되는 것은 당연한 도리라고 설명하고 있습니다.

　흔히 쉴새없이 관세음보살이나 지장보살을 불러보지만 당장에 눈에 보이는 영험을 얻지 못하는 것처럼 생각됩니다. 그러나 염불의 공덕은 우리가 알 수 없는 시간과 장소에서 큰 영향을 미치고 있습니다.

　예를 들어 자신에게 크게 영향을 미치는 사람의 이름을 부르거나 떠올리면 우리의 마음이 달라지는 것과 같습니다. 지극히 사랑하는 사람의 이름을 듣거나 떠올리는 순간 얼굴이 화끈거린다든가 가슴이 뜨거워진다든가 갑자기 보고 싶어지는 등 그 사람의 마음의 감정이나 정신세계가 달라지듯이 이름 하나가 그처럼 큰 영향을 미치는 것입니다. 하물며 불보살의 이름이겠습니까?

　부디 열렬한 가슴으로 불보살의 이름을 부르십시오. 태산 같은 죄업도 사라질 것입니다. 산더미처럼 쌓인 나무도 단 한 개비의 성냥불로 모두 태워버릴 수 있습니다. 기도란 무엇입니까? 조용한 곳에 앉아서 불보살의 이름을 소리내어 부르는 것입니다. 집중과 헌신으로 꾸준히 반복하여 부른다면 불보살의 무한한 지혜와 자비와 원력을 체험하게 될 것입니다.

[第 十]

보시한 공덕을 헤아리다
(校量布施功德緣品)

제10장 보시한 공덕을 헤아리다(校量布施功德緣品)

이 품의 해설

    교량보시공덕연품은 중생들이 보시하는 공덕이 얼마나 큰가를 헤아려서 설명하고 있습니다. 교량보시공덕연품의 대강의 줄거리를 살펴보면 다음과 같습니다.

    지장보살이 부처님께 중생에 따라서 짧은 기간이나 일생이나 수백 생 동안 복락을 누리는 이도 있고, 그와 반대로 고초를 겪는 이도 있는데, 복락을 누리고 고초를 받는 데는 그 주된 이유가 무엇인지 보시의 공덕과 연관지어서 말씀해 주기를 권청합니다.

    여기에 대해서 부처님께서는 정신적 · 육체적 · 경제적인 이유로 어려움을 당하는 이를 보고 겸손하고 자비한 마음으로 직접 보시하거나 남을 시켜 보시하거나 어려운 이를 위로하기만 해도 수백 수천 생 동안 칠보의 보물이 떠나지 않는다고 말씀하셨습니다. 또 절이나 불탑, 불상, 경전을 만났을 때 공경하는 마음을 내어 공양을 올리며, 파괴된 불상을 만났을 때 그를 복구하는 데 직접 · 간접으로 힘쓰거나, 남이 그러한 일을 하도록 인연을 맺어 준다면, 백천 생 동안 전륜성왕(轉輪聖王)이 된다고 하셨습니다.

그리고 늙고 병든 이나 해산하는 여인을 위해 필요한 물질로 돕거나 찰나 동안만이라도 돕고자 하는 마음을 낸다면, 오랜 겁 동안 천상의 주인이 된다고 했습니다. 또 대승경전의 한 게송이나 한 구절을 만나서 찬탄하고 공경하며 경전을 위해 보시하고 공양하거나 경전을 보수하고 관리하거나 아무리 사소한 털 끝 하나, 모래알 하나, 물 한 방울만큼의 공덕이라도 모든 중생에게 평등하게 회향한다면 백천 생 동안 최상의 낙을 누릴 것이지만, 만약 가까운 자기 권속이나 자신의 이익에만 회향한다면 삼생(三生) 동안만 낙을 누리게 될 것이라고 말씀하십니다.

불교의 목적은 이고득락(離苦得樂) 즉 고통을 여의고 즐거움을 얻는 데 있습니다. 그런데 부처님의 가르침의 기본인 고·집·멸·도(苦集滅道) 사성제(四聖諦)에 의하면 현재의 고통은 정신적·육체적인 미혹과 탐욕에 있다고 합니다. 인간에게 탐욕이 있게 되는 이유는 '나(我)'라는 관념이 있기 때문입니다. 자기에게 집착하기 때문에 '나'와 나의 것을 만들고자 합니다. 수행이란 나 자신을 비우는 데서부터 출발해서 내 것을 생각지 않을 때 마침내 탐욕심을 없앨 수가 있습니다. 다른 한편으로는 탐욕의 반대인 보시를 행함으로써 내 것과 나를 없애는 데까지 가서 비로소 성불에 이를 수 있습니다.

지장경의 이 품에서는 모든 수행을 보시로부터 시작하는 법을 가르치고 있습니다. 만약 보시의 수행을 닦아서 나를 비우는 경지에 이른다면, 길고 짧은 시간이나 복락의 있고 없음을 구별할 필요가 없어지게 될 것입니다. 또 무량겁 동안의 천상 복락을 새삼스럽게 생각할 필요가 없게 됩니다.

인간의 근본무명(根本無明)을 간단하게 말하면 삼독(三毒)이 되는데, 삼독은 탐심(貪心), 진심(瞋心), 치심(痴心)입니다. 그 중에서도 탐심이 근본을 이룹니다. 인간의 욕망은 끝이 없기 때문에 탐욕은 채워질수록 더 커지게 마련입니다. 부풀어진 욕망이 충족되지 않는 벽을 만날 때 진심, 즉 화내는 마음이 생깁니다. 그리고 인간의 과욕은 어리석음으로부터 나오기도 하고, 또는 자기의 욕심으로 꽉 차 있는 사람은 판단력이 흐려져서 어리석은 마음을 내게도 됩니다.

따라서 탐심을 비우면 삼독심이 비워지고, 삼독심이 없어지면 근본 무명을 밝히는 지혜가 생기게 됩니다. 이 지혜가 바로 깨달음입니다. 보시로 삼독심을 비우는 것은 궁극적으로 깨달음을 성취하는 데 있기 때문에 지장경에서는 헤아리기 어려운 보시의 공덕을 설하고 있습니다. 그래서 보시는 탐욕의 반대이기도 하고 성불의 길로 가는 모든 수행의 근본이기도 합니다.

보시는 모든 인간을 평등하게 한다는 뜻을 담고 있습니다. 인간은 본래 평등한 자기 권리를 누리고 싶어합니다. 그러나 인간이 만든 제도나 법은 우리에게 평등함을 주지 못합니다. 과거에 공산주의가 평등을 강조했지만 평등사회를 이루지도 못하고 무너지고 말았습니다. 자본주의는 물질적으로 잘 사는 세상을 이상으로 삼지만 다같이 잘 사는 것이 아니라 특정한 사람들만 잘 살 뿐입니다. 자본주의로 인해 부자와 가난한 사람의 격차는 더욱 커지고 거기에 따른 부작용으로 인하여 고통은 더 많아졌습니다.

그래서 제도나 세상의 법만으로는 모든 사람이 평등하게 잘 사는 세상을 만들 수가 없습니다. 오직 보다 많이 가진 사람이 우선적으로 보다 적게 가진 사람에게 보시함으로써만 평등사회가 이루어지고 그나마 자본주의의 이상사회가 이루어 질 수 있습니다.

인간의 윤회를 확실하게 믿는 옛날의 인도 사회에서 부처님이 보시의 공덕을 강조하고 보시한 이에게 좋은 과보가 있다고 말한 것은 대단히 용기 있는 일이었습니다. 부처님께서 하신 이 말을 뒤집으면, 보시하지 않고 탐심만 충족시키려고 하면 수백 수천 생 동안 지옥의 고통을 받는다고 할 수 있습니다. 대왕 앞에서 가진 것을 못 가진 이에게 나누어주지 않으면 반드시 지옥에 갈 것이라고 말할 수 있는 용기 있는 사람이 바로 부처님이었던 것입니다.

보시가 자발적으로 행해져서 서로 서로 자기가 가진 것을 나누는 사회가 이루어지면 그 곳이 바로 극락세계인 것입니다. 보시하는 사람은 천상의 주인이라고 불러도 좋고, 주인도 없고 종도 없는 세상이라고 불러도 좋을 것입니다. 또 이 세상에서는 누구나 각각 다 온 세계를 통치하는 전륜성왕이라고 할 수도 있을 것입니다.

여기서 부처님께서는 보시의 대상을 가난한 이·늙은이·병든 이·해산하는 여인 등을 들고 있습니다. 정신적으로나 육체적으로 어려움에 처한 이가 보시의 대상이 되는 것입니다. 해산하는 여인은 가난하지 않더라도 그 당시의 처지에서는 남의 도움을 필요로 하는 사람입니다.

결코 돈을 많이 가진 사람만 보시할 수 있는 것은 아닙니다.

누구나 보시할 수가 있습니다. 돈 없는 사람은 마음으로만 보시해도 됩니다. 부처님께서는 우리가 어려운 이를 위로하기만 해도 좋고, 내가 할 수 없으면 남이 보시할 수 있는 인연을 맺어주기만 해도 무량한 공덕을 이룬다고 했습니다. 법구경에는 한 신도가 아무 것도 가진 것이 없으므로 절에 갈 때 나뭇잎 썩은 것을 한 그릇 담아 가서 절 채소밭에 거름으로 줌으로써 보시를 했다는 이야기도 있습니다.

우리는 보시를 행하되 그 공덕을 자신이 받으려고 해서는 안 됩니다. 부처님께서는 한 터럭만큼의 보시를 했더라도 그 공덕을 일체 중생에게 돌리면 그 공덕이 한량없이 불어나며, 자기 자신이나 자기의 친지 권속에게만 보시 공덕을 돌린다면 그 공덕이 크게 불어나지 않는다고 말씀하셨습니다. 보시를 할 때 첫째는 가지고 못 가짐에 관계없이 보시하는 마음이 중요하고, 둘째는 그 공덕을 다른 사람에게 회향하는 마음이 중요합니다.

1. 하심(下心)하고 보시한 공덕

爾時에 地藏菩薩摩訶薩이 承佛威神하사 從座而起하여 胡跪合掌하고 白佛言하시되 世尊하 我觀業道衆生하여 校量布施컨대 有輕有重하여 有一生受福하며 有十生受福하며 有百生千生에 受大福利者하니 是事云何니까 唯願世尊아 爲我說之하소서 爾時에 佛告地藏菩薩하시되 吾今於忉利天宮一切衆會에 說閻浮提布施校量功德輕重하니 汝當諦聽하라 吾爲汝說하리라 地藏이 白佛言하시되 我疑是事하니 願樂欲聞하나이다 佛告地藏菩薩하시되

南閻浮提에 有諸國王과 宰輔大臣과 大長者와 大刹利와 大婆羅門等이 若遇最下貧窮이어나 乃至 癃殘瘖瘂聾癡無目인 如是種種不完具者하여 是大國王等이 欲布施時에 若能具大慈悲하여 下心含笑하여 親手遍布施어나 或使人施하여 軟言慰喩하면 是國王等의 所獲福利는 如布施百恒河沙佛功德之利하니라 何以故오 緣是國王等이 於是最貧賤輩와 及不完具者에 發大慈悲心일새 是故로 福利有如此報하여 百千生中에 常得七寶具足하리니 何況衣食受用이리오

그 때에 지장보살마하살이 부처님의 위신력을 받들어 자리에서 일어나서 호궤합장하고 부처님께 사뢰었다.

"세존이시여, 제가 업으로 살아가는 중생들을 살펴보고 그들의 보시하는 공덕을 헤아려 보니 가벼움도 있고 무거움도 있으며, 일생 동안에 복을 받기도 하고 십생 동안에 복을 받기도 하며, 백 생이나 천 생 동안에 큰 복과 이익을 받는 이도 있는데 이러한 일은 어찌하여 그러한 것입니까? 원컨대 세존이시여, 저를 위하여 설명하여 주십시오."

그 때에 부처님께서 지장보살에게 말씀하셨다.

"내가 지금 도리천궁의 여러 대중들에게 염부제 중생들이 보시하는 공덕의 경중을 헤아려 설할 것이니 그대는 자세히 듣도록 하라. 내 그대를 위하여 말하겠다."

지장보살이 부처님께 사뢰기를, "저는 이 일이 궁금하였습니다. 원컨대 듣고자 합니다."

부처님께서 지장보살에게 이르시기를,

"남염부제에 있는 모든 국왕과 재상과 대신과 큰 장자와 큰

찰리와 큰 바라문 등이 만약 가장 빈궁한 자를 만나거나 꼽추나 벙어리와 귀먹은 이와 백치와 장님 등과 같은 가지가지의 완전 치 못한 불구자를 만나서 이 대국의 왕 등이 보시를 하고자 할 때에, 만약 큰 자비심을 갖추고 자기의 마음을 낮추고 미소를 지으면서 친히 자기 손으로 두루 보시하거나, 혹 사람을 시켜 보시하고 부드러운 말로 위로하게 되면, 이 국왕 등이 얻는 복 덕의 이익은 일 백 항하 강의 모래와 같이 많은 부처님에게 보 시하는 공덕보다 이익이 더 많을 것이다. 왜냐하면 이 국왕 등 은 저 가장 빈천한 무리와 불구자에 대하여 큰 자비심을 내었으 므로 복과 이익이 이와 같은 보답이 있어 백천 생 중에 항상 칠 보가 구족함을 얻게 되리니 어찌 하물며 의복과 음식의 수용이 겠느냐?"

강의 지장보살은 업도의 중생이 보시하는 공덕을 비교해 보니 가벼움도 있고, 무거움도 있고, 일생 동안 복을 받기도 하고, 십 생 동안 복을 받기도 하며, 백 생 천 생 동안 큰 복과 이익을 받 는 자도 있다고 비교하여 말하고 있습니다. 이 말은 어떤 사람 은 태어날 때부터 죽을 때까지 평생 호강하며 살아가는 사람도 있고, 어떤 사람은 초년에 고생을 하다가 말년에 좋은 사람도 있듯이 여기에 나오는 공덕 이야기는 바로 그 점에 대해서 이야 기하고 있습니다. 이를테면 사람마다 복을 받는 기간이 모두 다 른 것입니다. 그래서 부처님께서는 지장보살에게 보시하는 공 덕의 경중을 비교하여 설명하게 되는 것입니다.
 지장경의 내용 속에는 우리들이 신행생활을 하는 데 직접적으로 연관 있는 이야기들이 상당히 많습니다. 사십구재 문제라든지 염불, 기도하는 문제 등 상당히 많은 부분에서 직접적인 관련이 있습니다. 그런 부분을 잘 살펴 우리의 일상생활에 응용할 줄 알아야 합니다.

부처님께서는 지장보살의 질문에 관하여 말씀하십니다. 첫째, 남염부제에 있는 모든 국왕과 재상, 대신, 큰 장자와 큰 관리와 바라문 등이 가장 빈궁한 자를 만나거나 꼽추나 벙어리, 귀머거리, 장님 등과 같은 불구자를 만나서 이 대국의 왕들이 보시하는 공덕을 지으면 큰 이익을 얻을 것이라고 합니다.

요즘은 가끔 어려운 곳에 가서 남을 물질로 돕거나 양로원이나 고아원에 가서 직접 봉사하는 사람이 많아졌습니다. 그러나 옛날에는 불자들이 공수래 공수거(空手來空手去)라고 하여 입만 가지고 설법을 하고 돌아오곤 했습니다. 사람들을 교화하기 위해서는 물질적인 방편이 필요한 것입니다. 물질적인 방편을 필요로 하는 곳에서는 근기와 수준에 맞추어서 보시를 해야 베푸는 사람의 도리를 다하는 것입니다.

타종교에서는 이런 방면에 일찍부터 눈을 떴습니다. 그래서 그들은 의료, 교육, 복지 분야에 상당히 많은 노력을 했습니다. 말하자면 타종교인들은 복을 많이 지어 놓은 셈입니다. 그래서 정부의 요직이나 신문, 방송 등에 타종교인이 더 많은 숫자로 일하고 있는 것입니다.

교리로 볼 때 불교 교리가 비교할 수도 없을 만큼 월등히 좋다고 하더라도 몸소 실천하지 않으면 별 의미가 없는 것입니다. 불교에서는 사회봉사 문제라든지 복지 문제라든지 실제적으로 우리가 생활하는 데 어떤 소득이 되는 일에 그 동안 등한히 해 온 게 사실입니다. 타종교인들이 빈궁한 사람, 꼽추, 벙어리, 귀 머거리, 장님들에게 눈을 돌리고 있을 때 우리는 부처님에게만 눈을 돌렸던 것입니다. 그 결과가 현실적으로 바로 나타나고 있 습니다.

본문에서 또 보시하고자 할 때는 큰 자비심을 갖추고 자기의 마음을 낮추고 미소를 지으면서 친히 자기의 손으로 두루 보시 하라고 했습니다. 이 점에 있어서도 우리 불자들은 크게 반성해 야 할 문제라고 생각됩니다.

2. 탑과 절과 불보살의 형상에 보시한 공덕

復次地藏아 若未來世에 有諸國王至婆羅門等이 遇佛塔寺어나 或佛形 像이어나 乃至菩薩聲聞辟支佛等像하여 躬自營辦하여 供養布施하면 是國 王等이 當得三劫에 爲帝釋身하여 受勝妙樂하리니 若能以此布施福利로 迴向法界하면 是大國王等이 於十劫中에 常爲大梵天王하리라 復次地藏아 若未來世에 有諸國王至婆羅門等이 遇先佛塔廟어나 或至經像이 毁壞 破落하여 乃能發心修補하되 是國王等이 或自營辦커나 或勸他人하되 乃至 百千人等하여 布施結緣하면 是國王等이 百千生中에 常爲轉輪王身이요 如是他人의 同布施者는 百千生中에 常爲小國王身하리며 更能於塔廟前 에 發迴向心하면 如是國王과 乃及諸人이 盡成佛道하리니 以此果報는 無 量無邊일새니라

"다시 또 지장보살이여, 만약 미래세에 국왕에서 바라문들에 이르기까지 부처님의 탑이나 절, 혹 부처님의 형상이나 내지 보살, 성문, 벽지불 등의 형상을 만나서 몸소 경영하고 마련하여 공양을 올리고 보시하면 이 국왕 등은 삼 겁 동안 제석천의 몸을 얻어 수승하고 미묘한 즐거움을 받게 될 것이다. 만약 능히 이 보시한 복의 이익을 법계에 회향하면, 이 국왕들은 십 겁 동안 항상 대범천왕이 될 것이다.

또 다시 지장보살이여, 만약 미래세에 모든 국왕에서 바라문 등에 이르기까지 옛 부처님의 탑이나 묘, 혹은 경전이나 형상에 이르기까지, 헐리고 무너지고 깨지고 떨어진 것을 보고 능히 발심하여 보수하면, 이 국왕 등이 혹 스스로 경영하고 마련했거나, 혹은 다른 사람을 권해서 백천 사람들에게 보시하게 하여 인연을 맺도록 했을지라도 이 국왕 등은 백천 생 동안 항상 전륜왕의 몸이 될 것이다.

이와 같이 보시한 다른 사람들도 백천 생 동안 항상 소국왕의 몸이 될 것이며, 또 능히 탑과 사당 앞에서 회향하는 마음을 발하면 이와 같은 국왕과 모든 사람들은 모두 불도를 성취할 것이며, 이러한 과보는 한량이 없고 끝이 없을 것이다."

강의 만약 미래세에 모든 국왕에서 바라문에 이르기까지 부처님의 탑이나 절 혹은 부처님의 형상, 보살, 성문, 벽지불 등의 형상을 만나서 스스로 공양을 올리고 보시하게 되면 이 국왕들은 제석천의 몸을 얻어 뛰어나고 묘한 즐거움을 받게 되고 보시한 공덕을 법계에 회향하면 이 국왕들은 대범천왕이 된다고 했

습니다. 또 다음의 보시 공덕은 부처님의 탑묘나 경전이나 형상
에 이르기까지 허물어지고 무너지고 깨지고 떨어진 것을 보고
발심하여 보수하면 전륜왕의 몸이 된다고 했습니다.

흔히 우리는 불사를 할 때 설판시주나 화주를 하는 경우가 있
습니다. 물론 자기 자신도 불사에 동참하지만 좀더 많은 사람이
동참하여 공덕을 짓자고 하는 데 뜻이 있습니다. 그래서 좋은
일을 권하는 것이라고 하여 권선(勸善)이라고 합니다.

여기에서도 자기가 하거나 남을 시켜서 하거나 모두 공덕이
있다고 되어 있습니다. 좋은 일도 마찬가지지만 나쁜 일도 자기
가 하거나 남을 시켜서 하게 되면 함께 다 그 과보를 받게 되어
있습니다. 남을 시켜서 하게 되는 좋은 일은 자기에게 복이 많
이 돌아오게 됩니다. 물론 권함을 받고 동참한 사람에게도 복이
돌아가지만 그것을 하도록 권한 사람에게 더욱 큰 공덕이 있습
니다. 우리의 사회법도 마찬가지입니다. 나쁜 짓을 했으면 그
일의 배후인물을 추적해서 그 죄의 진상을 묻는 것입니다.

3. 늙고 병든 이에게 보시한 공덕

復次地藏아 未來世中에 有諸國王과 及婆羅門等이 見諸老病과 及生産
婦女하고 若一念間이나 具大慈心하여 布施醫藥과 飮食臥具하여 使令安樂
하면 如是福利는 最不思議라 一百劫中에 常爲淨居天主하며 二百劫中에
常爲六欲天主하고 畢竟成佛하여 永不墮惡道하며 乃至百千生中에 耳不
聞苦聲하리라 復次地藏아 若未來世中에 有諸國王과 及婆羅門等이 能作

如是布施하면 獲福無量하고 更能廻向하면 不問多少하고 畢竟成佛하리니
何況釋梵轉輪之報이리오 是故로 地藏이 普勸衆生하여 當如是學케하라 復
次地藏아 未來世中에 若善男子善女人이 於佛法中에 種少善根을 毛髮
沙塵等許라도 所受福利는 不可爲喩니라

"다시 또 지장이여, 미래세 중에 모든 국왕과 바라문들이 늙고 병든 사람과 해산하는 부녀자를 보고 만약 한 순간이라도 대자비심을 발하여 의약과 음식과 침구를 보시하여 그들을 안락하게 한다면 이와 같은 복과 이익은 가장 불가사의하여 일백 겁 동안 항상 정거천(淨居天)의 주인이 되며, 이백 겁 동안 항상 육욕천(六欲天)의 주인이 되고, 마침내는 불도를 성취하여 영원토록 악도에 떨어지지 아니하며, 백천 생 동안 귀에 고통스러운 소리가 들리지 아니할 것이다.

다시 또 지장이여, 만약 미래세 중에 모든 국왕과 바라문들이 능히 이와 같은 보시를 지으면 얻는 복이 한량이 없을 것이며, 다시 이 복을 회향하면 많고 적음을 불문하고 필경에 불도를 성취할 것인데, 하물며 제석천과 범천왕과 전륜왕이 되는 보답뿐이겠느냐. 그러므로 지장이여, 널리 중생들에게 권하여 이와 같은 일을 마땅히 배우게 하라.

다시 또 지장이여, 미래세 중에 만약 선남자와 선여인이 부처님의 법 중에서 작은 선근을 머리털이나 모래알, 티끌만큼만 심더라도 받는 복과 이익은 비유하여 말할 수가 없다."

강의 미래세 중에 모든 국왕과 바라문이 늙고 병든 사람과 아이

302

를 낳는 부녀자를 보고 한 순간이라도 대자비심을 발하여 의약과 음식과 침상을 보시하여 그들을 안락하게 하면 하늘의 주인이 되며 항상 육욕천의 주인이 되며 마침내 불도를 성취하여 영원히 악도에 떨어지지 아니하며 고통스러운 소리가 들리지 않는다고 했습니다.

앞에서 인천인과교는 불교가 아니라는 말을 했는데 여기에 정거천의 주인이 되며 육욕천의 주인이 되는 것은 모두 천상에 난다는 말입니다. 정거천이나 육욕천은 전부 복을 지어서 천상에 태어나는 것을 일컫는 말입니다. 앞에서도 이야기했지만 불교는 열반을 증득하고 생사를 해탈하는 데 그 목적이 있습니다. 그래서 여기서도 마침내는 불도를 이룬다고 표현하고 있습니다.

지장경은 생사해탈과 열반증득에 대한 내용보다는 우리의 눈앞에 닥친 어려운 문제를 해결하고 우리의 당면한 과제에 대한 어떤 해결책을 제시해 주려는 데 더 큰 뜻이 있습니다. 그래서 마지막에는 불도를 성취하여 영원토록 악도에 떨어지지 않는다고 표현하고 있습니다.

또 미래세 중에 모든 국왕과 바라문이 이와 같은 보시를 하게 되면 얻는 복이 한량없고 또 복을 회향하면 마침내 불도를 성취한다고 했습니다. 그러므로 널리 중생에게 보시하기를 권하라고 말하고 있습니다. 말하자면 부처님의 탑을 중수한다거나 절을 짓거나 경전이 낡아 떨어지면 그것을 중수해도 그 공덕이 큰데 절과 탑을 새로 짓고 경전을 출판하면 그 공덕은 한량이 없다는 것입니다. 그래서 그렇게 보시하기를 권해서 배우라고 말하고 있습니다.

또 미래에 선남자와 선여인이 작은 선근을 머리털이나 모래 알, 티끌만큼만 심더라도 받는 복과 이익은 비유하여 말할 수 없다고 하였습니다. 앞에서도 이야기했듯이 비록 선근은 작더 라도 그 힘은 참으로 큰 것입니다.

4. 회향(廻向)하는 공덕

復次地藏아 未來世中에 若有善男子善女人이 遇佛形像과 菩薩形像과 辟支佛形像과 轉輪王形像하여 布施供養하면 得無量福이요 常在人天하여 受勝妙樂하리니 若能廻向法界하면 是人福利는 不可爲喩니라 復次地藏아 未來世中에 若有善男子善女人이 遇大乘經典하여 或聽聞一偈一句하고 發殷重心하여 讚歎恭敬하며 布施供養하면 是人은 獲大果報를 無量無邊하 리니 若能廻向法界하면 其福은 不可爲喩리라 復次地藏아 若未來世中에 有善男子善女人이 遇佛塔寺와 大乘經典하여 新者는 布施供養하며 瞻禮 讚歎하며 恭敬合掌하고 若遇故者어나 或毀壞者어든 修補營理하되 或獨發 心하며 或勸多人하여 同共發心하면 如是等輩는 三十生中에 常爲諸小國 王하고 檀越之人은 常爲輪王하여 還以善法으로 敎化諸小國王하리라 復次 地藏아 未來世中에 若有善男子善女人이 於佛法中에 所種善根하되 或 布施供養하며 或修補塔寺하며 或裝理經典하되 乃至一毛一塵과 一沙一 滯일지라도 如是善事를 但能廻向法界하면 是人功德은 百千生中에 受上妙 樂하리니 如但廻向自家眷屬이어나 或自身利益하면 如是之果는 卽三生樂 이라 捨一得萬報리니 是故로 地藏아 布施因緣이 其事如是니라

"다시 또 지장이여, 미래세 중에 만약 선남자와 선여인이 부처님의 형상이나 보살의 형상이나 벽지불의 형상이나 전륜왕의 형상을 만나서 보시하고 공양을 올리면 한량없는 복을 얻어 항상 천상과 인간에 나서 수승하고 미묘한 즐거움을 받을 것이며, 만약 능히 그 복을 법계에 회향하면 이 사람의 복과 이익은 비유하여 말할 수가 없다.

다시 또 지장이여, 미래세 중에 만약 선남자와 선여인이 대승 경전을 만나 한 게송이나 한 구절을 듣더라도 소중한 마음을 발하여 찬탄하고 공경하며 보시하고 공양하면 이 사람은 큰 과보를 얻어서 한량이 없고 끝이 없을 것이며, 만약 이것을 법계에 회향하면 그 복은 비유하여 말할 수가 없다.

다시 또 지장이여, 만약 미래세 중에 선남자와 선여인이 부처님의 탑이나 절이나 대승경전을 만나 새것에는 보시하고 공양을 올리며 우러러 예배하고 찬탄하며 공경하여 합장하고, 만약 오래되어 해지고 떨어진 것을 만나 보수하며 관리하되 혹 홀로 마음을 냈거나 혹 많은 사람들과 함께 마음을 내 했다면 이와 같은 사람들은 삼십 생 동안 항상 소국의 왕이 될 것이며, 인연을 맺어준 사람[檀越]은 항상 전륜왕이 되어 좋은 법으로써 여러 소국의 왕을 교화할 것이다.

다시 또 지장이여, 미래세 중에 만약 선남자와 선여인이 부처님의 법 중에서 선근을 심어 혹은 보시하고 공양하며 혹은 탑과 절을 보수하며 혹은 경전을 장식하거나 간수하여 털 하나, 티끌 한 개, 모래 한 알, 물 한 방울만큼의 착한 일이라도 다만 법계에 회향하면 이 사람의 공덕은 백천 생 동안 최상의 묘한 즐거움을 받을 것이며, 다만 자기 집 권속에게만 회향하거나 자기 자신에게만 이익하게 하더라도 이와 같은 과보는 곧 삼 생의 즐거움을 받으리라. 하나를 버리면 만 가지의 보답을 얻게 될 것이다. 그러므로 지장이여, 보시하는 인연이란 이와 같은 것이다."

강의 불자로서 사찰과 불상과 경전 등 부처님에게 해당되는 여러 가지 사물들에 대해서 잘 관리하고 보시하기를 권장하며, 아울러 자신이 지은 선근을 법계의 중생들에게 회향했을 때와 자신의 권속이나 자신만을 위해서 회향했을 때 돌아오는 공덕을 밝힌 부분입니다. 회향이란 본래 자기가 닦은 선근 공덕을 다른 사람들에게 돌려서 그 선근이 보다 더 커지게 하는 데 그 의미가 있습니다.

회향은 또 세 가지의 회향을 말하기도 합니다. 첫째 중생회향으로 자기가 지은 선근 공덕을 다른 사람들에게 회향하여 이익을 주려는 것인데, 불보살의 회향과 세속에서 영가를 천도하기 위하여 보시와 독경을 하는 것 등입니다. 둘째 보리(菩提)회향으로 자기가 지은 온갖 선근을 회향하여 보리의 과덕을 구하려는 것입니다. 셋째 실제(實際)회향으로 자신이 닦은 선근 공덕으로써 무위 적정한 열반을 구하려는 것입니다.

자신이 지은 작은 선근을 보다 더 큰 법계의 중생들에게 회향하는 뜻과 함께 존재하는 것이 없어지는 것이 아니라 존재는 하면서 나쁜 작용이 좋은 작용으로 돌아가는, 즉 가치 전환을 뜻하기도 합니다. 예컨대 감의 떫은 맛이 바로 단맛이 되듯이 떫

은 맛을 없애고 단맛을 주사했다는 것이 아니라 떫은 맛이 그대
로 단맛으로 가치 전환한 것입니다. 만일 떫은 맛이 없다면 단
맛도 없습니다. 그러므로 번뇌가 있으므로 비로소 깨침이 있는
것이고 깨침은 번뇌 속에서 피어난 아름다운 꽃이 되는 도리가
곧 회향입니다.

삼독(三毒)과 삼약(三藥)이 있습니다. 삼독은 탐욕과 분노와
어리석음입니다. 그러나 삼약은 지혜와 자비와 원력입니다. 삼
독을 돌이켜〔회향〕삼약을 만들어야 합니다. 탐욕은 원력으로,
분노는 자비로, 어리석음은 지혜로 돌이켜야 합니다. 감의 떫은
맛을 돌이키면 곧 단맛이 되듯이. 떫은 맛이 없으면 단맛도 없
습니다. 그러므로 반드시 삼독을 돌이켜 삼약으로 회향하는 이
치를 이 장에서는 가르치고 있습니다.

[第十一]

땅의 신들이 법을 보호하다
(地神護法品)

제11장 땅의 신들이 법을 보호하다(地神護法品)

이 품의 해설

  지신호법품은 땅의 신이 부처님에게 지장신앙에 따르는 공덕
을 말하는 내용을 담고 있습니다. 땅의 신, 견뢰지신은 지장보
살에 대한 믿음이 굳고 지장경의 가르침을 행하는 이가 있으면
그를 옹호한다는 것입니다. 부처님께서는 자신 외에도 여러 신
들이 지장행자(地藏行者)를 옹호한다고 말씀하십니다. 그래서
지장경의 가르침을 행하는 이를 신들이 옹호한다는 의미에서
지신호법품이라는 이름이 붙여진 것입니다.

  지신호법품의 대강의 줄거리는 땅의 신인 견뢰지신이 부처님
께 문수보살 · 보현보살 · 관세음보살 · 미륵보살과 같은 대보살
들이 불가사의한 법으로 백천의 형상을 나투어 중생들을 제도
하지만, 그 중에서도 지장보살이 특히 오랜 기간 동안 원력을
세우고 실천해 왔다고 말합니다. 그리고 지장보살의 형상을 그
리거나 조성하고 그 곳에 예배 · 공양 · 찬탄하는 사람은 열 가
지의 이익을 얻게 된다고 말합니다. 또 어떤 이가 자기가 처해
있는 바로 그 자리에서 지장경을 독송하며 지장보살에게 공양
하면 물 · 불 · 도적 · 횡액 등의 나쁜 일로부터 이 사람을 보호
하겠다고 말합니다.

그러자 부처님께서 땅의 신인 견뢰지신의 힘이 미치지 않는 곳이 없다고 말씀하십니다. 왜냐하면 이 세상의 초목을 비롯한 모든 것이 다 토지신의 힘을 입고 있기 때문이라는 것입니다. 만약 어떤 이가 지장경의 가르침 가운데 단 한 가지만 실행해도 견뢰지신이 그를 옹호해서 재해를 받지 않게 한다는 것입니다. 지신 혼자만 지장행자를 옹호하는 것이 아니라 모든 제석천과 범천이 그를 지켜 주리라고 설하십니다. 이처럼 지신호법품은 주변에서 지장행자를 보호하는 기운, 즉 보이지 않는 힘에 대한 내용을 담고 있습니다.

1. 지장보살과 다른 보살들의 원력

爾時에 堅牢地神이 白佛言하시되 世尊하 我從昔來로 瞻仰頂禮無量菩薩
摩訶薩하니 皆是大不可思議인 神通智慧로 廣度衆生이언마는 是地藏菩薩
摩訶薩은 於諸菩薩보다 誓願이 深重하나이다 世尊하 是地藏菩薩이 於閻浮
提에 有大因緣하시니 如文殊普賢觀音彌勒도 亦化百千身形하여 度於六
道하시되 其願이 尙有畢竟이어니와 是地藏菩薩은 教化六道一切衆生하시되
所發誓願劫數는 如千百億恒河沙니라

그 때에 견뢰지신이 부처님께 사뢰었다.

"세존이시여, 저는 예전부터 지금까지 한량없는 보살마하살을 뵈옵고 정례하는데 모두 크고 불가사의한 신통력과 지혜로 널리 중생들을 제도하건마는 이 지장보살마하살은 다른 보살보

다 서원이 더 깊고 두텁습니다.

　세존이시여, 이 지장보살이 염부제에 큰 인연이 있으므로 문수 · 보현 · 관음 · 미륵 같은 보살님도 또한 백천의 모습으로 변화하여 육도의 중생들을 제도하여도 그 원이 오히려 끝이 있는데 이 지장보살이 육도의 일체 중생들을 교화하고자 서원을 발한 겁 수가 천백억의 항하의 모래와 같습니다."

강의 문수보살이 부처님의 지혜를 표현한다면 보현보살은 부처님의 지혜를 몸소 실천에 옮기는 행을 표현하고 있습니다. 그리고 관세음보살은 부처님의 대자대비를 실현하는 보살이며, 미륵보살은 부처님이 중생들에게 미래에 성불하리라는 꿈과 희망을 가지게 하는 일을 표현합니다. 그러므로 원력의 문제에 대해서는 지장보살과 여타의 다른 보살들과는 차이가 난다는 것을 말하고 있습니다. 그 차이점이란 중생들을 제도하려는 원력이 다른 보살들은 끝이 있는데 지장보살은 백천억 겁을 지낸다 하더라도 중생들을 제도하려는 그 원력이 끝이 없다고 하였습니다.

　원력의 입장에서 표현하는 경전이므로 당연한 결론이라고 할 수 있습니다. 그러나 대자대비의 문제를 들고 이야기한다면 그 점은 반드시 관세음보살에게로 돌려야 할 것입니다.

　하나의 꽃으로 비유하자면 지혜는 밝은 색깔을 뜻하고, 자비는 그 아름다운 모습에 해당할 것이고, 실천에 옮기는 행위(大行)는 그 꽃이 있어야 할 곳에 반드시 존재하면서 향기를 뿜고 있음을 뜻하고, 원력은 그 꽃의 당당하고 생기 넘치는 모습일 것입니다. 미륵보살의 미래의 희망을 나타내는 꽃의 모습은 끊임없이 올라오고 있는 꽃봉오리들일 것입니다. 이러한 조건들을 모두 갖춰야 한 떨기의 완전한 꽃이라고 할 수 있을 것입니다. 이러한 세상이 곧 멋진 꽃으로 장엄한 이상세계, 즉 비로자나 부처님의 대화엄(大華嚴)의 세계일 것입니다.

2. 열 가지 이익

世尊하 我觀하오니 未來及現在衆生이 於所住處이나 於南方淸潔之地에 以土石竹木으로 作其龕室하고 是中에 能塑畵하되 乃至金銀銅鐵로 作地藏形像하고 燒香供養하며 瞻禮讚歎하면 是人居處에 卽得十種利益하리니 何等이 爲十고 一者는 土地豊壤이요 二者는 家宅永安이요 三者는 先亡生天이요 四者는 現存益壽요 五者는 求者遂意요 六者는 無水火災요 七者는 虛耗辟除요 八者는 杜絶惡夢이요 九者는 出入神護요 十者는 多遇聖因하리라 世尊하 未來世中과 及現在衆生이 若能於所住處方面에 作如是供養하면 得如是利益하리라 堅牢地神이 復白佛言하시되 世尊하 未來世中에 若有善男子善女人이 於所住處에 見此經典과 及菩薩像하고 是人이 更能轉讀經典하며 供養菩薩하면 我常日夜에 以本神力으로 衛護是人하여 乃至水火盜賊이며 大橫小橫이며 一切惡事를 悉皆消滅게하리라

"세존이시여, 제가 보니 미래와 현재의 중생들이 살고 있는 곳에서 남쪽으로 청결한 땅에 흙과 돌과 대와 나무로 그 감실(龕室)을 만들고 이 가운데 형상을 그리거나 금과 은과 구리쇠와 무쇠로 지장보살의 형상을 만들고 향을 사루어 공양을 올리

314

고 우러러 예배하고 찬탄하면 이 사람이 사는 곳이 곧 열 가지 이익을 얻게 됩니다. 무엇이 열 가지냐 하면,

1. 토지마다 풍년이 들 것이며,
2. 집안이 길이 편안할 것이며,
3. 먼저 돌아가신 이는 하늘에 날 것이며,
4. 현재 남아 있는 사람의 수명이 늘어날 것이며,
5. 구하는 것이 뜻대로 이루어질 것이며,
6. 물과 불의 재앙이 없을 것이며,
7. 헛되이 소모되는 일이 없고,
8. 나쁜 꿈이 없으며,
9. 들어오고 나갈 때 신장의 보호를 받을 것이며,
10. 성스러운 인연을 많이 만나게 되는 것입니다.

세존이시여, 미래세나 현재세의 중생들이 만약 거주하는 곳에서 이와 같은 공양을 올리면 이와 같은 이익을 얻을 것입니다."

견뢰지신이 다시 부처님께 사뢰기를, "세존이시여, 미래세 가운데 만약 선남자와 선여인이 거주하는 곳에서 이 경전과 보살의 형상을 보고 이 사람이 다시 경전을 독송하며 지장보살님께 공양을 올리면, 제가 항상 낮과 밤에 본래의 신력을 가지고 이 사람을 호위하여 수재나 화재나 도적이나 큰 횡액과 작은 횡액 등 일체의 악한 일을 모두 소멸시켜 주겠습니다."

강의 견뢰지신이 지장보살의 원이 한량없음을 부처님께 말하면서 문수, 보현, 관음, 미륵 같은 보살님도 육도의 중생들을 제도

하여 그 원이 마침이 있는데 지장보살은 원을 발한 그 세월이 끝이 없다고 합니다. 이어서 견뢰지신은 부처님께 중생이 머무는 곳이나 남쪽의 청결한 땅에 흙과 돌과 대와 나무로 그 감실을 만들고 그 가운데 형상을 그리거나 은과 구리쇠와 무쇠로 지장보살의 형상을 만들고 향을 공양하여 우러러 예배하고 찬탄하면 이 사람은 열 가지 이익을 얻게 된다고 합니다. 그리고 나서 이 열 가지 이익을 자세히 소개하고 있습니다.

3. 지신(地神)에게 부촉하다

佛告地神하시되 堅牢야 汝의 大神力은 諸神의 少及이니 何以故오 閻浮土
地悉蒙汝護하며 乃至草木沙石과 稻麻竹葦와 穀米寶貝히 從地而有는
皆因汝力이어늘 又當稱揚地藏菩薩利益之事하나니 汝之功德과 及以神
通은 百千倍於常分地神하니라 若未來世中에 有善男子善女人이 供養菩
薩하며 及轉讀是經하되 但依地藏本願經하여 一事修行者라도 汝以本神力
으로 而擁護之하여 勿令一切災害와 及不如意事輒聞於耳어든 何況令受이
리오 非但汝獨護是人故하고 亦有釋梵眷屬과 諸天眷屬이 擁護是人하나니
何故로 得如是聖賢의 擁護어뇨 皆由瞻禮地藏形像하며 及轉讀是本願經
故로 自然畢竟에 出離苦海하여 證涅槃樂하리니 以是之故로 得大擁護하나
니라

부처님께서 지신에게 이르시기를,

"견뢰여, 그대의 큰 신력은 다른 신이 미치지 못한다. 왜냐하

면 염부제의 토지가 모두 그대의 보호함을 입어서 풀과 나무와 모래와 돌과 벼와 삼과 대와 갈대와 곡식과 쌀과 보배까지 땅에서 나는 것은 모두 그대의 신력에 기인한 것이거늘, 또한 지장보살의 이익에 대한 일을 찬양하니 그대의 공덕과 신통력은 보통 지신들보다 백천 배나 더할 것이다.

만약 미래세 중에 선남자와 선여인이 지장보살을 공양하고 이 경전을 독송하되 다만 지장보살본원경을 의지하여 한 가지만 수행하는 자라도 그대는 본래의 신력을 가지고 옹호하여 일체의 재해나 뜻과 같이 되지 않는 일이 전혀 귀에 들리지도 않게 하겠거든 어찌 하물며 직접 받게 되겠는가.

다만 그대만 홀로 이 사람들을 옹호할 뿐 아니라 또한 제석과 범천의 권속과 제천의 권속도 이 사람을 옹호할 것이다. 무슨 까닭으로 이와 같이 성현의 옹호를 받는가 하면 모두 지장보살의 형상을 우러러 예배하고 이 지장보살본원경을 독송하기 때문이니라. 그리고 끝내는 저절로 고해를 벗어나서 열반락을 증득하게 될 것이니 이러한 까닭으로 큰 옹호를 받게 되리라."

강의 견뢰지신은 부처님께 만약 선남자와 선여인이 자기가 사는 곳에서 지장경과 지장보살의 형상을 보고 경전을 읽고 보살님께 공양을 올리면 낮과 밤에 본인의 위신력으로 이 사람을 보호하여 물의 재앙이나 불의 재앙이나 도적이나 큰 불행이나 작은 불행을 모두 소멸시켜주겠다고 원력을 세웁니다.

그래서 부처님께서는 견뢰지신에게 위신력이 크다고 이야기하고 염부제의 모든 토지가 모두 견뢰지신의 위신력에 기인한 것이라고 칭찬합니다. 그리고 지장보살의 일을 칭송하고 우러러 그 공덕과 신통력은 보통 땅의 귀신보다 백천 배나 된다고 말합니다.

계속해서 부처님께서는 미래의 선남자와 선여인이 지장보살을 공양하고 지장경을 독송하되 다만 지장보살본원경에 의지하여 한결같이 수행하는 자를 견뢰지신은 위신력을 갖고 옹호하여 일체의 재해를 막아주고 뜻대로 모든 일이 잘 되게 하라고 부촉합니다.

이러한 성현의 옹호를 받는 이유가 모두 지장보살의 형상을 우러러 공경하고 지장보살본원경을 독송했기 때문이라고 말합니다. 그래서 마침내 고해를 벗어나서 열반락을 얻게 될 것이니 이러한 까닭으로 큰 옹호를 얻는 것이라고 하며 말씀을 마칩니다.

이 품에서는 지신이 옹호하는 내용을 담고 있는데 지장보살을 공경하고 지장보살을 위하고 지장경을 열심히 외우면 이러한 지신의 옹호를 받게 된다는 것입니다. 우리는 살아가면서 보이지 않는 세계에서 도움을 받는 때가 많습니다.

지신호법품에서는 땅의 신은 만물을 소생하게 하므로 큰 영향력을 갖고 지장행자를 옹호한다고 합니다. 왜냐하면 지장행자의 원력이 크기 때문입니다. 지장행자는 견뢰지신의 보호를 받을 뿐만 아니라 제석천왕이나 범천의 신들도 지장행자를 옹호한다고 합니다.

이처럼 견뢰지신이 지장행자를 옹호하는 이유는 땅의 신, 하늘의 신, 바람의 신, 바다의 신, 밤의 신, 낮의 신 등 모든 화엄신중이 다 우주 법신(法身)이 변화해서 나타낸 몸이기 때문입니다. 우주의 법은 바로 우주의 질서이므로 모든 화엄신중은 우주의 질서를 지키는 이를 보살피기 마련입니다.

지장보살에게 공양하고 지장경의 가르침을 행하는 이는 바로 우주 생명의 질서를 따르는 사람입니다. 따라서 진리의 몸인 법신의 화신인 화엄신장들은 지장행자를 옹호하지 않을 수가 없게 되는 것입니다.

[第十二]

보고 듣는 이익
(見聞利益品)

제12장 보고 듣는 이익(見聞利益品)

이 품의 해설

견문이익품에서는 부처님께서 관세음보살에게 지장보살을 직접 보거나, 지장보살상을 그리거나 조성해서 남에게 보게 하거나, 지장보살에 대해서 듣거나, 지장보살을 불러서 남에게 듣게 한다면 그 공덕이 한량없다고 말씀하십니다. 이처럼 지장보살을 보거나 지장보살에 대해서 들으면 이익이 있다는 뜻으로 견문이익품이라는 이름이 붙게 되었습니다.

견문이익품의 대강 줄거리를 살펴보기로 하겠습니다.

부처님께서 정수리로부터 갖가지의 광명을 놓으면서 지장보살을 찬탄합니다. 이 때 법회에 있던 관세음보살이 자리에서 일어나 지장보살의 불가사의한 일에 관해서 말씀해 달라고 부처님께 여쭙니다.

부처님께서는 먼저 관세음보살을 불렀을 때 그에 따르는 이익에 대해 말씀하십니다. 관세음보살의 이름을 듣거나 관세음보살의 형상을 보거나 관세음보살을 찬탄하거나 관세음보살의 가르침을 행하는 이는 온갖 복락을 누리고 필경에는 부처님으로부터 성불할 것이라는 수기를 받는 이익이 있다고 말씀하십니다.

이어서 부처님께서는 관세음보살의 질문에 답하는 형식으로 지장보살을 보고 지장보살에 대해서 들으면 얻게 되는 이익을 설하십니다. 지장보살의 형상을 보거나 그 이름을 듣고, 한 번이라도 공경심을 내어 절하거나 공양을 올리면 큰 쾌락을 얻고 악도에 떨어지지 않는다고 합니다. 또 큰 병을 얻어 임종의 지경에 이른 사람을 위해서 지장보살의 형상을 조성하거나 탱화를 그려서 목숨이 끊어지기 전에 지장보살을 만나게 하면, 중병을 앓을 전생의 업보가 녹아지고 수명이 길어진다는 것입니다.

또 어린 시절에 부모를 잃은 이가 그 조상이 악도에 떨어져 있지 않을까 염려될 때도 지장보살을 보고들은 그 공덕으로 선망부모와 친지권속이 악도를 여의게 된다고 합니다. 그리고 선망영가가 이미 천상에 태어났다면 더 좋은 복락을 받게 된다는 것입니다.

또 21일 동안 일심으로 지장보살에게 예배하고 정근하면 꿈에 선망영가가 태어난 곳을 알려 주는 일도 있습니다. 또 매일 천 번씩 지장보살을 외우면 여러 토지신의 옹호를 받아서 의식이 풍족하고 마침내 성불하리라는 수기를 받게 됩니다. 머리가 나쁘고 정신이 흐려서 대승경전을 읽어도 잘 잊어버리는 사람이 지장보살에게 예배 · 찬탄 · 공양하면서, 살생과 음식과 삿된 음행과 거짓말 등을 삼가고 7일이나 21일 동안 일심으로 계속하면 그 공덕으로 악업이 녹아지고 지장보살이 머리를 쓰다듬어 주어 총명하게 된다고 합니다. 그렇게 되면 경전의 글귀가 한 번 귓가를 스치기만 해도 잊어버리는 일이 없게 된다는 것입니다.

집에 있을 때 마음이 산란하고 꿈자리가 뒤숭숭할 때, 산과 바다를 넘어 멀고 험한 길을 가면서 위급한 일을 만났을 때, 지장보살의 명호를 만 번 외우면 모든 일이 잘 풀리게 된다는 것입니다.

부처님께서는 지장보살을 보고 듣는 데 따르는 이익은 백천 겁 동안 설명해도 다하지 못한다는 말로 견문이익품의 끝을 맺고, 게송으로 다시 한 번 내용을 정리하고 있습니다.

견문이익품이라고 하는 것은 보고 듣는 데 대한 이익을 이야기하고 있습니다. 여기서 보고 듣는다는 것은 부처님과 많은 성인들을 보고 그 말씀을 듣는다는 것에서부터 지장보살상을 보고 듣는 것을 강조하고 있습니다.

지장보살을 직접 만나기란 쉬운 일이 아니고 또 만나더라도 지장보살인지 아닌지는 우리가 알기 어렵습니다. 경전에서 보고 듣는다는 말은 지장보살상을 직접 만나 본다는 의미가 아니라 지장보살의 훌륭한 말씀을 듣거나 지장보살을 외우며 지장보살의 원력과 그의 삶을 내 마음에서 닮으려는 지장보살 기도를 뜻합니다. 지장보살께 공양 올리는 것을 포함해서 지장보살상을 친견하는 신앙행위에 대한 이익을 이야기하고 있습니다.

그런데 여기에서 보고 듣는다는 견문(見聞)이라는 말은 매우 중요한 의미를 갖고 있습니다. 사찰에서 아침예불을 하고 나서 축원을 할 때, 문아명자면삼도(聞我名者免三道), 견아형자득해탈(見我形者得解脫)이라는 말을 씁니다. 이 말은 "내 이름만 들어도 누구든지 지옥, 아귀, 축생의 삼악도의 고통을 면하고, 내 모습만 보아도 해탈을 얻어 지이다."라는 뜻입니다. 고통을 받고 있을 때 누군가가 부르는 소리를 듣기만 해도 고통을 면한다는 것입니다. 그런 정도의 인격이 완성되기를 바라고 또 그것을 목표로 수행을 한다는 의미가 이 축원문의 내용입니다.

축원문의 이 구절은 참으로 의미심장하고 발원으로는 극치에 이르렀다고 할 수 있습니다. 발원이 너무 간절해서 소리만 듣고 삼도의 고통에서 벗어나고 단지 모습만 보고도 해탈을 이룰 수 있도록 하는 것입니다. 보통 우리가 마음에 어떤 문제가 있으면 그 문제 해결을 위해 발원하고, 또 소박한 어떤 소망이 있으면 그런 소망을 발원하는 경우는 있습니다. 그런데 여기에 나오는 축원문의 발원은 너무나 간절한 내용을 담고 있습니다. 우리가 그런 발원을 대할 때 나와는 거리가 멀다고 생각하지 말고 자신의 발원과 비교해서 생각해보면 공부에 큰 진전이 있을 것입니다.

견문이익품에서는 우리가 잘 아는 관세음보살이 등장합니다. 관세음보살은 지장보살에게 예배하고 공경하는 것에 대한 이익에 대해서 묻습니다. 끝 부분에 가서 관세음보살을 등장시키는 것은 지장보살에 대한 예배와 존경과 공양 등의 이익에 대해서 추호의 의심도 없이 확신을 가지라는 뜻이 담겨 있습니다.

앞에서도 여러 번 공덕에 대한 이야기가 있었지만 여기서 특별히 관세음보살을 등장시켜 지장보살에 대한 이익을 이야기하는 것은 우리들에게 신념을 특별히 강하게 심어주려는 숨은 의도가 있다고 생각합니다.

여기서 관세음보살과 지장보살의 관계를 살펴보기로 하겠습니다.

문수보살과 보현보살이 서로 대(對)가 되듯이 관세음보살은 살아 있는 사람의 소원을 들어준다면 지장보살은 죽은 사람을 천도하는 소원을 들어주는 것으로 알려져 있으나 꼭 그런 것만은 아닙니다. 관음시식(觀音施食)이나 구병시식(救病施食)의 의식문에는 관세음보살의 힘을 입어서 영가가 천도되는 것으로 되어 있습니다. 반면에 지장경의 여러 곳에는 지장보살을 의지하는 공덕으로 직접 지장보살로부터 가피(加被)를 입거나 토지신과 화엄신중들의 보호를 받는 것으로 되어 있습니다.

관세음보살은 주로 자비를 베풀고자 하고, 지장보살은 주로 큰 서원력으로써 지옥중생들을 건지고자 하지만, 부처님의 법에 있어서 이승과 저승은 한 길로 통해 있기 때문에 자비로써 현실의 문제들을 보살펴 주는 것과 영가천도가 하나로 연결됩니다. 그 경지에 이르면 관세음보살과 지장보살이 둘이 아니고 하나가 됩니다. 다만 중생들의 인연을 따라서 관음보살에게 의지할 사람은 관음보살에게, 지장보살에게 의지할 사람은 지장보살에게 의지하게 될 뿐입니다.

견문이익품에서 견문이라는 뜻의 의미를 자세히 살펴볼 필요가 있습니다. 우리가 아무리 지장보살이라고 하더라도 지장보살의 이름을 듣고 지장보살에게 예배를 함으로써 이익이 있다는 말은 우리가 잘 이해하고 넘어가야 합니다. 곰곰이 생각해보면 충분히 이해할 수 있고 그것이 가능한 것으로 받아들여집니다.

앞에서도 이야기했듯이 자기가 가슴에 묻어 두고 있는 어떤 사람이라면 누군가가 그 사람의 이름을 한 번 부르거나 아니면 스스로 기억을 떠올리게 되면 행동과 말이 당장에 달라집니다. 저 마음 깊은 곳으로부터 어느 사이에 사람을 흔들어 놓습니다.

그와 같은 일은 대부분의 사람들이 경험하는 바입니다. 또 자기가 가슴에 품고 있는 사람과 비슷하게 생긴 사람을 언뜻 보아도 가슴이 뜨거워 오고 두근거리는 변화를 체험할 수 있습니다.

경전에서는 이와 같은 마음의 큰 변화들을 육종진동(六種震動)이라고 표현했습니다. 이 말은 안·이·비·설·신·의의 육근이 그냥 있지 못하고 다른 사람의 눈에 띄거나 혹은 남모르는 동요가 크다는 뜻입니다. 사람의 마음이란 이처럼 불가사의한 것입니다. 그래서 정말 간절한 신심으로 지극히 지장보살을 한번 외우기만 해도 마음속의 어떤 분노의 불길이나 슬픈 마음이 사라질 수 있습니다.

어떻게 생각하면 경전의 내용이 상당히 과장된 것처럼 느껴지지만 그것은 자신의 마음이 거기에 닿지 못하기 때문입니다. 다시 말해서 자신의 견문이 좁고 자신의 생각이 짧아서 미치지 못하는 것이지 경전의 가르침은 진실이며 그 의미는 매우 깊습니다.

이 세상에 불가사의한 일들이 얼마든지 있을 수 있습니다. 우리가 예상한 대로 자로 잰 듯이 맞아떨어지는 세상살이는 있을 수 없습니다. 우리가 예상할 수 없는 그런 일들이 얼마든지 일어나기 때문에 우리는 어떤 희망을 갖고 살아갈 수 있습니다.

지장보살에 대해서 보고 듣고 공경하는 것은 결국 지장보살의 강한 원력으로 나타나야 하는 것입니다. 왜냐하면 지장보살은 원력(願力)의 화신(化身)이기 때문입니다. 지장보살이라는 그 이름을 한 번 부르면 지장보살의 원력이 가슴 가장 깊은 곳에 먼저 와닿아야 합니다. 그래야 힘이 생기고, 용기도 생기고,

꿈과 희망이 생기고, 강한 생명력이 용솟음칠 수 있습니다. 그런 일들이 결부되어야만 지장보살을 부르는 이익이 있습니다.

그저 지장보살의 이름을 마음 없이 입으로만 불러도 이익이 있다고 생각하는 일은 잘못된 것입니다. 그것은 한쪽만 아는 절름발이 신앙입니다. 지장보살은 우리가 겪고 있는 부정적인 면을 지옥이라는 표현으로 나타냈는데 그러한 극한 상황조차도 지장보살을 간절히 염하고 지장보살의 강한 원력을 나의 삶으로 할 때 틀림없이 그 지옥 같은 어둠은 반드시 사라집니다. 다시 말해 슬픔은 기쁨으로 고통은 즐거움으로 전화위복(轉禍爲福)이 되는 것입니다.

그것은 지장보살이 단순하게 어떤 일을 바꾸어 주는 게 아니라 지장보살을 염하는 일과 동시에 자신의 가슴속에서 지장보살과 같은 강인한 원력이 용솟음칠 때 그런 일이 가능합니다. 지장보살과 내 마음속에서 일어나고 있는 진정한 지장보살의 원력이 맞아떨어질 때, 내가 바라는 일이 호전되고 바꾸어지게 됩니다. 그래서 불행을 행복으로 실패를 성공으로 바꿔 놓을 수 있는 살아있는 경전의 가르침이 되고, 경에서 말하고 있는 지장보살의 기도에 대한 모든 이익이 가능하게 됩니다.

지장보살이라는 이름을 들을 때나 부를 때 지장보살의 뜨거운 원력이 자신의 내부로부터 솟아 올라와야 됩니다. 그것이 지장보살을 뵙고 지장보살의 이름을 듣는 일이 됩니다. 여기에 진정 참다운 견문(見聞)의 뜻이 있습니다. 달리 말하면 지장보살과 지장보살을 부르는 사람은 주파수가 같아야 합니다. 주파수가 같을 때 만물은 모두가 공명하게 되어 있습니다.

불교는 지극히 합리적이고 과학적인 설명을 필요로 합니다. 그런데 잘못 이해하면 미신의 구렁텅이에 빠질 가능성도 있습니다. 기도는 철저한 과학입니다. 기도를 통해서 어떤 가피력이 있다고 하는 것은 철저히 과학적으로 입증이 됩니다. 불교를 모르는 사람들은 부처님 앞에 가서 맹목적으로 빌면 부처님이 소원을 들어준다고 이야기합니다. 그것은 불교를 피상적으로 아는 일에 불과합니다. 불교의 이론은 철저하게 과학적으로 입증될 수 있고 입증되어야 합니다.

1. 광명을 놓다

爾時에 世尊이 從頂門上하사 放百千萬億大毫相光하시니 所謂白毫相光과 大白毫相光이며 瑞毫相光과 大瑞毫相光이며 玉毫相光과 大玉毫相光이며 紫毫相光과 大紫毫相光이며 靑毫相光과 大靑毫相光이며 碧毫相光과 大碧毫相光이며 紅毫相光과 大紅毫相光이며 綠毫相光과 大綠毫相光이며 金毫相光과 大金毫相光이며 慶雲毫相光과 大慶雲毫相光이며 千輪毫光과 大千輪毫光이며 寶輪毫光과 大寶輪毫光이며 日輪毫光과 大日輪毫光이며 月輪毫光과 大月輪毫光이며 宮殿毫光과 大宮殿毫光이며 海雲毫光과 大海雲毫光이니라

그 때에 세존께서 이마 위로부터 백천만 억의 대호상의 광명을 놓으시니, 이른바 백호상광명과 대백호상광명과 서호상광명과 대서호상광명과 옥호상광명과 대옥호상광명과 자호상광명

과 대자호상광명과 청호상광명과 대청호상광명과 벽호상광명과 대벽호상광명과 홍호상광명과 대홍호상광명과 녹호상광명과 대녹호상광명과 금호상광명과 대금호상광명과 경운호상광명과 대경운호상광명과 천륜호광명과 대천륜호광명과 보륜호광명과 대보륜호광명과 일륜호광명과 대일륜호광명과 월륜호광명과 대월륜호광명과 궁전호광명과 대궁전호광명과 해운호광명과 대해운호광명이었다.

강의 경전에서는 언제나 그렇듯이 부처님은 깨달음의 지혜에 의하여 존재하며 그 깨달음의 지혜에 의하여 모든 가르침이 설해지는 까닭에 깨달음과 깨달음의 지혜를 배제하면 부처님도 경전의 가르침도 존재할 수 없습니다. 그래서 그 근본인 깨달음의 지혜를 뜻하는 광명은 경전의 어디에나 등장합니다.

여기서는 형형색색의 광명이 소개되고 있는데 그것은 지장보살을 뵙거나 그 이름을 들어도 큰 이익이 있다는 말씀을 증명하기 위한 아름답고 상서로운 광명이라고 볼 수 있습니다. 그리고 또 지옥을 해의 빛도 달의 빛도 비치지 않는 어두운 곳에 있다는 인간 미혹의 세계를 깨뜨리는 뜻으로 특별히 광명을 많이 이야기한 뜻도 됩니다. 지장경은 웬지 그 내용이 어둡고 칙칙하며 인간의 삶에서 거의 부정적인 죄업의 내용과 그 죄업으로 인한 고통들이 많이 설해져 있어서 경전이 끝나가려는 이쯤에서는 반드시 찬란한 빛으로 그 어둠들을 환하게 밝혀야 하는 상황이 되었다고 봅니다.

광명이란 깨달음의 지혜임과 동시에 희망이요, 생기입니다.

모든 식물은 빛이 있는 쪽을 향해서 그 줄기를 뻗듯이 사람들의
삶도 마찬가지입니다. 희망과 생기가 있어야 그 삶이 삶의 역할
을 다합니다. 살아 있다는 의미와 보람이 있습니다.

2. 관세음보살이 법을 청하다

於頂門上에 放如是等毫相光已하시고 出微妙音하사 告諸大衆과 天龍八
部人非人等하시되 聽吾今日에 於忉利天宮에 稱揚讚歎地藏菩薩의 於人
天中에 利益等事와 不思議事와 超聖因事와 證十地事와 畢竟不退阿
耨多羅三藐三菩提事하라 說是語時에 會中에 有一菩薩摩訶薩하시니 名
은 觀世音이라 從座而起하사 胡跪合掌하여 白佛言하시되 世尊하 是地藏菩
薩摩訶薩이 具大慈悲하사 憐愍罪苦衆生하여 於千萬億世界에 化千萬億
身하사 所有功德과 及不思議威神之力을 我已聞世尊이 與十方無量諸
佛과 異口同音으로 讚歎地藏菩薩하시오니 云何使過去現在未來諸佛이 說
其功德하여도 猶不能盡이닛고 向者에 又蒙世尊이 普告大衆하시되 欲稱揚
地藏利益等事하시오니 唯願世尊하 爲現在未來一切衆生하사 稱揚地藏
不思議事하시와 令天龍八部로 瞻禮獲福게하소서

이마 위에서 이와 같은 호상의 광명을 놓으신 뒤에 미묘한 음
성을 내어 모든 대중과 천룡 팔부와 사람인 듯 아닌 듯한 이들
에게 이르시었다.

"내가 오늘 도리천궁에서 지장보살이 인간과 천상 가운데서
이익이 되는 일과 불가사의한 일과 매우 성스러운 인연의 일과

십지(十地)를 증득하는 일과 마침내는 최상의 깨달음에서 퇴전하지 않은 일을 일컬어 찬탄함을 들어 보라."

이 말씀을 설하실 때에 법회 중에 한 보살마하살이 계시니 이름은 관세음이라. 자리에서부터 일어나서 호궤합장하고 부처님께 사뢰었다.

"세존이시여, 이 지장보살마하살이 대자대비를 갖추고 죄고의 중생들을 불쌍하게 생각하여 천만 억 세계에서 천만 억의 몸으로 변화하고 온갖 공덕과 불가사의한 위신력을 소유하고 있음은 제가 이미 세존과 시방세계의 한량없는 여러 부처님들께서 이구동성으로 지장보살을 찬탄하실 때 들었습니다. 어찌하여 과거와 현재와 미래의 여러 부처님들께서 그의 공덕을 말씀하셔도 오히려 다하실 수 없습니까?

앞서 세존께서 널리 대중들에게 지장보살의 이익 등에 관한 일을 드러내심을 들었습니다. 원컨대 세존께서는 현재와 미래의 일체 중생들을 위하여 지장보살의 불가사의한 일을 드날리시어 천룡 팔부로 하여금 우러러 예배하여 복을 얻게 하여 주십시오."

강의 관세음보살의 말씀과 같이 앞에서도 지장보살의 위신력과 중생들에게 이익되는 일과 존중 찬탄하여 공덕되는 일들에 대해서 여러 번 들었습니다. 그러나 여기서는 세상에서 가장 존경을 받고 숱한 사람들이 마음속 깊이 의지할 분으로 관세음보살을 통하여 한 번 더 지장보살의 위신력과 그 덕화를 증명하여 두고자 한 것입니다. 진정으로 믿을 만한 성자의 말씀을 빌어 확인함으로써 지장보살의 권위는 더욱 확고하여질 것이기 때문입니다.

부처님은 관세음보살의 요청을 받아들이고 다시 한번 지장보살을 뵙고 듣는 이익에 대하여 말씀하시게 됩니다.

불교는 깨달음의 가르침입니다. 불교는 깨달은 사람의 가르침이고 또 깨닫게 하는 가르침입니다. 불(佛)이란 말은 깨달음이라는 말입니다. 그래서 불교는 깨달은 사람의 가르침이요, 깨닫도록 하는 가르침입니다. 다시 말해 불교는 깨달으라고 가르치는 것입니다. 달리 다른 목적을 가지고 가르치는 것이 아닙니다. 깨달음에 의한 가르침이며 깨달은 사람이 가르치는 것이 바로 불교입니다. 궁극적으로 불교는 우리를 깨닫게 할 목적으로 존재하는 것입니다.

깨달음이라고 하는 것은 부처님께서 얻으신 진리 그 자체입니다. 그래서 부처님께서는 깨달음을 얻은 뒤 49년간 설법을 하셨습니다. 팔만대장경이라고 하는 것이 모두 부처님의 설법입니다. 부처님의 재산을 두 가지만 들라고 하면 깨달음과 설법을 들 수 있습니다. 부처님께서 6년 고행 끝에 깨달음을 얻어서 중생들을 위해 그 깨달음에 대해 다 설명하신 것이 말하자면 설법이고 팔만대장경입니다.

앞에서 광명 이야기를 소개했는데 그것이 바로 깨달음을 뜻하는 것입니다. 처음에 깨달음이 있고 그 다음에 부처님께서는 미묘한 음성을 내어 설법을 하시는 것입니다. 지장경도 물론 그렇지만 모든 경전이 이러한 입장에서 설해지고 있습니다. 그것은 바로 깨달음과 설법이라는 입장입니다.

아뇩다라삼먁삼보리는 무상정등정각(無上正等正覺)이라 번역하는데 부처님께서 얻은 깨달음을 말합니다. 또 십지(十地)라는 말은 중생이 부처가 되는 단계가 있는데 마지막 사십일 단계에서 오십 단계를 십지라고 말합니다. 그 앞의 십신(十信), 십주(十住), 십행(十行), 십회향(十廻向)까지가 사십 단계입니다.

그 다음이 십지이고 십지 다음은 등각(等覺), 묘각(妙覺)입니다. 여기서 지장보살은 보살이기 때문에 각이라고 말할 수가 없고 그래서 십지까지는 올라갔다는 말입니다. 다시 말해 지장보살은 십지보살에 해당됩니다.

3. 관세음보살을 찬탄하다

佛告觀世音菩薩하시되 汝於娑婆世界에 有大因緣하여 若天若龍과 若男
若女와 若神若鬼와 乃至六道罪苦衆生이 聞汝名者와 見汝形者와 戀慕
汝者와 讚歎汝者는 是諸衆生이 悉於無上道에 必不退轉하여 常生人天하
여 具受妙樂하여 因果將熟하면 遇佛授記하리라 汝今에 具大慈悲하여 憐愍
衆生과 及天龍八部하여 欲聽吾의 宣說地藏菩薩不思議利益之事하니 汝
當諦聽하라 吾今說之하리라 觀世音이 言하시되 唯然世尊하 願樂欲聞하나이다

부처님께서 관세음보살에게 이르시었다.

"그대는 저 사바세계에 큰 인연이 있어 천인들과 용과 남자와 여자와 신과 귀, 내지는 육도의 죄고(罪苦) 중생들까지 그대의 이름을 듣는 자나 그대의 형상을 보는 자나 그대를 생각하고

사모하는 자나 그대를 찬탄하는 자 등 이 모든 중생들은 모두 최상의 깨달음에서 반드시 퇴전하지 아니하고 항상 인간과 천상에 나서 즐거움을 갖추어 받게 되며 인과가 성숙하면 부처님의 수기를 받을 것이다.

그대는 지금 대자대비의 마음을 갖추고 중생들과 천룡 팔부들을 불쌍하게 생각하여 내가 지장보살의 불가사의한 이익되는 일들에 관해 설명하는 것을 듣고자 하니 그대는 자세히 들어라. 내 지금 말하리라."

관세음보살이 말씀하기를, "예, 그렇게 해 주십시오. 세존이시여, 즐거이 듣고자 원합니다."

강의 여기서 부처님은 관세음보살에 대하여 지장보살 못지 않은 칭찬을 하십니다. 관세음보살을 뵙거나 그 이름을 듣는 사람들, 그리고 생각하고 사모하고 찬탄하는 사람들은 최상의 깨달음을 성취할 것이며, 인간과 천상의 낙을 받고 나중에는 부처님의 수기를 받으리라고 말씀하십니다. 한국의 불자들에게는 관세음보살에 대한 이해가 가장 깊을 것입니다. 그리고 그 믿음은 어떤 불보살보다도 높으리라 생각합니다. 관세음보살에 대해서는 법화경 보문품에서 소상히 밝히고 있습니다. 보문품은 관음경이라고 하여 독립된 경전으로 부르기도 합니다. 관세음보살은 때로는 지혜의 화신으로 나타나기도 하나 주로 부처님의 대자대비를 몸으로 표현하신 분으로 알려져 있습니다.

관세음보살을 찬탄하는 노래 몇 구절을 소개합니다.

빛의 고향
갈 수 없는 바다 넘어
보타락가산 있어
바른 진리 밝히시는
성스러운 보살
관세음 계시네

비취색 머리칼은 구름인 듯 흐르고
아침 노을 말할 수 없이 고운 입술이여
연붉은 안개 속 초승달 눈썹 드리우시고
큰 이익 주시는
언제나 상서롭고 기쁜 보살이여

달빛 같은 흰옷 입으시고
푸른 빛 깊은 쌍동 눈망울로
짙푸른 연꽃 위에 앉으신
저 더할 수 없이 수승하온
복덕의 몸이시여

중생의 온갖 위험과 고통
그림자처럼 오시어 감싸주시고
부르는 소리 어김없이 살피사
슬픔 없애 주시는 이여

천 강에 밝은 달 비치듯
부르기도 전에 곁에 와 계시며
누리에 봄이 오듯
그 몸 중생 있는 곳마다 이미 함께하시는
…

재앙의 세월이 온다 하여도
내게는 두려움 이미 없도다
님의 눈 어느 때고 나를 보시니
내게는 두려움 이미 없도다

멸망의 세상이 된다 하여도
내게는 근심 걱정 이미 없도다
님의 귀 어디 가나 나를 들으시니
내게는 근심 걱정 이미 없도다

내 음성 다 들어 주시고
내 모습 낱낱이 살펴 주시는
관세음 관세음
자비하신 어머니여.
…

4. 복이 다할 때를 대비하여

> 佛告觀世音菩薩하시되 未來現在諸世界中에 有天人이 受天福盡하여 有
> 五衰相이 現하여 或有墮於惡道之者라도 如是天人의 若男若女當現相時
> 하여 或見地藏菩薩形像커나 或聞地藏菩薩名하고 一瞻一禮하면 是諸天人
> 이 轉增天福하여 受大快樂하고 永不墮三惡道報하리라 何況見聞菩薩하고
> 以諸香華衣服飮食과 寶貝瓔珞으로 布施供養하면 所獲功德福利는 無量
> 無邊하리라

부처님께서 관세음보살에게 이르시었다.

"미래와 현재의 모든 세계 중에 하늘 사람들이 천상의 복을
다 받고는 다섯 가지 쇠퇴하는 현상이 나타나서 혹 악도에 떨어
지는 자가 있게 된다. 그 때 이와 같은 천인의 남자나 여자가 그
러한 현상이 나타날 때를 맞이하여 혹 지장보살의 형상을 보거
나 혹 지장보살의 이름을 듣고 한 번 보고 예배하게 되면 이 모
든 천인이 하늘의 복을 더욱 더 늘리고 큰 쾌락을 받아 영원히
삼악도의 과보를 받지 아니하리라. 그런데 하물며 지장보살을
보고 지장보살의 이름을 듣고 하여 여러 가지 향과 꽃과 의복과
음식과 보배와 영락들을 가지고 보시하고 공양함이겠느냐. 그
리하여 얻은 공덕과 복과 이익은 한량없고 끝이 없을 것이다."

강의 이 단락의 제목을 '복이 다할 때를 대비하여'라고 하였습
니다. 천상의 생활도 복이 다하면 여러 가지 쇠퇴하는 현상들이
나타난다고 합니다. 실은 불교의 가르침은 다함이 있는 유루복

(有漏福)을 짓기를 권장하지 않습니다. 그 복이라는 것이 마치 하늘을 향하여 화살을 쏜 것과 같은 이치라서 올라가는 힘이 있는 동안은 높이 높이 올라가지만 그 올라가는 힘이 다하면 밑을 향하여 떨어지게 되어 있기 때문입니다. 그리고 떨어질 때는 땅속 깊이 박힙니다. 천당에 태어나는 복을 짓기 이전보다도 더 못한 결과를 초래한다는 뜻입니다.

그렇기 때문에 부처님의 궁극적인 가르침은 깨달음을 통하여 큰 지혜를 성취하도록 하는 것입니다. 그래서 달마 대사도 양나라 무제에게 "당신의 일은 전혀 공덕이 되는 바가 없다."라고 하였던 것입니다.

그러나 선가의 법연(法演) 스님의 사계(四戒)에는 "세불가사진(勢不可使盡) 복불가수진(福不可受盡)"이라는 말이 있습니다. "설사 세력이 있다 하더라도 그것을 다 사용하지 말아라. 설사 복이 많이 있다 하더라도 그것을 다 받아쓰지 말아라."라는 뜻입니다. 어떤 젊은 수행자 두 사람이 함께 전국을 돌아다니며 수행에 열중하였는데 무더운 여름날 두 사람은 맑은 호숫가에 이르렀습니다. 한 사람은 물을 보자마자 반가운 마음에서 옷을 벗고 뛰어들어가서 목욕을 했습니다. 그런데 한 수행자는 옷을 벗지 않고 호숫가에서 수건에 물을 적셔 땀을 닦는 것이었습니다. 동행한 수행자가 이상하게 여겨 물었더니, "이 호수에는 물은 많지만 내가 쓸 몫은 한정되어 있습니다."라고 대답하였답니다.

복이 다할 때를 대비한다면 무루(無漏) 지혜를 닦는 것이 가장 바람직하고, 차선책으로는 복이 설사 많더라도 다 받아쓰지 않는 생활 자세가 좋으리라는 생각을 합니다. 지장경에서는 무

루복과 유루복을 두루 증장시키는 것으로 지장보살의 끊임없는
원력의 삶을 권하고 있습니다.

5. 임종시에

復次觀世音아 若未來現在諸世界中에 六道衆生이 臨命終時에 得聞地
藏菩薩名하되 一聲이나 歷耳根者는 是諸衆生이 永不歷三惡道苦하리니 何
況臨命終時에 父母眷屬이 將是命終人의 舍宅財物과 寶貝衣服으로 塑
畵地藏形像거나 或使病人未終之時에 或眼耳見聞하여 知道眷屬이 將舍
宅寶貝等하여 爲其自身하여 塑畵地藏菩薩形像하면 是人이 若是業報로
合受重病者라도 承斯功德하여 尋卽除愈하고 壽命이 增益하며 是人이 若是
業報命盡하여 應有一切罪障業障으로 合墮惡趣者라도 承斯功德하여 命終
之後에 卽生人天하여 受勝妙樂하고 一切罪障은 悉皆消滅하리라

"다시 또 관세음보살이여, 만약 미래와 현재의 모든 세계 중
에 육도의 중생들이 목숨을 마칠 때가 되어 지장보살의 이름을
얻어들어서 한 소리만 귓가를 스치더라도 이 모든 중생들은 영
원히 삼악도의 고통에 떨어지지 아니하리라.

그런데 어찌 하물며 목숨을 마칠 때가 되어 부모와 권속들이
이 목숨을 마치는 사람의 집이나 재물과 보배와 의복을 가지고
지장보살의 형상을 조성하거나 그림을 그리며, 혹 병든 사람이
죽기 전에 눈으로 보게 하고 귀로 듣게 하는 것이겠는가.

또 도리를 아는 친척들이 집이나 보배 등을 가지고 그 자신을

위하여 지장보살의 형상을 조성하거나 그림으로 그리면 이 사람의 업보가 중병을 받을 만하더라도 이 공덕을 입어서 곧 병이 낫고 수명이 불어나게 되리라. 이 사람이 만약 이 업보로 말미암아 수명이 다하여 일체의 죄업으로 인해 악도에 떨어지는 것이 마땅할지라도 이 공덕을 입어서 목숨을 마친 뒤에 곧 인간과 천상에 태어나서 수승한 즐거움을 받고 모든 죄가 다 소멸하리라."

강의 부처님께서는 관세음보살에게 만약 미래와 현재의 육도중생이 명을 마칠 때 지장보살의 이름을 얻어들어서 한 소리만 귓가를 스치더라도 이 모든 중생이 영원히 삼악도의 고통에 떨어지지 않는다고 말합니다. 그런데 부모와 권속이 명을 마치는 사람의 집이나 재물, 보배와 의복을 가지고 지장보살의 형상을 조성하거나 그림을 그리면, 병든 사람이 죽기 전에 눈으로 보고 귀로 듣게 하여 도리를 아는 권속으로 하여금 집이나 보배 등을 가지고 그 자신을 위하여 지장보살의 형상을 조성하거나 그림을 그리게 하면 업보가 중병을 앓는 데 합당하더라도 이 공덕을 받아서 곧 병이 낫게 되어 수명이 불어나리라는 것입니다.

병든 사람이 죽기 전에 눈으로 보고 귀로 듣게 한다는 말은 죽는 사람의 이름으로 지장보살을 조성하거나 아니면 지장보살에게 공양을 올리는 사실을 죽는 사람에게 확인시켜주는 것을 말합니다.

6. 외로운 처지에서

復次觀世音菩薩아 若未來世에 有男子女人이 或乳哺時어나 或三歲五
歲와 十歲已下에 亡失父母커나 乃及亡失兄弟姉妹하고 是人이 年旣長大
하여 思憶父母와 及諸眷屬하여 不知落在何趣하며 生何世界하며 生何天中
인가하여 是人이 若能塑畫地藏菩薩形像커나 乃至聞名하고 一瞻一禮커나
一日至七日히 莫退初心하고 聞名見形하며 瞻禮供養하면 是人眷屬이 假
因業故로 墮惡趣者計當劫數라도 承斯男女兄弟姉妹塑畫地藏形像하여
瞻禮功德으로 尋卽解脫하고 生人天中하여 受勝妙樂者하리며 是人의 眷屬
이 如有福力하여 已生人天하여 受勝妙樂者는 卽承斯功德하여 轉增聖因하
고 受無量樂하리니 是人이 更能三七日中에 一心瞻禮地藏菩薩形像하여
念其名字하되 滿於萬遍하면 當得菩薩이 現無邊身하여 具告是人眷屬의
生界하리며 或於夢中에 菩薩이 現大神力하여 親領是人하여 於諸世界에 見
諸眷屬하리며 更能每日에 念菩薩名千遍하여 至于千日하면 是人은 當得菩
薩이 遺이니 所在土地鬼神하여 終身衛護하며 現世에 衣食이 豊溢하고 無諸
疾苦하며 乃至橫事를 不入其門케하거든 何況及身이리오 是人이 畢竟에 得
菩薩의 摩頂授記하리라

"다시 또 관세음보살이여, 만약 미래세에 남자나 여인이 혹
젖먹이 때나 혹 세 살이나 다섯 살이나 열 살 이하에 부모와 형
제와 자매를 잃고, 이 사람이 나이가 들어서 부모와 권속을 생각
하고 그리워하나 어떤 곳[趣]에 떨어졌는지, 어떤 세계에 태어났
는지, 어떤 하늘에 태어났는지를 알지 못한다고 하자, 이러한 경
우 이 사람이 지장보살의 형상을 조성하거나 그림으로 그리며,

또한 이름을 듣고 한번 뵈옵고 한번 예배하여 첫날부터 7일까지 처음 마음에서 물러서지 아니하고 지장보살의 이름을 듣거나 형상을 보고 우러러 예배하고 공양하면, 이 사람의 권속들이 설사 악업 때문에 악취에 떨어져서 몇 겁을 지내야 하는 데 해당하더라도 이 남녀의 형제와 자매는 지장보살의 형상을 조성하고 그림으로 그려서 우러러 예배한 공덕으로 곧 해탈을 얻어 인간이나 천상에 나서 수승한 즐거움을 받게 되리라. 그리고 이 사람의 권속이 만약 복력이 있어서 이미 인간과 천상에 나서 수승한 즐거움을 받고 있는 이라면 곧 이 공덕을 입어서 성스러운 인연이 더욱 증가하여 한량없는 즐거움을 받게 되리라.

이 사람이 다시 21일 동안 한결같은 마음으로 지장보살의 형상을 우러러 예배하고 그 이름을 외워서 만 번을 채우게 되면 보살이 가없는 몸을 나타내어 이 사람의 권속이 태어난 세계를 낱낱이 알려 줄 것이다. 혹은 꿈속에서 보살이 큰 위신력을 나타내어 친히 이 사람을 거느리고 모든 세계를 돌면서 권속들을 다 보여 줄 것이다.

다시 매일 지장보살의 이름을 천 번을 외워서 천 일에 이르면 이 사람은 지장보살이 그가 있는 곳에 토지신을 보내서 죽을 때까지 호위하도록 할 것이며, 현세의 의식이 풍족하여 넘치고 모든 질병이나 고통이 없어지며 횡액이 그 사람의 집에 들어가지 못하게 할 것이다. 그런데 그 사람의 몸에 직접 미치게 하겠느냐. 이 사람은 필경에 보살이 이마를 만져주며 수기를 내리리라."

강의 부처님께서 말씀하시길 만약 미래세의 남자나 여인이 있어 나이가 아주 어렸을 때 형제 자매를 잃고 나이가 들어 부모와 권속을 생각하나 어느 세계에 떨어졌으며 또 어느 세계에 났는지 알지 못할 때 이 사람이 지장보살의 형상을 그리거나 조성하여 이름만 듣고 한번 보고 예배하여 하루에서 칠일까지 처음 마음에서 물러서지 아니하고 이름을 듣거나 형상을 보고 우러러 예배하고 공양하면 이 사람의 권속들이 악취에 떨어졌더라도 그 공덕으로 인간과 천상 가운데 나서 뛰어난 즐거움을 받게 된다고 했습니다.

여기서 하루에서 이레까지 처음 마음에서 물러서지 않는다는 것은 매우 중요한 말입니다. 흔히 우리는 처음에는 마음을 잘 내다가도 그 다음에는 시들해져 버리는 경우가 많습니다. 무엇을 하든지 그 일의 성공 여부는 모두 초지일관하는 정신에 달려 있습니다. 학도여초불변심(學道如初不變心)이라고 하여 모름지기 처음의 마음에서 물러서지만 않는다면 못 이룰 일은 아무 것도 없습니다.

이런 마음은 도를 배우는 것뿐만 아니라 부부가 한 가정을 이끌어 가는 데도 특별히 필요한 가르침입니다. 처음 서로 사랑하고 좋아하는 그 마음이 그대로 죽을 때까지 간다면 아무런 문제가 없습니다. 처음 마음을 변하지 않도록 하는 것은 참으로 중요하며 그만큼 어렵기도 한 것입니다. 그래서 도를 닦는 데 초심(初心)을 중요하게 생각하라고 말합니다.

7. 중생들을 제도하려는 이도

復次觀世音菩薩아 若未來世에 有善男子善女人이 欲發廣大慈心하여 救度一切衆生者와 欲修無上菩提者와 欲出離三界者는 是諸人等이 見地藏形像하며 及聞名者至心歸依커나 或以香華衣服과 寶貝飮食으로 供養瞻禮하면 是善男女等의 所願이 速成하여 永無障碍하리라

"다시 또 관세음보살이여, 만약 미래세에 선남자와 선여인이 넓고 큰 자비심을 발하여 일체의 중생들을 제도하고자 하는 자와 무상보리를 닦고자 하는 자와 삼계를 뛰어나고자 하는 자 등, 이 모든 사람들이 지장보살의 형상을 보거나 이름을 듣고 지극한 마음으로 귀의하며, 혹은 향과 꽃과 의복과 보배와 음식을 가지고 공양하며 우러러 예배하면 이 선남자와 선여인들은 원하는 바가 빨리 이뤄지고 영원히 장애가 없으리라."

강의 부처님과 인연을 맺고 불교를 공부하는 일은 처음에는 어떤 동기에서 출발을 했든 모두가 무상보리, 즉 큰 깨달음을 이루어 자비로써 중생들을 제도하는 일로 귀결이 됩니다. 그 성스러운 목적도 지장보살을 예배 공양하고 존중 찬탄하는 것으로 모두 이루어진다고 하였습니다. 그렇습니다. 지장보살의 큰 원력이 아니면 이루어 질 수 없는 일입니다. 개인적이고 세속적인 소박한 바람에서부터 일체 중생들을 건지려는 큰 원력에 이르기까지 큰 꿈과 희망과 비원(悲願)이 밑바탕에 깔려 있지 않으면 이루어 질 수 없는 일입니다.

지장보살을 예배 공양하고 존중 찬탄한다는 것은 곧 지장보살의 인생을 내 인생으로 본받고자 하는 것이며, 지장보살의 큰 원력을 나의 원력으로 삼고자 하는 데 뜻이 있습니다.

8. 구하는 것, 바라는 것이 모두 이뤄지다

> 復次觀世音아 若未來世에 有善男子善女人이 欲求現在未來百千萬億
> 等願과 百千萬億等事어든 但當歸依瞻禮供養讚歎地藏菩薩形像하면 如
> 是所願所求를 悉皆成就하리며 復願地藏菩薩이 具大慈悲하사 永擁護我하
> 면 是人이 於睡夢中에 卽得菩薩의 摩頂授記하리라

　　"다시 또 관세음보살이여, 만약 미래세에 선남자와 선여인이 현재와 미래의 백천만억의 소원과 백천만억의 일을 이루고자 하거든 다만 지장보살의 형상에 귀의하고 우러러 예배하며 공양하고 찬탄하면 이와 같이 원하는 것과 구하는 것이 모두 다 성취될 것이며, 이 사람이 다시 지장보살에게 대자비로써 영원히 자기를 옹호해 주기를 원하면 이 사람은 꿈속에서 곧 지장보살이 이마를 만져주며 수기하여 주는 것을 받을 것이다."

강의　만약 미래세의 선남자와 선여인이 자신의 소원을 무엇이나 이루고자 할 때 지장보살의 형상을 대하여 귀의하고 우러러 보며 공양하고 찬탄하면 원하는 것과 구하는 것이 모두 성취된다고 합니다. 또 지장보살이 대자비를 갖추고 영원히 자기를 옹

호해 줄 것을 원하면 이 사람의 잠이나 꿈속에서 보살이 이마를 만져주면서 수기를 주리라고 말합니다. 여기에서도 마정수기 (摩頂授記)로써 약속을 하는 장면이 나옵니다. 다시 말해 지장보살이 마정수기를 해서 앞으로 성불한다는 보장을 하게 된다는 말입니다.

불공을 올릴 때 축원문을 보면, "구하는 것 바라는 것이 모두 다 원만히 성취되고 나날이 일천 가지 길상(吉祥)과 경사가 있어 지이다. 때때로 모든 재앙은 물러가 지이다. 수명은 산처럼 높고 복은 바다처럼 넘실대기를 빌고 비나이다."라고 되어 있습니다. 그 모든 소망들도 지장보살의 대자비와 큰 원력의 삶으로 반드시 다 이루어 질 것입니다.

9. 총명하여 지려면

復次觀世音菩薩아 若未來世에 善男子善女人이 於大乘經典에 深生珍重하여 發不思議心하여 欲讀欲誦하며 縱遇明師하여 敎視令熟하여도 旋得旋忘하여 動經年月하되 不能讀誦하나니 是善男女等이 有宿業障하여 未得消除故로 於大乘經典에 無讀誦性하니 如是之人이 聞地藏菩薩名하며 見地藏菩薩像하고 具以本心으로 恭敬陳白하며 更以香華衣服飮食과 一切玩具로 供養菩薩하고 以淨水一盞으로 經一日一夜하여 安菩薩前然後에 合掌請服하되 廻首向南하고 臨入口時에 至心鄭重하여 服水旣畢하고 愼五辛酒肉과 邪淫妄語와 及諸殺生을 一七日或三七日하면 是善男子善女人이 於睡夢中에 具見地藏菩薩이 現無邊身하여 於是人處에 授灌頂水하

리니 其人이 夢覺하면 即獲聰明하여 應是經典을 一歷耳根하면 即當永記하
여 更不忘失一句一偈하리라

　"다시 또 관세음보살이여, 만약 미래세의 선남자와 선여인이
대승경전에 대하여 소중하고 불가사의한 마음을 내어 읽거나
외우고자 하여, 비록 밝은 스승을 만나서 가르침을 받아 익숙해
지려고 하여도 읽자마자 금방 잊어버리며, 해가 가고 달이 지나
도 독송하지 못하는 선남자 선여인들은 숙세의 업장을 녹여서
제하지 못했기 때문에 대승경전을 읽고 외우는 소질이 없다.

　이와 같은 사람도 지장보살의 이름을 듣거나 지장보살의 형
상을 보고 순수한 마음으로 공경히 사뢰고, 다시 향과 꽃과 의
복과 음식과 여러 가지 진귀한 공양거리들을 가지고 보살에게
공양하라. 그리고 깨끗한 물 한 그릇으로 하루 낮 하룻밤이 지
나도록 지장보살 앞에 두었다가 합장하고 먹도록 하라. 머리는
남쪽을 향하고 입에 가져다가 댈 때는 지극한 마음으로 정중하
게 물을 마시어라. 이 때는 오신채(五辛菜)와 술과 육식과 사음
과 망어와 일체 살생을 7일이나 혹 21일을 삼가하라. 그렇게 하
면 이 선남자와 선여인은 꿈 가운데 지장보살이 가없는 몸을 나
투어 이 사람에게 이마에 물을 부어 주는 것을 받을 것이다. 이
사람이 꿈을 깨고 나면 곧 총명함을 얻어서 경전이 한 번만 귓
가에 스쳐도 곧 영원히 기억하여 다시는 한 구절이나 한 게송도
잊어버리지 아니할 것이다."

강의 경전을 공부할 때 총명하지 못하여 열심히 노력하는데도

잘 잊어버리고 외우지 못하는 경우 그 답답함을 참을 수 없다고 하소연하는 사람들이 많습니다. 특히 어린 시절 외국어를 익힐 때 기억하는 능력이 부족하여 아무리 해도 진전이 없으면 그 마음은 이루 형용할 수 없이 괴롭습니다. 그래서 숱한 상상을 다 합니다. 옥편이나 사전을 씹어먹거나 불에 태워서 먹으면 그 내용이 한꺼번에 모두 암기가 된다든지, 갑자기 다른 사람의 영혼이 내 영혼 속에 들어와서 그 사람의 지식이 내 것이 된다든지 하는 엉뚱한 생각을 하기도 합니다.

그런데 지장경에서는 여러 가지 계행을 지키고 정성을 다하여 기도하기를 권하고 있습니다. 기도란 산란한 마음을 털어버리고 모든 정신을 총 집중하는 자세를 뜻합니다. "천재는 1퍼센트의 영감과 99퍼센트의 노력이다."라는 말과 크게 다르지 않습니다. 불보살의 영험과 가피(加被)는 어떠한 경우에도 자신이 들인 노력의 대가(代價)만큼만 나타납니다.

기도도 과학의 원리와 같습니다. 불교에서 과학적 원리는 연기(緣起)의 도리를 뜻합니다. 이 세상 모든 존재는 연기의 법칙에 의하여 존재합니다. 연기란 모든 존재의 존재법칙입니다. 총명하고 우둔함도 모두 그럴 만한 이유가 있어서입니다. 부유함과 가난함도 만남과 이별도 마찬가지입니다. 하늘에서 비가 오고 눈이 오는, 봄에는 잎이 피고 가을에는 잎이 지는, 날씨와 계절의 그 간단한 이유와 하나도 다른 것이 아닙니다. 모두가 그럴 만한 너무도 뚜렷한 이유와 원인이 있기 때문입니다. 이러한 이치를 깨닫는 것이 곧 부처님의 지혜입니다.

총명에 대한 문제뿐만 아니라 사업이나 시험, 기타 여러 가지 일들에 대해서 간혹 어떤 사람들은 "노력도 많이 하고 부처님께 기도도 많이 하였는데 영험이 없다, 가피력이 없다."라고들 합니다. 예컨대 밤이면 하늘에는 수많은 별들이 빛납니다. 그러나 아침에 해가 솟으면 별들은 보이지 않습니다. 그렇다고 대낮에는 별이 없다고 할 수는 없습니다. 이와 마찬가지로 자신의 무지와 어리석음과 게으름을 탓해야지 대낮에 별을 발견할 수 없듯이 부처님의 영험과 노력의 대가를 발견할 수 없다고 해서 영험이 없다고는 말할 수 없습니다.

한편 이런 면도 참고로 알아둘 필요가 있습니다. 경전을 독송하지 못하고 잘 잊어버리는 것은 머리가 둔해서라기보다도 숙세에 그것을 익히지 않았기 때문입니다. 그러나 우리가 재미있어 하고 흥미를 느끼는 일은 쉽게 잊어버리지 않고 잘 기억합니다. 그것은 자신의 업과 잘 맞아떨어지기 때문에 기억을 잘 할 수 있는 반면에 경전은 일찍이 익히지 못했기 때문에 자신의 업과는 다른 면이 있어서 억지로 익히려고 해도 기억이 잘 되지 않고 또 잘 잊어버리는 것입니다.

자신의 관심이 어디에 있느냐에 따라 기억이 작용하는 것입니다. 모든 것이 마음의 씀씀이에 달려 있습니다. 우리가 숙세의 인연에서 무엇을 익혀 왔느냐의 차이입니다. 이를테면 재미있어 하는 한편의 영화는 집중해서 잘 보며 기억도 잘 합니다. 그런데 경전의 말씀은 전생으로부터 훈습이 잘 되어 있지 않아 기억이 되지 않는 것입니다.

우리는 누구나 불성인간(佛性人間)입니다. 부처의 소질과 능력을 가진 불성인간이기 때문에 지장보살의 원력을 일으켜 그

힘을 발휘할 수가 있습니다. 누구나 불성인간의 기본적인 요소
는 다 갖추어져 있다는 사실을 깊이 이해하고 확고하게 믿는 것
이 중요합니다.

불교에서 불성인간이라는 기본원리를 부정하면 팔만대장경
전부가 거짓말이 됩니다. 그 모든 부처님의 이야기가 이치에 닿
지 않는 것이 됩니다. 그런데 우리가 지금 공부하는 지장경의
내용이 전부 가능한 사실로 받아들여지는 것은 불성인간이라고
하는 일심(一心)의 원리 때문입니다. 다시 말해 누구나 인간은
부처의 소질과 능력을 가지고 있기 때문에 마음의 위신력을 발
휘하면 무엇이나 가능합니다. 불성(佛性)이라는 무한한 능력의
보고를 발휘해서 꾸준히 반복해서 익히는 길밖에 없습니다. 순
자(筍子)에도 "신야자 불과습자지문(神也者 不過習者之門)"이라
고 하였습니다. 즉 "무엇이나 신기(神技)의 경지에 이를 수 있는
것은 자주 반복해서 익히는 길밖에 없다."는 뜻입니다.

10. 풍요롭고 안락한 생활

復次觀世音菩薩아 若未來世에 有諸人等이 衣食이 不足하여 求者乖願하
며 或多疾病하며 或多凶衰하여 家宅이 不安하고 眷屬이 分散하며 或諸橫事
多來忤身하고 睡夢之間에 多有驚怖어든 如是人等이 聞地藏名커나 見地
藏形하고 至心恭敬하여 念滿萬遍하면 是諸不如意事漸漸消滅하여 卽得安
樂하고 衣食이 豊溢하며 乃至於睡夢中에도 悉皆安樂하리라

"다시 또 관세음보살이여, 만약 미래세의 모든 사람들이 의식(衣食)이 부족하여 구하더라도 소원대로 안 되며 혹은 질병이 많고 혹은 흉한 일과 쇠퇴하는 일이 많아서 집안이 불안하고 권속이 나누어지고 흩어지며 혹 횡액(橫厄)이 많이 생겨서 몸을 괴롭히며, 또한 꿈자리에서 놀라고 두려운 일이 많으면 이와 같은 사람들은 지장보살의 이름을 듣거나 지장보살의 형상을 보고 지극한 마음으로 공경하고 외워서 만 번을 채우면 이 모든 뜻과 같지 아니한 일이 점점 소멸하고 곧 안락함을 얻고 의식이 풍족하게 넘치며 꿈속에서까지 모두 안락하게 될 것이다."

강의 만약 미래세에 사람들의 의식이 부족해서 구하려고 해도 부족하며 질병이 많고 흉하고 쇠해지는 것이 많아서 집안이 불안하고 권속이 나누어지고 흩어지며 모든 횡액의 일이 생기며 잠자는 사이에 두려운 일이 많거든 이와 같은 사람들은 지장경을 만 번만 외우면 모든 나쁜 것이 소멸되고 안락함을 얻고 의식이 풍족하게 넘치며 꿈속에서까지 안락하게 될 것이라고 했습니다.

11. 위험한 길을 갈 때

復次觀世音菩薩아 若未來世에 有善男子善女人이 或因治生하며 或因公私하며 或因生死하며 或因急事하여 入山林中커나 過渡河海와 乃及大水커나 或經險道할새 是人이 先當念地藏菩薩名萬遍하면 所過土地鬼神이

衛護하여 行住坐臥에 永保安樂하며 乃至逢於虎狼獅子와 一切毒害하여도 不能損之하리라 佛告觀世音菩薩하시되 是地藏菩薩이 於閻浮提에 有大因緣하니 若說於諸衆生에 見聞利益等事인대 百千劫中에 說不能盡하리라 是故로 觀世音아 汝以神力으로 流布是經하여 令娑婆世界衆生으로 百千萬劫에 永受安樂케하라

"다시 또 관세음보살이여, 만약 미래세에 선남자와 선여인이 혹 생업 때문이거나, 혹 공적인 일이거나 사적인 일이거나, 혹 생명에 관계되는 일이거나, 혹 급한 일로 인하여 산림 중에 들어가든지, 내와 바다를 건너든지, 큰물을 만나든지, 혹은 험한 길을 가든지 할 때, 이 사람이 먼저 지장보살의 이름을 만 번을 외우면 지나가는 곳의 토지신이 호위하여 걷거나 머물거나 앉거나 눕거나 간에 영원히 안락함을 지켜줄 것이며, 호랑이나 사자나 일체의 해독을 만나더라도 손상을 입지 아니하리라."

부처님께서 관세음보살에게 이르시었다.

"이 지장보살은 염부제에 큰 인연이 있다. 만약 모든 중생들에게 보고 듣고 하여 이익되는 일을 설명하려면 백천 겁을 두고 설명하더라도 다할 수가 없다. 그러므로 관세음보살이여, 그대는 위신력을 가지고 이 경전을 유포시켜 사바세계의 중생으로 하여금 백천만 겁 동안 영원히 안락을 누리도록 하라."

강의 마지막으로 지장보살의 공덕을 찬탄하는 여덟 번째 이야기입니다.

만약 미래세에 선남자와 선여인이 혹 급한 일로 인해서 산림

중에 들어가든지 산이나 바다를 건너든지 큰물을 지나든지 하는 경우를 당해서 지장보살을 만 번만 외우면 토지의 귀신이 호위하여 다니거나 머물거나 앉거나 눕거나 영원히 안락을 보장하며 호랑이나 사자나 일체의 해롭고 독한 것을 만나더라도 손상을 입지 아니한다고 했습니다. 그러니까 어떤 일을 시작하려면 먼저 지장기도부터 시작하라는 말입니다.

또 부처님께서는 지장보살은 염부제에 큰 인연이 있어서 만약 모든 중생에게 보고 듣고 이익되게 하는 일을 말하려면 백천 겁을 말하여도 다 할 수 없다고 했습니다. 그러므로 관세음보살의 위신력을 가지고 이 경을 유포시켜 중생들로 하여금 영원히 안락함을 누리도록 하라고 당부합니다.

12. 게송으로 다시 정리하다

1) 지장경의 사구게(四句偈)

爾時世尊이 而說偈言하시되
吾觀地藏威神力하니 恒河沙劫說難盡이로라
見聞瞻禮一念間하면 利益人天無量事하리라

이 때에 세존께서 게송을 설하시었다.
"내가 이제 지장보살의 위신력을 관찰해 보니
항하사 겁을 설하여도 다 할 수 없네.

한순간만 보고 듣고 우러러 예배하여도
한량없는 이익이 인천에 넘치리라.

강의 위의 네 구절을 지장경의 사구게라고 합니다. 사구게란 경전의 내용을 네 구절로 요약해서 나타내는 것으로 경전의 대표격인 글이 됩니다. 경전 전체를 읽을 시간적 여유가 없을 때 이 사구게만을 읽기도 합니다. 여타의 다른 경전들도 사구게가 있고 그 사구게만을 읽어도 공덕이 크다고 하였습니다. 그러므로 이 사구게는 반드시 기억하여 두시기를 바랍니다. 사구게의 내용은 한결같이 지장보살의 위신력을 높이 찬탄하며 한량없는 이익이 있다는 뜻입니다.

2) 복이 다할 때

若男若女若龍神이　報盡應當墮惡道라도
至心歸依大士身하면　壽命轉增除罪障하리라

남자와 여자와 용과 신들이
그 과보가 다하여 악도에 떨어질지라도
지극한 마음으로 지장보살에게 귀의하면
수명은 불어나고 죄업은 소멸되리라.

강의 모든 경전의 원형은 시 형식으로 된 게송이었습니다. 초기에는 부처님의 말씀을 외워서 전하고 글로 기록하지 않았기 때문에 외우기 편리한 게송으로 구성되었던 것입니다. 그러다가 경전이 성문화(成文化)되면서 내용들을 보다 자세하고 세밀하게 전하기 위하여 산문(散文)의 형식인 장항(長行)과 시 형식인 게송이 합해진 경전이 이루어 졌습니다. 그래서 대다수의 경전들이 산문과 게송이 사이사이 어우러진 모습을 하고 있습니다.

게송에는 중송(重頌)과 고기송(孤起頌)이 있는데 중송은 산문으로 설명한 내용을 시형식으로 거듭 표현하는 것이고, 고기송은 게송만으로 그 뜻을 표현하는 경우를 말합니다. 여기에 나오는 게송은 모두가 중송이기 때문에 앞에서 모두 나온 내용들입니다. 그래서 반복하여 해설할 필요가 없습니다.

3) 외로운 처지에서

少失父母恩愛者하고 未知魂神在何趣하며
兄弟姉妹及諸親을 生長以來皆不識하여
或塑或畵大士身하고 悲戀瞻禮不暫捨하여
三七日中念其名하면 菩薩當現無邊體하여
示其眷屬所生界하고 縱墮惡趣尋出離하며
若能不退是初心하면 卽獲摩頂授聖記하리라

어려서 부모의 사랑을 잃어버린 이가
그들의 영혼이 어디에 있는지 알지 못하며
형제자매와 모든 친척들까지
자라오는 동안 전혀 알지 못하더라도

지장보살을 조성하거나 그림을 그려서
애달픈 마음으로 우러러 예배하여 눈 떼지 않고,
삼칠 일 동안 그 이름을 외우게 되면
보살께서 가없는 몸을 나타내시어
그 권속들이 태어난 곳을 보여주며
비록 악도에 떨어져도 곧 벗어날 것이다.
만약 처음 마음에서 물러서지 않으면
곧 이마를 만지면서 수기를 내리리라."

강의 위의 내용은 산문 형식인 장항(長行)에서 말씀하신 것입니다. 다만 기도를 할 때 7일이나 2·7일 또는 3·7일을 기한해서 날짜를 정하는 이유를 간단히 설명하겠습니다.

부처님께서 6년간 고행을 끝내고 니련선하에서 목욕을 하신후 유미(乳糜) 죽을 드시고 바른 선정에 들어가서 최후로 정진하신 기간이 7일입니다. 그 7일이 지난 뒤 부처님은 최상의 깨달음을 성취하셨습니다. 그래서 그 날을 기리기 위해서 모든 선원에서는 7일간 용맹정진을 시행합니다. 7일간의 기도나 또는 2·7일 또는 3·7일의 기간을 정해서 기도를 하는 유래는 그래서 생긴 것입니다.

4) 깨달음을 얻고자 하면

欲修無上菩提者와 乃至出離三界苦인댄
是人旣發大悲心하여 先當瞻禮大士像하면

一切諸願速成就^{하여} 永無業障能遮止^{하리라}

최상의 깨달음을 얻고자 하는 이와
삼계의 고통에서 벗어나고자 하는 이는
이미 대 자비심을 내었는지라
먼저 지장보살의 형상에 우러러 예배한다면
일체의 모든 소원을 속히 성취하여
길이 업장을 소멸하고 다시 짓지 않으리.

강의 불교는 깨달은 분이 다른 사람들을 깨달음으로 인도하는 종교입니다. 지장경에서는 참선을 권하는 것이 아니라 지장기도를 통해서 깨달음을 얻게 합니다. 오로지 지장보살의 정신, 즉 중생들을 고통에서 건지겠다는 큰 원력을 통해서 깨달음도 가능하다는 것입니다.

5) 총명하려면

有人發心念經典^{하여} 欲度群迷超彼岸^{할새}
雖立是願不思議^{하여도} 旋讀旋忘多廢失^은
斯人有業障惑故^로 於大乘經不能記^{하나니}
供養地藏以香華^와 衣服飮食諸玩具^{하고}
以淨水安大士前^{하여} 一日一夜求服之^{하되}
發殷重心愼五辛^과 酒肉邪淫及妄語^{하며}
三七日內勿殺害^{하고} 至心思念大士名^{하면}

卽於夢中見無邊하고 覺來便得利眼耳하여
應是經敎歷耳聞하면 千萬生中永不忘하리니
以是大士不思議로 能使斯人獲此慧하나니라

어떤 사람 발심하여 경전을 외우고
미혹한 이들을 제도하여 피안에 이르게 하고자 할새
비록 뛰어난 큰 원을 세웠으나
읽자마자 금방 잊고 막힘이 많은 것은
이 사람의 업장과 미혹 때문에
대승경전을 읽고도 기억하지 못하네.
향과 꽃과 의복과 음식과
여러 가지 진귀한 것으로 지장보살께 공양하며,
청정수를 지장보살 앞에 놓아두고
하루 낮 하룻밤을 지난 뒤 마시며,
소중한 마음을 내어 오신채를 삼가고
술과 고기, 사음과 망어를 삼가며,
21일 동안 살생하지 말라.
지극한 마음으로 지장보살의 이름을 외우면
곧 꿈속에서 가없는 몸을 나타내나니
깨고나면 문득 눈과 귀에 총명 얻으리.
경전의 가르침이 귓가를 지나만 가도
천생이고 만생이고 길이 잊지 않으리.
이것은 지장보살의 불가사의한 힘이라.
이 사람으로 하여금 이러한 지혜 얻게 하였네.

강의 지장보살의 가피를 얻으면 경전의 가르침이 한 번 귓가를 지나기만 해도 천생이고 만생이고 영원히 잊지 않는다고 하였습니다. 아뢰야식(阿賴耶識)에 저장되었다가 필요할 때면 언제든지 기억이 된다는 뜻입니다. 실은 모든 사람들은 다 아뢰야식이 있고 저장도 되지만 필요할 때 빨리 되살아나지 않는 것이 문제입니다. 경전의 가르침대로 열심히 기도하는 수밖에 달리 다른 방법이 없습니다.

6) 풍요와 안락을 위해

貧窮衆生及疾病과 家宅凶衰眷屬離하며
睡夢之中悉不安하고 求者乖違無稱遂라도
至心瞻禮地藏像하면 一切惡事皆消滅하고
至於夢中盡得安하며 衣食豊饒神鬼護리라

빈궁한 중생들과 병든 중생들
가업은 쇠망하고 권속들은 떠나가서
꿈속에서까지도 모두 불안에 떨며,
구하는 것은 아무 것도 이뤄지지 않을 때
지장보살님께 지극한 마음으로 우러러 예배하면
일체의 악한 일은 모두 소멸하고,
꿈속에서까지도 모두 편안함을 얻고
의식은 풍요하고 신귀들은 옹호하리라.

강의 계속해서 게송에서는 말하고 있습니다. 이것이 지장보살님의 불가사의한 위신력이라 이 사람으로 하여 이 지혜 얻게 한다고 했습니다. 또 빈궁한 중생의 질병과 집안이 몰락하고 권속이 떠나가서 꿈속까지도 모두 불안하며 구하는 것이 뜻을 어기어 되는 일이 없을 때 지극한 마음으로 지장보살상을 우러러 예배하면 일체의 악한 일이 모두 소멸되며 꿈속까지도 편안함을 얻어 의식이 풍요하고 귀신이 옹호한다고 하였습니다.

7) 위험한 길을 갈 때

欲入山林及渡海하여도   毒惡禽獸及惡人과
惡神惡鬼幷惡風과   一切諸難諸苦惱라도
但當瞻禮及供養을   地藏菩薩大士像하면
如是山林大海中도   應是諸惡皆消滅하리라

산림에 들어가거나 바다를 건널 때
독하고 악한 금수나 악한 사람 만났거나
악신과 악귀와 모진 바람과
일체의 난관들과 온갖 고통들도
위대하신 지장보살님의 형상 앞에
우러러 예배하고 공양 올리면
이와 같은 산림이나 바다에서도
틀림없이 이러한 악들은 모두 소멸되리라.

강의 기도는 한편으로는 죄업이 소멸하게 하고 한편으로는 지혜와 복덕이 생기게 합니다. 죄업이 소멸한다는 것은 곧 복덕이 생긴다는 뜻이고 복덕이 생긴다는 것은 곧 죄업이 소멸한다는 뜻입니다. 즉 구름이 걷히면 태양이 드러나고 태양이 드러나면 구름이 걷혔다는 뜻과 같습니다.

8) 지장보살의 위신력을 총결하다

觀音至心聽吾說하라 地藏無量不思議를
百千萬劫說不周하리니 廣宣大士如是力하라
地藏名字人若聞거나 乃至見像瞻禮者는
香華衣服飲食奉하고 供養百千受妙樂하리니
若能以此回法界하면 畢竟成佛超生死하리니
是故觀音汝當知하여 普告恒沙諸國土하라

관세음보살이여, 지극한 마음으로 내 말을 들어라.
지장보살의 한량없고 불가사의한 일
백천만 겁을 설명해도 다하지 못하리니
지장보살의 이와 같은 힘을 널리 알리라.
지장보살의 이름을 만약 듣거나
그 형상을 보고 우러러 예배하는 이는
향과 꽃과 의복과 음식을 바치거나 공양 올리면
백천 가지의 좋은 즐거움을 누리리라.
만약 이 공덕을 또 법계에 회향하면

필경에는 성불하여 생사를 초월하리라.
그러므로 관세음보살이여, 그대는 알라.
그리고 항하 강의 모래 수와 같은 국토에 널리 알리라.

강의 만약 이것을 법계에 회향하면 마침내 성불하여 생사를 초
월한다고 했습니다. 그래서 관세음보살에게 항하사와 같은 모
든 국토에 널리 펼치도록 당부합니다. 법계에 회향한다고 하는
것은 자신이 지장보살에게 예배하고 꽃과 향과 의복과 음식 등
을 공양 올린 그 공덕을 다른 사람들에게 돌려주는 것입니다.
이것이 바로 법계에 회향하는 일입니다.

앞에서도 말한 적이 있지만 불교에는 회향이라는 아름다운
말이 있습니다. 회향이란 내가 지은 선행을 내가 그대로 다 받
는 것이 아니라 좋은 일은 내가 했지만 그 공덕은 모두 다른 사
람에게 되돌려 주는 행위를 말합니다. 그것이 바로 회향의 뜻입
니다. 우리가 선근을 지으면 일단 자기 자신만 공덕을 받으려고
하는 경우가 많습니다. 그런데 중요한 것은 회향할 줄 아는 것
입니다.

예를 들어 좋은 일을 한 것에 대해 모두 상대방에게 공덕을
돌리는 회향심을 갖는 모습은 주위 사람들을 감동시킵니다. 회
향심이 커지면 자신은 계속 선행만 하고 거기서 돌아오는 공덕
과 이익은 전부 다른 사람에게 돌리려는 마음을 갖게 됩니다.
흔히 부모 자식간에는 그런 마음이 가능합니다. 부모가 지은 어
떤 공덕이 자식에게 돌아갈 수 있도록 마음을 씁니다.

그러나 지장보살과 우리가 다른 점은 지장보살은 자기 자식

이 아닌 사람에게도 그런 마음을 쓸 줄 안다는 것입니다. 자기와 관계없는 그런 사람에게도 마음을 쓸 줄 아는 분이 바로 지장보살입니다. 그래서 지장보살이나 관세음보살의 마음은 모든 중생을 자기 자식처럼 생각하는 마음입니다. 어떤 게송에는 보살들이 갓 태어난 아기를 돌보는 마음으로 모든 중생을 돌본다고 표현하기도 합니다. 여기서 회향이라고 하는 말은 이처럼 소중한 뜻을 담고 있습니다.

또 한 가지 꼭 기억하고 실천해야 할 것은 이러한 가르침을 널리 알리라는 당부의 말씀입니다. 부처님의 가르침이 아무리 훌륭하다 하더라도 널리 퍼지 않는다면 그것으로 끊어지고 맙니다. 불교가 오늘날까지 이렇게 전해 내려오는 것은 모두가 그 가르침을 열심히 펴는 사람들이 있었기 때문입니다.

부처님께서 말씀하시기를 모든 공양 가운데 법공양이 최고라고 하셨습니다. 그 법공양이란 바로 부처님의 이 위대한 가르침을 널리 펼치는 일입니다. 경전을 많이 출판하여 수많은 사람들에게 읽히게 하는 일입니다. 지장보살의 사상이 아무리 훌륭하다고 하더라도 그것을 전하여 주는 일을 하지 않으면 아무도 아는 사람이 없기 때문입니다.

[第 十三]

사람들에게 부촉하다
(囑累人天品)

제13장 사람들에게 부촉하다(囑累人天品)

이 품의 해설

    촉루인천품은 부처님께서 지장보살에게 인간세계의 사람과 천상세계에 있는 이들을 잘 보살피라고 부탁[부촉]하는 내용을 담고 있기 때문에 이렇게 이름이 붙여졌습니다. 부처님께서는 한 터럭만큼이라도 불심(佛心)을 내는 이는 반드시 보살펴야 한다고 하셨습니다.

    이 품의 줄거리를 살펴보면 부처님께서 지장보살에게 당부하시면서 지장보살의 위신력과 자비와 지혜와 변재를 찬탄하십니다. 이어서 중생들의 부족한 점들을 지적합니다.

    중생들이 특별히 나쁜 마음을 먹어서가 아니라, 아무리 착한 마음을 냈더라도 나쁜 인연을 만나면 그것에 흔들리기 때문에, 중생들의 어리석음에 실망하지 말고 가없는 몸을 나투어서 교화해야 한다는 것입니다. 한 순간이라도 악도에 떨어지게 해서는 안 될 터인데 하물며 영겁의 무간지옥에 떨어지게 할 수는 없다는 것입니다.

    인간이나 하늘이 털 끝 하나, 먼지 하나, 모래알 하나, 물 한 방울만큼의 선근을 심거나, 한 부처님이나 보살의 명호를 외우거나, 대승경전의 한 구절 한 게송만이라도 외운다면 그들을 보살펴야 한다는 부처님의 말씀입니다. 이에 대해 지장보살은 그대로 실행할 터이니 염려하지 말라고 말합니다.

이 때 법회장소에 있던 허공장(虛空藏)보살이 지장보살의 형상을 보거나 지장경에 대해서 듣거나 독송하고 공양한다면 어떤 이익이 있느냐고 묻습니다.

부처님께서는 먼저 사람들이 얻을 수 있는 스물 여덟 가지의 이익을 설명하고, 이어서 하늘·용·귀신들에게 돌아오는 일곱 가지의 이익을 설명하십니다.

많은 불보살과 천룡팔부가 지장보살의 불가사의한 위신력을 찬탄하는데, 이 때 도리천에 한량없는 향과 꽃과 보배가 비가 내리듯이 내리면서 부처님과 지장보살에게 공양하고, 이를 본 대중들이 예배하고 물러가는 것으로 지장경은 끝을 맺습니다.

촉루인천품은 부처님께서 사람과 하늘 세계를 지장보살에게 부탁하는 내용을 담고 있습니다. 여기서 부탁한다는 말은 지장보살에게 맡긴다는 뜻입니다.

말하자면 말세의 중생들을 지장보살에게 책임지우는 것입니다. 앞에서도 지장보살은 중생들을 모두 거두고 제도하겠다고 부처님께 다짐한 내용이 있었습니다. 여기서도 사람과 천인들을 포함한 모든 중생들을 지장보살에게 부탁한다는 당부의 내용을 담고 있습니다. 경의 끝 부분이므로 부처님께서는 더욱 간곡히 당부의 말씀을 하셨습니다.

1. 삼계화택의 중생들을 부촉하다

爾時에 世尊이 擧金色臂하사 又摩地藏菩薩摩訶薩頂하시고 而作是言하시
되 地藏地藏아 汝之神力이 不可思議며 汝之慈悲不可思議며 汝之智慧
不可思議며 汝之辯才不可思議라 正使十方諸佛이 讚歎宣說汝之不思
議事하여도 千萬劫中에 不能得盡하리라 地藏地藏아 記吾今日에 在忉利
天中하여 於百千萬億不可說不可說一切諸佛菩薩天龍八部大會之中에
再以人天諸衆生等이 未出三界하여 在火宅中者를 付囑於汝하노니 無令
是諸衆生으로 墮惡趣中에 一日一夜케함이어든 何況更落五無間과 及阿鼻
地獄하여 動經千萬億劫하여도 無有出期리오

그 때에 세존께서는 금빛 팔을 들어서 지장보살마하살의 이
마를 만지시고 이와 같이 말씀하시었다.

"지장보살이여, 지장보살이여, 그대의 위신력을 헤아릴 수
없으며, 그대의 자비를 헤아릴 수 없으며, 그대의 지혜를 헤아
릴 수 없으며, 그대의 변재를 헤아릴 수 없으니 시방의 모든 부
처님으로 하여금 그대의 불가사의한 일을 천만 겁 동안 찬탄하
고 설명하게 하더라도 다하지 못할 것이다. 지장보살이여, 지장
보살이여, 기억하라. 내 오늘 도리천 중에서 백천만억의 말로는
다 표현할 수 없는 일체의 제불보살과 천룡팔부의 큰 법회에서
거듭 인간과 천상의 모든 중생들과 삼계를 벗어나지 못하고 화
택(火宅) 중에 있는 이들을 그대에게 부촉한다. 이 모든 중생으
로 하여금 하루 낮이나 하룻밤이라도 악도에 떨어지지 않게 해
야 한다. 그런데 하물며 오무간지옥과 아비지옥에 떨어져서 천

371

만억 겁을 지내도 벗어날 기약이 없도록 해서야 되겠는가."

강의 부처님께서는 지장보살의 이마를 만지면서 다음과 같이 말씀하십니다. 그대의 위신력은 헤아릴 수 없이 많으며, 그대의 자비와 지혜 또한 헤아릴 수 없이 많으며, 그대의 변재 또한 헤아릴 수 없이 많으니, 시방의 모든 부처님으로 하여금 그대의 헤아릴 수 없는 일들을 천만 겁 동안 찬탄하고 설명하게 하더라도 다할 수 없을 것이라고 했습니다.

지장보살은 신력과 자비와 지혜와 변재 이 네 가지를 특별히 갖고 있습니다. 신력, 자비, 지혜, 변재는 오랜 수행의 결과로서 중생들을 제도하는 데 있어서 가장 이상적인 조건이라 할 수 있습니다. 제일 먼저 신력이 있어야 합니다. 그 다음에 자비가 있어야 그 신력을 누구에게나 베풀 수 있습니다. 그런 다음에 지혜가 있어야 제대로 베풀 수 있습니다. 지혜는 눈과 같습니다. 신력과 자비가 있다고 하더라도 지혜가 없으면 베풀어야 할 곳과 베풀어서는 안 될 곳을 바르게 가려낼 수가 없기 때문입니다. 동타지옥(同墮地獄)이라고 하여 잘못 베풀면 베푸는 사람과 받는 사람이 함께 다 지옥에 떨어진다는 뜻인데 지혜가 없는 자비는 그와 같은 잘못된 결과를 가져올 수도 있습니다.

이 사바세계는 음성이 교체가 된다고 해서 언어로써 의사를 전달하기 때문에 말을 잘하고 못하고도 대단히 중요합니다. 그래서 변재가 중요합니다. 지장보살은 변재도 뛰어나다고 했습니다. 신력, 지혜, 자비, 변재 이 네 가지만 갖추면 훌륭한 종교인, 훌륭한 보살이 될 수 있습니다.

불교인들은 천상천하(天上天下)에서 가장 훌륭한 가르침을 갖고 있으면서도 남에게 전달하려는 의지가 부족합니다. 우리가 남에게 좋은 가르침을 자꾸 전하려고 하는 마음을 일으키면 변재의 능력도 자연히 생길 수 있습니다. 부처님은 지장보살의 이런 네 가지 헤아릴 수 없이 불가사의한 능력을 설명한다고 하더라도 말로 다 할 수 없다고 하셨습니다. 부처님께서 "삼계화택에서 고통받는 중생들을 모두 맡기니 그들을 잘 제도하여 악도나 지옥에 떨어지는 일이 없게 하라."고 하였습니다.

지장보살은 말세의 중생들을 모두 책임져야 하는 중책을 부촉받았습니다. 말세중생들의 삶이란 악업을 짓는 일은 많고 선업을 짓는 일은 적습니다. 지은 악업들을 극복하여 밝은 삶으로 전환하려면 지장보살의 그 강인한 원력의 생활이 아니면 안 된다는 메시지가 곧 지장경입니다. 지장경의 이러한 가르침 때문에 이 시대에 지장신앙이 성행하는 것이 아닌가 하는 생각도 합니다.

2. 변화 많은 중생들을 부촉하다

地藏아 是南閻浮提衆生이 志性이 無定하여 習惡者多하고 縱發善心하여도 須臾卽退하며 若遇惡緣하면 念念增長하나니 以是之故로 吾分是形百千億하여 化度하되 隨其根性하여 而度脫之하나니 地藏아 吾今에 慇懃히 以天人衆으로 付囑於汝하노니 未來之世에 若有天人及善男子善女人이 於佛法中에 種少善根하되 一毛一塵이며 一沙一滴이라도 汝以道力으로 擁護是人하여 漸修無上하여 勿令退失케하라

"지장보살이여, 이 남염부제 중생들이 뜻과 성품이 일정함이 없어서 악을 익히는 자는 많고, 비록 선한 마음을 낼지라도 잠시 뒤에는 곧 물러나며, 만약 악한 인연을 만나면 순간 순간 그 인연이 자라난다. 이러한 일 때문에 내가 이 형상을 백천만억으로 나누어 교화하며 그들의 근기와 성품을 따라서 제도하며 해탈시키는 것이다.

지장보살이여, 내 지금 간절히 천상과 인간의 대중을 그대에게 부촉하니 미래 세상의 천상과 인간과 선남자와 선여인이 부처님의 법 가운데서 작은 선근을 심되 하나의 털과 한 개의 먼지와 한 알의 모래와 한 방울의 물만큼만 할지라도 그대는 도력(道力)으로써 이 사람을 옹호하여 점점 최상의 법을 닦아서 물러서지 않게 하여라."

강의 이 남염부제 중생들은 뜻과 성품이 일정한 것이 없어서 악을 익히는 자가 많고 비록 선한 마음을 낼지라도 잠시 뒤에는 곧 물러나며 만약 악한 인연을 만나면 순간 순간 자라난다고 했습니다. 여기서 일정한 것이 없다는 말은 중생들이 삶의 기준이 없고 의지하는 곳이 없어서 어떻게 살아야 하는지, 무슨 생각을 해야 하는지, 무엇이 악이며 무엇이 선인지를 전혀 알지 못한다는 것입니다.

그래서 이러한 일들 때문에 백천만억으로 형체를 나누어 중생을 제도하되 그 근성에 따라 제도하여 해탈시킨다고 말합니다. 흔히 천백억화신(千百億化身)으로 몸을 나타내어 중생을 제도한다고 하는데 그것은 중생들의 마음이 기준이 없고 의지처가 없기 때문입니다.

불교에서는 인간이 기본적으로 세 가지를 의지해야 한다고
가르칩니다. 바른 이치를 깨달으신 분〔佛〕에게 의지하고, 그분
의 가르침〔法〕에 의지하고, 그분의 가르침을 따르는 사람들〔僧〕
에게 의지하라는 소위 삼귀의(三歸依)입니다.

부처님께서 사람들이 살아가면서 의지해야 하는 것에 대해서
가장 자주 말씀하신 가르침이 또 있습니다. 그것은 아끼는 제자
가 먼저 세상을 떠나고 도반들이 몹시 슬퍼할 때나 신자들의 부
모 처자나 형제 자매들이 세상을 떠나고 슬픔에 빠졌을 때, 언
제나 하시던 말씀입니다.

"자기 자신에게 의지하고 진리의 가르침〔法〕에 의지하라. 그
리고 다른 것에는 의지하지 말라. 자기 자신을 등불로 삼고 진
리의 가르침을 등불로 삼아라. 그리고 다른 것은 등불로 삼지
말라. 자기 자신을 편히 쉴 곳으로 삼고 진리의 가르침을 편히
쉴 곳으로 삼아라. 그리고 다른 것을 편히 쉴 곳으로 삼지 말
라."

불교를 믿는 사람이 일정하게 의지할 것이 없어서 방황하는
인생이 될 수는 없습니다. 너무나도 소중한 인생을 살면서 마음
에 일정하게 의지하는 것이 없다면 그것은 불행 중의 불행입니
다. 예컨대 낯선 도시를 처음 방문한 사람이 우선 해야 할 일이
무엇입니까? 밤의 휴식을 위해서 편안하고 경제적인 숙소를 찾
는 일입니다. 그런 숙소를 찾게 되면 짐을 그 숙소에 풀어놓은
다음 느긋한 마음으로 도시의 여러 곳을 두루 구경할 것입니다.
그렇지 않으면 휴식할 곳을 찾기 위하여 어두운 밤거리를 헤매

야 합니다.

이와 마찬가지로 자기 자신과 진리의 가르침 속에서 영원한 휴식처를 찾은 후에야 이 세상의 첫 방문자인 우리들은 두려움 없이 일상적인 일들을 할 수 있을 것입니다. 그렇지 않으면 그 무지와 어리석음의 어두움과 악업의 무서운 밤이 우리들을 덮칠 것입니다. 그 때 고통은 말할 수 없을 것입니다. 인생이라는 항해에는 무엇보다 의지하는 것이 있어야 하고 앞길을 밝히는 등불이 있어야 합니다.

3. 지옥문 앞에서도

復次地藏아 未來世中에 若天若人이 隨業報應하여 落在惡趣하리니 臨墮
趣中하여 或至門首하여도 是諸衆生이 若能念得一佛名커나 一菩薩名하며
一句一偈인 大乘經典커든 是諸衆生을 汝以神力으로 方便救拔하여 於是
人所에 現無邊身하여 爲碎地獄하고 遣令生天하여 受勝妙樂케하라
爾時世尊이 而說偈言하시되

現在未來天人衆을 吾今殷懃付囑汝하노니
以大神通方便度하여 勿令墮在諸惡趣케하라

"다시 또 지장보살이여, 미래세 가운데 하늘이나 사람이 업의 보응(報應)에 따라서 악도에 떨어지는데, 악도에 떨어질 때에 다다라서 혹 악도의 문 앞에 이르렀더라도 이 모든 중생들이

만약 한 부처님의 이름이나 한 보살의 이름이나 한 구절이나 한 게송의 대승경전을 외우면 이 중생들을 그대의 위신력과 방편으로 구제하여 이 사람 앞에 가없는 몸을 나타내어 지옥을 부수어 버리고 하늘에 나게 하여 수승한 즐거움을 받도록 하라."

그 때에 세존께서 게송을 설하여 말씀하셨다.

"현재와 미래의 천인과 인간들을
내 지금 간절히 그대에게 부촉하노니
대신통력과 방편으로 제도하여
모든 악도에 떨어지지 않게 하라."

강의 흔히 지장보살은 지옥문 앞에서 죄를 지어 지옥으로 끌려 들어가는 사람들을 향해 눈물을 흘리면서 간절한 법문을 들려주며 "지금 이 순간이라도 마음을 고치고 참회하라. 그리고 지옥의 고통에서 벗어나라."고 외치고 계신다고 알려져 있는데 그 장면이 바로 이 대목입니다. 고통받는 중생들이 있는 곳이면 어디든 다 가없는 몸을 나타내어 설법하는 지장보살이 되라는 부처님의 당부로 인하여 지장보살은 지옥문 앞에서 죄많은 중생들을 기다리고 있는 신세가 되었습니다.

불보살의 이름이나 대승경전의 한 구절만이라도 외우면 지옥에서 벗어날 수 있는 인연이 된다고 하였습니다. 한 생각 작은 마음이 온 정신세계를 지배하는 기초가 되기 때문입니다. 마음의 이치이기 때문에 시간이 많이 걸리는 것도 아닙니다. 천만년의 깊은 어둠도 한순간의 불빛으로 밝아질 수 있으며 산더미 같은 나무 무더기도 하나의 성냥불로 흔적도 없이 태울 수 있습니다.

지장경의 두 가지 중심이 되는 흐름은 업을 지으면 그 업에 대한 과보를 틀림없이 받는다는 것이고 다른 하나는 원력으로써 충분히 그 업장을 극복할 수 있다는 이야기를 계속하고 있습니다. 우리의 마음 속에서 업장의 두께를 뚫고 올라오는 강인한 생명력, 곧 원력이 있으면 업장은 결코 문제가 되지 않는다는 사실을 지장경에서 강조하고 있습니다. 이것은 바로 지장경의 특징이며 지장경의 가장 뛰어난 점입니다. 업을 지으면 누구나 과보를 받아야 마땅하지만 그 과보가 문제되지 않는 것은 강인한 원력이 있기 때문이라는 사실을 말하기 위해서 지장경은 존재합니다.

4. 지장보살의 다짐

爾時에 地藏菩薩摩訶薩이 胡跪合掌하고 白佛言하시되 世尊하 唯願世尊은 不以爲慮하소서 未來世中에 若有善男子善女人이 於佛法中에 一念恭敬하면 我亦百千方便으로 度脫是人하여 於生死中에 速得解脫케하리니 何況 聞諸善事하고 念念修行하면 自然於無上道에 永不退轉이니까

그 때에 지장보살마하살이 호궤합장하고 부처님께 사뢰었다.

"세존이시여, 원컨대 세존께서는 심려하지 마십시오. 미래세 가운데 만약 선남자와 선여인이 부처님의 법 가운데서 일념으로 공경하면 저도 또한 백천 가지 방편으로 이 사람을 제도시켜

생사 중에서 빨리 해탈을 얻게 하겠습니다. 그런데 어찌 여러 가지 좋은 일을 듣고 생각 생각에 수행하면 자연히 최상의 도에서 영원히 퇴전하지 않게 하는 일이겠습니까."

강의 부처님께서는 지장보살에게 현재와 미래의 천인의 무리를 내 지금 은근히 그대에게 부촉하노니 대 신통력과 방편으로 제도하여 모든 악취에 떨어지지 않게 하라고 말씀하십니다. 지장경의 표현대로라면 우리는 부처님께서 지장보살에게 맡기고 간 중생에 해당됩니다. 또 고집 세고 말 안 듣고 억세고 다루기 어려운 말세 중생들은 지장보살의 높은 원력이 있어야만 제도될 수 있는 그러한 처지라고 볼 수도 있습니다.

근래에 와서 지장기도가 성행하는 것이 크게 바람직한 것은 아니라는 생각이 듭니다. 왜냐하면 그만큼 우리 중생들이 말을 안 듣고 억세고 다루기 어렵다는 뜻이기도 하기 때문입니다. 부처님의 계송을 듣고 지장보살이 무릎을 꿇고 합장하고 부처님께 염려하지 말라고 말합니다. 그리고 계속해서 미래세 가운데 만약 선남자와 선여인이 불법 중에서 일념으로 공경하면 백천 가지 방편으로 이 사람들을 해탈시켜 생사 중에서 빨리 벗어나게 할 것이며, 착한 일을 듣고 생각 생각에 수행하는 이들에게는 무상도에서 영원히 퇴전하지 않게 하겠다고 다짐합니다.

5. 지장경의 스물 여덟 가지 이익

說是語時에 會中에 有一菩薩하니 名은 虛空藏이라 白佛言하시되 世尊하 我
自至忉利하여 聞於如來의 讚歎地藏菩薩의 威神勢力이 不可思議이오니
未來世中에 若有善男子善女人과 乃及一切天龍이 聞此經典과 及地藏
名字하고 或瞻禮形像하면 得幾種福利니가 唯願世尊하 爲未來現在一切
衆等하사 略而說之하소서 佛告虛空藏菩薩하시되 諦聽諦聽하라 吾當爲汝하
여 分別說之하리라 若未來世에 有善男子善女人하시되 見地藏形像하며 及
聞此經하고 乃至讀誦하며 香華飮食과 衣服珍寶로 布施供養하고 讚歎瞻
禮하면 得二十八種利益하리니 一者는 天龍護念이요 二者는 善果日增이요
三者는 集聖上因이요 四者는 菩提不退요 五者는 衣食豊足이요 六者는 疾
疫不臨이요 七者는 離水火災요 八者는 無盜賊厄이요 九者는 人見欽敬이요
十者는 鬼神助持요 十一者는 女轉男身이요 十二者는 爲王臣女요 十三
者는 端正相好요 十四者는 多生天上이요 十五者는 或爲帝王이요 十六者
는 宿智命通이요 十七者는 有求皆從이요 十八者는 眷屬歡樂이요 十九者는
諸橫消滅이요 二十者는 業道永除요 二十一者는 去處盡通이요 二十二者
는 夜夢安樂이요 二十三者는 先亡離苦요 二十四者는 宿福受生이요 二十
五者는 諸聖讚歎이요 二十六者는 聰明利根이요 二十七者는 饒慈愍心이요
二十八者는 畢竟成佛이니라

이 말씀을 설하실 때에 법회 중에 한 보살이 계시니 이름은
허공장(虛空藏)이었다. 허공장보살이 부처님께 사뢰어 말씀드
렸다.

"세존이시여, 저는 도리천궁에 와서 여래께서 지장보살의 위

신력이 헤아릴 수 없음에 대해 찬탄하심을 들었습니다. 미래세 중에 만약 선남자와 선여인과 일체의 하늘과 용이 이 경전과 지장보살의 이름을 듣고 혹 형상에 우러러 예배하면 몇 가지의 복리(福利)를 얻게 됩니까? 원컨대 세존께서는 미래와 현재의 일체 중생들을 위하여 간략하게 설명하여 주십시오."

부처님께서 허공장보살에게 말씀하셨다.

"자세히 듣고 자세히 들어라. 내 그대를 위하여 분별하여 말하겠다. 만약 미래세에 선남자와 선여인이 지장보살의 형상을 친견하거나 이 경을 듣거나 독송하거나 향과 꽃과 음식과 의복과 진기한 보배로써 보시하며, 공양하고 찬탄하고 우러러 예배하면 스물 여덟 가지의 이익을 얻게 된다.

 1. 하늘과 용이 보호하며,
 2. 선한 과보가 날로 증가되며,
 3. 성스럽고 훌륭한 인연이 모이며,
 4. 보리심에서 물러서지 않으며,
 5. 의식이 풍족하며,
 6. 전염병이 들지 않으며,
 7. 물과 불의 재난이 없으며,
 8. 도적의 액난이 없으며,
 9. 사람이 보고 공경하며,
10. 귀신들이 돕고 지킬 것이며,
11. 여자는 남자의 몸으로 바뀌며,
12. 왕과 대신의 딸이 될 것이며,
13. 단정한 상호를 얻을 것이며,

14. 천상에 나는 일이 많을 것이며,
15. 간혹 제왕이 될 것이며,
16. 숙명통(宿命通)을 얻을 것이며,
17. 구하는 것은 모두 얻을 것이며,
18. 권속들이 기뻐할 것이며,
19. 모든 횡액이 소멸될 것이며,
20. 업의 길이 영원히 소멸될 것이며,
21. 가는 곳마다 막힘이 없을 것이며,
22. 밤에 꿈이 편안할 것이며,
23. 먼저 돌아가신 조상님들이 고통에서 벗어날 것이며,
24. 태어날 때부터 복을 받아서 날 것이며,
25. 모든 성인들이 찬탄하실 것이며,
26. 근기가 예리하고 총명해질 것이며,
27. 사랑하고 불쌍히 여기는 마음이 넉넉할 것이며,
28. 필경에는 성불할 것이다."

강의 부처님께서 이런 말을 설하실 때 법회 중에 허공장보살이 부처님께 말합니다. 허공장보살은 도리천궁에 와서 지장보살의 위신력이 정말 크다는 사실을 듣게 되었다고 말합니다. 그리고 미래세에 만약 선남자와 선여인, 일체의 천룡이 이 경전과 지장보살의 이름을 듣고 혹 형상을 우러러 예배하면 몇 가지의 복과 이익이 있느냐고 묻습니다.

지금까지 여러 곳에서 지장경과 지장보살의 위신력을 찬탄하시면서 그에 따른 공덕을 말할 때 여러 번 나온 내용들을 정리

하여 소개한 것입니다.

6. 지장보살 본원(本願)의 일곱 가지 이익

復次虛空藏菩薩아 若現在未來天龍鬼神이 聞地藏菩薩名號커나 禮地
藏菩薩形像커나 或聞地藏菩薩本願等事하고 修行讚歎瞻禮하면 得七種
利益하리니 一者는 速超聖地요 二者는 惡業消滅이요 三者는 諸佛護臨이요
四者는 菩提不退요 五者는 增長本力이요 六者는 宿命皆通이요 七者는 畢
竟成佛이니라

"다시 또 허공장보살이여, 만약 현재와 미래에 천룡과 귀신
이 지장보살의 명호를 듣고 지장보살의 형상에 예배하며 혹 지
장보살의 본래의 서원 등에 관한 일을 듣고 수행하고 찬탄하며
우러러 예배하면 일곱 가지의 이익을 얻는다.

  1. 성인의 지위에 빨리 뛰어 오를 것이며,
  2. 악업이 소멸될 것이며,
  3. 모든 부처님이 보호할 것이며,
  4. 보리심에서 물러서지 않을 것이며,
  5. 본래의 힘이 더욱 증가할 것이며,
  6. 숙명을 모두 통할 것이며,
  7. 필경에 성불하리라."

강의 부처님께서는 허공장보살에게 만약 현재와 미래의 천룡과

귀신이 지장보살의 명호를 듣고 지장보살의 형상에 예배하며 혹 지장보살의 본래의 서원 등에 관한 일을 듣고 그것을 받아들이고 찬탄하며 우러러 예배하면 일곱 가지 이익을 얻는다고 말합니다.

앞서 28가지를 말할 때나 다시 7가지를 말할 때 모두 끝에는 필경에는 성불할 것이라고 하였습니다. 모든 경전은 그 경전의 가르침대로만 하면 최상의 경지인 성불의 경지에 이를 수 있다고 하였는데 중생들을 고뇌에서 구제하겠다는 대자대비의 원력을 불보살의 삶의 전부로 생각하기 때문입니다. 성불은 결국 중생들을 제도하는 데 그 뜻이 있습니다. 중생들을 외면한 부처님이나 보살들은 상상할 수 없습니다. 그러므로 중생들을 건지는 일이 곧 부처님의 일이기 때문에 지장보살과 같이 고통받는 중생들을 위해서 사는 그 삶이 바로 성불 그 자체입니다.

7. 꽃비가 내리다

爾時에 十方一切諸如來不可說不可說一切諸佛如來와 及大菩薩과 天龍八部聞釋迦牟尼佛의 稱揚讚歎地藏菩薩大威神力不可思議하시옵고 歎未曾有하시더니 是時忉利天에 雨無量香華와 天衣珠瓔하여 供養釋迦牟尼佛과 及地藏菩薩已하오며 一切衆會俱復瞻禮하시옵고 合掌而退하니라

그 때에 시방의 모든 곳에서 오신 말로는 다 표현할 수 없는 일체의 모든 부처님과 대보살과 천룡 팔부들이 석가모니 부처

님께서 지장보살의 대위신력이 불가사의하다고 칭찬하심을 듣고 일찍이 없었던 일이라고 찬탄하였다.

이 때 도리천이 한량없는 향과 꽃과 하늘의 옷과 보배 구슬을 비오듯이 내려보내어 석가모니 부처님과 지장보살에게 공양하였다. 그리고는 모든 대중들이 함께 다시 우러러 예배하고 합장하며 물러갔다.

강의 여기서 일체의 모든 부처님과 대보살과 천룡 팔부들이 등장하는 것은 말하자면 석가모니 부처님께서 지장보살에 대해서 끝없이 찬탄하고 지장보살의 공덕이 한량이 없어 무량대복을 받는다는 말씀에 장엄(莊嚴)으로 동참하는 것입니다. 동참해서 자리를 빛내 주는 것도 크게 복을 짓는 일입니다. 여기서도 장엄해 주는 의미로 여러 부처님과 보살들이 동참하고 있는 모습을 볼 수 있습니다. 부처님과 보살들이 있음으로 해서 석가모니 부처님의 설법이 더욱 돋보이고 더 빛나고 또한 증명이 됩니다. 다시 말해서 삿된 마군들의 말이 아니라 정설(正說)이라는 사실이 증명된다는 뜻입니다.

도리천에서 한량없는 꽃과 천의와 구슬을 비오듯이 내려 석가모니 부처님과 지장보살께 공양하였습니다. 이 감동적이고 훌륭한 법의 자리를 축하하는 뜻에서 도리천은 하늘의 꽃을 비를 내리듯이 내렸습니다.

지장보살본원경은 여기서 다 끝났지만 우리는 경전의 말씀을 반복해서 여러 번 읽어야 합니다. 불교의 경전이 만 권 가까이 되는데 그 중의 일백 분의 일만이라도 읽어야 하겠습니다.

여기서 다시 한번 지장경의 핵심적인 사상을 되짚어 보도록 하겠습니다. 경전을 강의하면서 계속해서 강조한 말인데 지장보살은 원력의 화신입니다. 그것도 대원력의 화신입니다. 소승적인 조그마한 인생을 살 것이 아니라 대승적인 큰 삶을 살아야 한다고 보여주신 분입니다. 소승적인 삶이란 이미 정해져 버린 그대로 업에 따라 업에 짓눌려 사는 삶입니다. 반대로 대승적인 삶은 원력에 의한 삶입니다. 그 원력은 아주 긍정적이고 밝고 힘찬 삶을 뜻하며 꿈과 희망과 생명력이 출렁대는 삶입니다.

불교의 교리를 대승과 소승으로 나누듯이 우리의 삶을 대승적인 삶과 소승적인 삶으로 생각해 볼 수 있습니다. 원력에 의한 삶을 살 것인지 업력에 의한 삶을 살 것인지 그 해답은 분명합니다. 적어도 불자라면 원력에 의한 삶을 살아야 합니다. 그것이 바로 불교인의 바른 정신이며 대승적이고 원력에 의한 삶입니다.

앞에서도 여러 번 언급했듯이 세상의 모든 사람들은 천재보다도 훨씬 단계가 높은 부처님의 재능을 가진 훌륭한 존재들입니다. 사람들은 누구나 부처의 소질을 가지고 있고 부처의 무한한 능력과 영원한 생명을 가지고 있습니다. 그래서 흔히 부처님의 생명은 곧 나의 생명이라고 합니다.

우리는 자주 소승적인 마음으로 업장 타령이나 팔자 타령이나 운명 타령을 합니다. 하지만 이제는 그런 마음을 훌훌 털어 버려야 합니다. 지장보살의 가르침을 받은 지장행자는 원력에 의한 힘차고 당당한 자신의 의지로 살아가는 모습을 보여야 합니다.

어떤 업장도 어떤 팔자도 그것을 전부 극복하고 벗어 던질 수 있는 그런 힘이 우리의 잠재능력 속에 있음을 확신하고 발견하여 그것을 활용해야 합니다. 그랬을 때 원력에 의한 삶은 가능한 것입니다. 대승적인 삶이란 바로 불교인의 바람직한 삶입니다. 그런 꿈과 희망과 기대를 갖고 힘찬 원력으로 살아가는 사람은 주변에 있는 사람들에게까지 그 영향을 미칩니다. 주위에 아주 신선한 바람을 일으킬 수 있는 것입니다. 불교를 한 마디로 표현한다면 강인한 원력과 꿈과 기대감으로 밝은 면을 향해서 긍정적인 마음을 일으키는 그러한 삶으로 나아가게 하는 것이라고 할 수 있습니다.

불교는 힘의 종교입니다. 그것도 아주 강인한 힘을 갖는 종교입니다. 그래서 불교는 밝은 면을 강조하고 등불을 밝히고 빛을 이야기합니다. 식물도 밝음을 향해서 뻗어나가고 자라듯이 사람도 마찬가지입니다. 사람은 긍정적이고 밝은 면을 향해서 항상 발전하게 되어 있습니다. 그래서 불교는 밝음을 좋아하고 밝음을 지나칠 정도로 강조하는 종교입니다. 법당의 인등이 그렇고 촛불이 그렇고 사월 초파일 날 등을 켜는 일이 그렇습니다.

여기서 지장경에서 말하는 원력의 가르침은 곧 밝음을 의미합니다. 그리고 지장보살의 강인한 원력을 표현하는 세 가지 정신도 다시 한번 기억해야 할 대목입니다. "중생을 다 제도한 뒤에야 깨달음을 성취하겠다. 지옥이 텅 비지 않으면 맹세코 성불하지 않겠다. 모두가 두려워하는 지옥에 내가 들어가지 않으면 누가 들어가겠는가? 내가 당당히 들어가겠다."는 지장보살의 용기와 힘찬 마음가짐을 반드시 본받아야 합니다.

현실의 어려움은 인생을 살아가는데 오히려 인생의 맛을 느끼게 하는 요소가 됩니다. 인생살이에는 고난이 있고 어려움이 있기 마련입니다. 매서운 추위와 같은 고난을 극복하면 반드시 인생의 따뜻한 봄을 맞이할 수 있습니다. 긍정적인 생각을 자꾸 하다 보면 그것이 바로 좋은 기도가 됩니다. 지장경에서는 우리의 가슴을 섬뜩하게 하는 무서운 지옥도 등장하지만 반면에 희망차고 꿈과 원력이 넘치는 대목도 많습니다. 그것이 바로 지장경의 특징이요, 매력입니다.

우리가 흔히 지장보살을 일컬을 때 대원본존이라고 합니다. 이 말은 곧 원력의 화신이 바로 지장보살이라는·말입니다. 원력이 있을 때 우리는 어떤 상황에서도 이겨낼 수 있는 힘을 얻고, 원력이 있을 때 어떤 좌절이라도 딛고 일어서서 새로 시작할 수 있는 마음의 자세를 가다듬을 수 있습니다.

"지장보살" "지장보살"이라고 부를 때마다 지장보살의 중생들을 위한 뜨거운 원력을 가슴속에서 느끼고 솟구치는 힘을 얻어야 합니다. 그래야 지장경을 공부한 소득이 있으며 지장기도를 올리는 공덕이 있습니다.

어머니가 밥을 짓느라고 불을 지피며 또 한편으로 찌개를 끓이려고 바쁘게 이것저것 준비를 하다가도 집안의 어린아이가 갑자기 울면 모든 것을 돌아보지 않고 우는 아이에게로 달려갑니다. 지장보살의 자비와 원력에 울음을 터뜨리고 가슴 깊은 곳으로부터 눈물을 흘리게 될 때 중생들의 어머니인 지장보살은 우리에게로 지체 없이 달려올 것입니다.

이상으로 지장경 강의를 모두 마치겠습니다.

무비 스님
지장경 강의

2001년 4월 11일 초판 1쇄 발행
2023년 11월 30일 초판 14쇄 발행

지은이 무비(無比)
발행인 박상근(至弘) • 편집인 류지호 • 상무이사 김상기 • 편집이사 양동민
편집 김재호, 양민호, 김소영, 최호승, 하다해 • 디자인 쿠담디자인
제작 김명환 • 마케팅 김대현, 이선호 • 관리 윤정안
콘텐츠국 유권준, 정승채, 김희준
펴낸 곳 불광출판사 (03169) 서울시 종로구 사직로10길 17 인왕빌딩 301호
        대표전화 02) 420-3200 편집부 02) 420-3300 팩시밀리 02) 420-3400
        출판등록 제300-2009-130호(1979. 10. 10.)

ISBN 978-89-7479-624-2 (03220)

값 15,000원

잘못된 책은 구입하신 서점에서 바꾸어 드립니다.
독자의 의견을 기다립니다. www.bulkwang.co.kr
불광출판사는 (주)불광미디어의 단행본 브랜드입니다.